宿白未刊讲稿系列

汉唐宋元考古

——中国考古学(下)

宿 白 著

文物出版社

责任编辑：张小舟
封面设计：李　红
责任印制：梁秋卉

图书在版编目（CIP）数据

中国考古学．下，汉唐宋元考古／宿白著．
—北京：文物出版社，2010.8（2018.12 重印）
ISBN 978－7－5010－3002－6

Ⅰ.①中…　Ⅱ.①宿…　Ⅲ.①考古－研究－中国－汉代
②考古－研究－中国－唐代③考古－研究－中国－宋代
④考古－研究－中国－元代　Ⅳ.①K87

中国版本图书馆 CIP 数据核字（2010）第 145184 号

汉唐宋元考古
——中国考古学（下）
（宿白未刊讲稿系列）
宿　白　著

文物出版社出版发行
北京东直门内北小街 2 号楼（100007）
http://www.wenwu.com
E－mail：web@wenwu.com
北京雍艺和文印刷有限公司印刷
2010 年 8 月第 1 版　2018 年 12 月第 2 次印刷
787mm×1092mm　16 开　印张：11.75
ISBN 978－7－5010－3002－6
定价：39.00 元

目　录

第一章　绪　论 …………………………………………………………（1）

秦汉以后考古资料与历史研究　秦汉以后考古分期与历代王朝的更替　秦汉以后考古与古代文献　秦汉以后考古工作的展开与重要研究成果

第二章　秦汉考古 ………………………………………………………（10）

第一节　概　说

秦汉一统和考古文化的分区分期问题　主要参考书

第二节　秦代遗迹

秦遗迹的发现与分布　咸阳遗迹　新发现的“碣石宫”　直道与长城　灵渠与广州船厂　秦统一后的文字、货币与度量衡　云梦秦墓和秦简　秦始皇陵的勘查与发现

第三节　西汉遗迹

长安城　地方城址与聚落遗迹　边塞遗迹和汉简　西汉陵墓的调查和大型陪葬墓的发掘　西汉大型墓　西汉中型墓　西汉小型墓　与农业有关的遗迹　铁官与冶铸遗迹　铜器铸造和铜镜　漆器　纺织品

第四节　东汉遗迹

雒阳城　地方城址和聚落遗迹　东汉大中型墓　壁画墓与画像石墓　有关农业、手工业的考古资料

第五节　边远地区遗迹

北方匈奴遗迹　东北地区鲜卑乌桓遗迹（略）　濊和乐浪遗迹　新疆地区发现的遗迹（略）　西南地区少数民族的遗迹（略）　两广地区的遗迹（略）

第六节　秦汉考古小结

第三章　魏晋南北朝隋唐考古 ……………………………………（84）

第一节　概　说

年代、分期与时代特征　主要参考书

第二节　魏晋南北朝遗迹

南北方的城址　南北方墓葬　南北方手工业遗迹　佛教遗迹

第三节　隋唐遗迹

大兴—长安城和洛阳城　宫殿遗址　地方城址　墓葬制度　壁画中的农耕图像　金属工艺　漆木工艺　织染工艺　陶瓷工艺　佛教遗迹

第四节　边远地区的遗迹

辽东及境外的魏晋墓葬　高句丽和朝鲜半岛的有关遗迹　渤海遗迹　新疆和西部境外的遗迹　青海西藏等地的吐蕃遗迹（略）　云南的南诏遗迹（略）

第四章　五代宋辽金元考古 ……………………………………（141）

第一节　概　说

年代、分区与时代特征　主要参考书

第二节　五代两宋遗迹

城市遗迹　五代两宋墓葬　农业手工业遗迹　宗教遗迹

第三节　辽代遗迹

辽代城址　辽代墓葬　佛教遗迹

第四节　金代遗迹

金代城址　金代墓葬　金代长城遗迹　瓷窑遗址

第五节　西夏与大理遗迹

西夏遗迹　大理遗迹
第六节　元代遗迹
元代城址　元代墓葬　宗教遗迹　手工业、商业和海外交通遗迹
第五章　总　结 …………………………………………………………… (171)
中国考古学（下）——汉唐宋元考古三个阶段的时代特征

插图目录

图一　秦咸阳遗迹 ……………………………………………………………………（12）
图二　秦高台建筑遗迹纵剖面 ………………………………………………………（13）
图三　秦建筑构件砖瓦纹饰 …………………………………………………………（14）
图四　辽宁绥中石碑地发现的“碣石宫”遗迹 ……………………………………（15）
图五　石碑地遗址发现的砖瓦 ………………………………………………………（15）
图六　内蒙古包头乌不浪山口东侧烽台遗迹 ………………………………………（16）
图七　内蒙古赤峰黑山头下的坞障遗迹 ……………………………………………（17）
图八　赤峰长城遗迹附近出土的半瓦当、铁权、陶量 ……………………………（17）
图九　陕西泾阳甘泉山下出土的菱纹回纹砖 ………………………………………（17）
图一〇　甘肃天水放马滩秦墓发现的半两 …………………………………………（19）
图一一　传世的铜方升、铜圆量 ……………………………………………………（19）
图一二　湖北云梦秦墓 M7 剖面、棺椁平面 ………………………………………（21）
图一三　云梦秦墓发现的铜蒜头壶、陶茧形壶和铜鍪 ……………………………（23）
图一四　秦始皇陵地面布局和发现的瓦当 …………………………………………（25）
图一五　西汉长安城内布局 …………………………………………………………（27）
图一六　河北武安午汲西汉城址、陶窑和出土的货泉 ……………………………（29）
图一七　福建崇安城村西汉城址 ……………………………………………………（30）
图一八　辽宁辽阳三道壕西汉遗址出土的五铢和瓦当 ……………………………（31）
图一九　辽宁鸭绿江边的西汉安平县城遗址和所出瓦当 …………………………（32）

图二〇　内蒙古居延破城子西汉甲渠候官遗址 …………………… (33)
图二一　甘肃敦煌马圈湾西汉烽台坞障遗址 …………………… (33)
图二二　陕西咸阳西汉长陵遗址 …………………… (35)
图二三　咸阳杨家湾北西汉长陵陪葬墓 M4 墓室和陪（随）葬坑的类别与位置 …………………… (36)
图二四　江苏徐州北洞山西汉大型墓平面 …………………… (37)
图二五　河北满城中山王刘胜墓平面 …………………… (40)
图二六　湖南长沙象鼻嘴一号墓（黄肠题凑）平面 …………………… (41)
图二七　长沙马王堆西汉大型墓平面 …………………… (42)
图二八　河南南阳新莽郁平大尹冯孺人（久）墓平面和所出莽钱及铺首的形式 …………………… (43)
图二九　山东临沂银雀山西汉 M2 平面及所出铜镜 …………………… (45)
图三〇　江苏仪征胥浦西汉 M101 平面及所出铜镜 …………………… (46)
图三一　河南洛阳西汉烧沟 M2 平面及所出铜镜 …………………… (46)
图三二　洛阳西汉烧沟 M131 平面 …………………… (47)
图三三　洛阳涧西西汉两种小型墓剖面 …………………… (48)
图三四　陕西、河南发现的西汉铁农具 …………………… (49)
图三五　山西平陆西汉晚期墓葬壁画中驾牛的图像 …………………… (50)
图三六　河南巩县铁生沟发现西汉锻炉、退火炉、炒钢炉遗址举例 …………………… (51)
图三七　西汉初期蟠螭纹铜镜、晚期规矩（六博）纹铜镜 …………………… (53)
图三八　东汉雒阳城布局 …………………… (57)
图三九　汉末改建的邺城布局 …………………… (59)
图四〇　江苏高邮邵家沟东汉晚期聚落遗址出土的云纹瓦当 …………………… (60)
图四一　河北定县北庄子东汉中前期大型墓（推测为中山王刘焉墓）平面 …………………… (61)
图四二　辽宁辽阳棒台子 M1 石板墓平面 …………………… (61)

图四三 河北定县北陵头东汉晚期大型墓 M43（推测为中山王刘畅墓）平面 ……………………………………（62）
图四四 河北望都光和五年（182年）M2（墓主姓刘）平面 ……（62）
图四五 洛阳烧沟东汉中型墓 M1008 平面及所出的连弧纹铜镜 ……………………………………（64）
图四六 河南密县打虎亭东汉壁画墓 M1 平面 ……………………（65）
图四七 山东沂南画像石墓平面 ……………………………………（66）
图四八 内蒙古和林格尔壁画墓平面 ………………………………（67）
图四九 四川成都画像砖上"市"的图像…………………………（68）
图五〇 和林格尔壁画墓绘出的宁城和繁阳县平面 ………………（69）
图五一 沂南画像石墓刻画的院落 …………………………………（69）
图五二 山东诸城孙琮墓画像石刻画的家塾小院 …………………（70）
图五三 陕西汉中东汉初期砖室墓出土的陶陂池稻田明器 …………（71）
图五四 广东广州东汉晚期墓出土的陶水田明器 …………………（72）
图五五 东汉铜镜发展顺序 …………………………………………（73）
图五六 蒙古乌兰巴托北诺颜乌拉 M12 木椁墓平、剖面…………（75）
图五七 苏联叶尼塞河上游阿巴根南发现的大型遗址平面及所出部分遗物 ……………………………………（77）
图五八 汉武帝灭卫氏王朝后建立四郡的方位 ……………………（79）
图五九 朝鲜平壤乐浪区土城洞古城所出封泥、瓦当 ……………（80）
图六〇 朝鲜夫租薉君木椁墓所出细形铜剑 ………………………（80）
图六一 朝鲜夫租长高常贤木椁墓平面 ……………………………（81）
图六二 朝鲜平壤石岩里 M120 砖室墓和南沙里 M2 砖室墓平面 ……（81）
图六三 魏晋、北魏洛阳城 …………………………………………（87）
图六四 洛阳发现的北魏瓦当 ………………………………………（89）
图六五 洛阳北魏永宁寺平面 ………………………………………（90）
图六六 江苏南京南朝建康城及其附近重要遗迹的方位 …………（91）

图六七　南京出土的南朝瓦当 ……………………………………………… (92)
图六八　江苏镇江东晋晋陵郡城遗迹及出土的青瓷碗 ……………… (92)
图六九　洛阳涧西16工区砖室墓平面 ……………………………………… (93)
图七〇　河南偃师晋文帝陵陪陵墓M4平面 ……………………………… (94)
图七一　洛阳元康九年（299年）徐美人墓平面 ………………………… (94)
图七二　洛阳M22永宁二年（302年）士孙松墓平面 ………………… (95)
图七三　洛阳大中型晋墓常见的随葬明器 ……………………………… (95)
图七四　山西大同方山文明太后永固陵墓室平面 ……………………… (96)
图七五　山西太原武平元年（570年）东安王娄叡墓平面 …………… (96)
图七六　宁夏固原天和四年（569年）河西公李贤墓剖面（墓道3天井） ……………………………………………………………… (97)
图七七　北朝大中型墓常见的随葬器物 ………………………………… (97)
图七八　北朝大型墓常见的随葬玉珮（是“敛以朝服”的遗物） … (97)
图七九　北朝中型墓墓室平面举例 ……………………………………… (98)
图八〇　北朝铜钱 ………………………………………………………… (98)
图八一　安徽马鞍山吴赤乌十二年（249年）当阳侯朱然墓平、剖面及所出部分遗物 ……………………………………… (100)
图八二　南京东晋象山M7墓室平面及所出部分遗物 ………………… (100)
图八三　浙江新昌齐永明元年（483年）大岙底村M19墓室平面 …… (101)
图八四　湖北武昌齐永明三年（485年）何家湾M193墓室平面及所出部分遗物 ……………………………………………… (102)
图八五　江苏丹阳胡桥南朝大型单室砖墓墓室平面 ………………… (103)
图八六　南朝墓所出铜钱 ………………………………………………… (104)
图八七　辽宁辽阳西晋墓发现的铜镜 …………………………………… (104)
图八八　南方发现的纹饰复杂的吴画像镜 ……………………………… (105)
图八九　长江下游吴晋墓中随葬的谷仓罐 ……………………………… (106)
图九〇　隋大兴、唐长安城 ……………………………………………… (109)

图九一　隋唐洛阳城 ………………………………………………（110）
图九二　大明宫的位置 …………………………………………（111）
图九三　含元殿平面 ……………………………………………（112）
图九四　麟德殿平面 ……………………………………………（112）
图九五　含元、麟德两殿出土的方砖、瓦当和殿顶琉璃饰件 ………（113）
图九六　唐代州县城址平面 ……………………………………（114）
图九七　章怀太子墓平、剖面 …………………………………（115）
图九八　张士贵（从一品）墓平面…………………………………（116）
图九九　独孤思贞（正五品）墓平面………………………………（116）
图一〇〇　西安白鹿原 M42 平面……………………………………（116）
图一〇一　竖井土洞墓平、剖面举例 …………………………（117）
图一〇二　唐墓出土的铜钱 …………………………………（119）
图一〇三　初唐壁画中的犁 …………………………………（120）
图一〇四　山西五台佛光寺平面 ………………………………（126）
图一〇五　辽阳三道壕魏令支令墓平面、上王家村西晋墓平面
　　　　和壁画中的曲屏、麈尾 ………………………………（127）
图一〇六　朝鲜平壤、安岳发现有东晋纪年的墓葬平面 ……………（128）
图一〇七　大安德兴里高句丽永乐十八年（408 年）墓平面 ………（129）
图一〇八　吉林集安北禹山高句丽各类墓的分布方位 ……………（131）
图一〇九　高句丽壁画洞室墓平面举例 ………………………（131）
图一一〇　集安高句丽国内城（平原城）和丸都（山城子山城）
　　　　的位置 ………………………………………………（132）
图一一一　黑龙江宁安渤海上京龙泉府遗址 ……………………（134）
图一一二　吉林和龙渤海孝贞公主墓平、剖面 …………………（135）
图一一三　新疆、甘肃和西部境外丝绸之路重要遗址的分布 ………（136）
图一一四　北宋汴梁城 ………………………………………（143）
图一一五　南宋平江府城（苏州） ………………………………（144）

图一一六　宋代中耕农具举例 ……（147）
图一一七　北宋佛寺平面举例 ……（151）
图一一八　南宋平江府图上的天庆观（苏州玄妙观） ……（152）
图一一九　内蒙古巴林左旗（林东）辽上京城址 ……（153）
图一二〇　内蒙古宁城县辽中京城址 ……（154）
图一二一　内蒙古林西辽饶州城址 ……（155）
图一二二　内蒙古巴林右旗辽圣宗陵平面 ……（155）
图一二三　内蒙古赤峰辽庆历九年（959 年）驸马赠卫国王墓平面 ……（156）
图一二四　辽墓随葬器物鸡冠壶的演变 ……（156）
图一二五　黑龙江阿城金上都遗址 ……（158）
图一二六　金中都遗址 ……（158）
图一二七　东北金墓出土的三足铁锅 ……（159）
图一二八　内蒙古金界壕边堡遗迹 ……（160）
图一二九　陕西铜川金耀州窑窑场遗址 ……（161）
图一三〇　宁夏银川西夏八号王陵和该陵土洞墓室平面 ……（162）
图一三一　内蒙古锡林郭勒盟正蓝旗元上都遗址 ……（164）
图一三二　北京元大都城遗址 ……（165）
图一三三　内蒙古百灵庙元代高唐王墓碑上的十字架标记 ……（167）
图一三四　浙江杭州元代凤凰寺大殿殿顶仰视 ……（167）
图一三五　山西永济元代永乐宫平面 ……（168）
图一三六　山西汾阳元代龙王庙布局 ……（168）
图一三七　元代符牌两种 ……（170）

附图　隋唐长安迄元大都等城市布局的比较 ……（174）

参考文献

第二章

1、《新中国的考古发现和研究》第四章，1984 年。

2、《中国大百科全书·考古学》秦汉考古条，1986 年。

3、《汉代考古学概说》，1982 年。

4、《图说中国的历史》2 秦汉帝国的威容，大庭修，1977 年。

第三章

1、《新中国的考古发现和研究》第三~六章，1984 年。

2、《中国大百科全书·考古学》三国两晋南北朝考古条、隋唐考古条，1986 年。

3、《三国—宋元考古（上）》（北大讲义），1974 年。

4、《图说中国的历史》3 魏晋南北朝的世界，冈崎敬，1977 年。

5、《图说中国的历史》4 华丽的隋唐帝国，日比野丈夫，1977 年。

第四章

1、《新中国的考古发现和研究》第六章，1984 年。

2、《中国大百科全书·考古学》宋元明考古条，1986 年。

3、《图说中国的历史》5 宋王朝和新文化，梅原郁，1977 年。

4、《图说中国的历史》6 游牧民族国家·元，村上正二，1977 年。

5、《图说中国的历史》7 明帝国和日本，山根幸夫，1977 年。

6、《图说中国的历史》8 清帝国的盛衰，神田信夫，1977 年。

第一章　绪　论*

秦汉以后考古资料与历史研究

中国考古学（下）是讲中国考古学的秦汉以后部分。今天我们以“秦汉以后考古资料与历史研究”为题目，作为开场白。首先我们想重复一下，什么是考古学。我们认为考古学是通过实物资料研究历史的科学。过去常常把考古学比喻为历史科学的一个车轮，车有两轮，另一个则是以文献资料研究历史的历史学。这个比喻今天看来也还是有道理的，特别是适用于我们国家的考古学——中国考古学。我国文献记录历史悠久，秦汉以来的历史记载愈来愈多。如果说秦汉以前，因为当时的文献少，甚至没有，历史研究需要考古资料，甚至依靠考古资料才能建立，如旧石器时代、新石器时代和铜器时代。但是秦汉以后的考古资料虽然也发现很多，可是文献记录却日益完备。因此研究秦汉以后的历史，就需要文献与考古发现并重了。就考古与历史的分工来讲，研究秦汉以后的历史，学历史的同学要注意考古学的研究成果；学考古的同学就需要注意文献历史资料和历史学家的研究成果。应该说文献记录和考古资料都有它的局限性。文献

---

* 《汉唐宋元考古》是北京大学考古系一年级下学期必修课“中国考古学（下）”的课堂讲稿，撰写于1987年2月迄同年6月。讲稿内的附图是为了边讲边在黑板上描绘备用的底稿（为了便于同学同时摹绘，所以当时很少用幻灯或录像），底稿大部分与公开发表的线图不完全一致，因而未标明出处；其中少量附记出处——书刊名和期刊期号是写稿时随手录入的，原拟删去，但觉仍有些冷僻资料还可据以寻查，可是这部分既不系统，又不全面，请予注意。

讲稿原稿涂改杂乱，课后马世长同志曾清抄一份（包括附图），现就他的清抄本付印。

记录要受到记录者主观因素影响，在阶级社会里的文献记录者，不可能不以统治阶级的意志为转移。因此历代的文献记录就难免要以帝王将相为中心，文献记录中往往篡改了历史事实的真相，或者说是盖上了统治阶级的烙印。而考古资料则不同，无论遗址或墓葬，都客观地保存了当时的情况，我们可以对这些实物进行如实的分析和研究。但是考古中的遗址、墓葬等资料，对全面研究历史来讲，也是很不够的。如历史上的重大事件、重大战争等，考古资料所能反映出来的就很有限，重要的生产活动场面也如此。而这些方面在文献记录中往往比较详细。所以我们说，文献记录越来越多的秦汉以后部分的中国考古学，要比研究秦汉以前考古学部分，更需要注意文献史料和历史学家的研究成果。

前面已经讲过，考古学是以实物资料研究历史的科学，但是中国考古学与中国历史学在研究范围上还是有差别的。考古学顾名思义，它考的内容是古代，现在一般认为中国考古学的下限到元代，但是我们的考古工作并不限于元代，明清的遗迹也包括在考古工作之内。只是目前我们的中国考古学还未能把明清充分包括进去。

考古学在资本主义国家，过去他们仅限于无文字时期范围，有了文字即进入文明时期，那就是历史学的范围了。因此他们往往把考古学又叫做史前学，或者干脆把它们划入人类学。他们不太注意进入文明时期的一般遗迹、遗物，但注意艺术品，把历史时期的艺术品单独划出来，作为美术史研究的内容。这种作法在二次大战前后，有些国家有了改变，但有不少国家仍旧未改。欧洲和美国属于后一种。在欧洲和美国的许多大学里，把我们秦汉以前的考古学放到人类学，把我们秦汉以后的考古学的某些内容，放在美术史。日本则属于前一种，他们的考古学分为两个部分，即史前考古与历史考古。有文献记载时期的考古属于历史考古，他们的历史考古从飞鸟时期，相当于我们的隋代（6 世纪末）起，可以延长到江户时期，即截止于 1868 年明治维新以前。我们认为有文字以前和以后都是历史，所以我们的中国考古学就不分史前与历史两个阶段。只是便于同学们学习和安排教学时间而分为（上）、（下）两部分。这两部分也不是以有无文字和进入文明与否为界限的，过去我们曾考虑用一般考古学以工具质料的变化来划分，即铁器时代以前为一段，铁器时代以后为一段。但这种分法一方面是铁器究竟什么时候出现，还有待进一步的发现与研究；另一方面也考虑上、下段本身的完整性，因此我们改变了过去的阶段划分方法，而以我国历史上出现的第一个统一的王朝开始，作为（上）、（下）两部分的划分界限。

秦汉以后考古分期与历代王朝的更替

公元前246年秦王嬴政即位，到公元前221年灭齐统一中原，嬴政称秦始皇。此后在亚洲东部才真正出现了统一的政治局面，当然这是相对而言的。如果以现在我国的疆域来讲，这个统一局面的形成，那是很晚的了(18世纪清康乾时期)。秦统一各国后七年，即前214年，在五岭以南，即今广东、广西建立了桂林、南海、象郡。这时秦的领域北及阴山、辽河；东南皆抵海；西至今青海东部、四川、云南西部，可以说是包括了我国的主要部分。这样大范围的统一，在我国历史上是第一次。所谓夏商周三代，其直接间接控制的地区，是很狭小的，充其量不过是从黄河中下游到长江中下游而已。所以我们强调秦的统一不是偶然的。秦统一以后更替的王朝很多，其间也有较长时期的分裂割据，如东晋南北朝时期长达二百多年，但接着就出现了三百多年的隋唐统一。总之，秦统一后在亚洲东部这片广大土地上，统一时期远远超过了分裂时间。每一个统一王朝一般都要建立或者完善一次制度、法规，这些封建王朝的制度、法规都是强调等级的，从生前的住宅到死后的墓葬，从衣冠服饰到使用的器物，等级越来越分明。这些不同，经常在考古发现上得到反映。每个统一的王朝虽然有继承前一王朝的部分，但随着经济的发展和封建政权的强化，常常改变、增添某些新的内容。因此秦以后的考古分期，无论从分辨年代上考虑，或是从专题研究上考虑，都是以朝代为单位进行的分期较为方便。当然在两个朝代交替的时期，即前朝之末与新朝之初，特别是经过较长分裂时期的新旧王朝交替时期，不会有太大的变化。例如秦末到汉初，隋末唐初，宋末元初（南方），元末明初等新旧朝代更替之际，都是难以区分的。还有一个王朝的中心地区即都城附近与边远地区也不相同。前者变化迅速显著，后者则迟缓不显著。因此就会出现中心地区变化了，而同时的非中心地区仍旧未变或者变动很小。这也是经常可以看到的情况，这就是古文献中经常说的“礼失而求诸野”的道理。尽管如此，我们还是要重视中心地区的迹象，因为这是实施新制度新法规的典型地区，具有标尺的作用，所以我们教材组织往往是以中心地区的迹象作为重点的。事实上在封建社会里，都是强化中央的，都是在首都既集聚大量人口，也集聚了各地的物质和可以代表当时最高技艺水平的科技力量，因而可以生产出许多当时最精美的产品。因而历代都城附近的考古发现，数量最多，质量也最高，因此那里的发现也最为重要。具体的地点如秦之咸阳，汉唐的长安、洛阳，北宋的汴梁、洛阳，南宋的临安，元的大都，都是各该王朝的考古工作重点所在。

秦汉以来边境地区少数民族的活动愈来愈多，反映出少数民族地区经济的发展，许多发现也反映了少数民族地区与中原地区关系的日益密切。这些少数民族绝大多数没有留下自己的文献记载，他们的历史，他们的活动，在很大程度上要依靠考古发现来建立、复原。少数有记录的，也多残缺不全，也需要考古发现来充实。因此秦以后的中国考古学，就要对边境少数民族地区给予应有的重视。各少数民族都有自己的发展过程，但和同时的中原王朝关系密切。因此将少数民族地区的考古附于各王朝的考古之后，应是适当的，如匈奴附于秦汉；鲜卑、高句丽、突厥、回纥、吐蕃、渤海、南诏附于魏晋南北朝、隋唐。少数民族地区遗迹多的，也应自成系统与中原王朝平行，如辽、金和宋。根据以上所说的情况，我们将中国考古学（下）按朝代顺序分为三章：秦汉、魏晋南北朝隋唐、五代宋元。另外，根据考古学的惯例，时代早的讲得多些，晚的则讲得少些。因此我们在讲各章时，时间分配上不是平均的，而是前边多些，后边少些。

秦汉以后考古与古代文献

前面已经讲过考古与文献的关系，这里再强调一下这个问题，希望能引起同学们的注意。

发掘研究某个时代的遗迹，首先要了解这个时代的历史背景。历史背景有大范围和小范围之别。大范围指这个时代，小范围是指所要发掘或研究的地区。例如广州发掘南越王墓，应了解汉初的历史背景，特别是中原和岭南的关系这些大范围的历史背景，然后还要了解南越的历史情况，这是小范围的历史背景，这样才能对所发掘和研究的南越王墓有较深入的认识。再如研究西安地区的隋唐墓葬，应了解隋唐时期中央集权的情况，既要弄清隋唐整个大的形势，还要清楚隋唐时期都城的情况，这样才能明白为什么西安能发现这么一大批重要墓葬，而同类墓葬在地方上则发现甚少的原因。又如在东北和内蒙古地区发现了不少辽代的中小城址，这些城址与中原的城址不大相同。为什么不同？这就要到辽的社会发展、城镇制度中去找答案。以上这几个例子清楚地告诉我们，秦汉以后的考古学是不能离开古代文献的，因此它和以前文献记载较少，甚至没有文献记载的阶段的考古学，在研究方法上多少就要有些不同，古代文献记载往往成为这个阶段考古学研究的重要依据。因此，大家必须把有关的历史课学好。要注意如何直接看古代文献，以及哪些文献我们要随时翻阅，甚至比历史系的同学还要重视。因此史籍目录学、史料目录学之类的课程，是学考古的应该选修的课程。这些目录学可以告诉我们，某一时代有哪些原始史料；原始史料是如何分类的；我们需要的史料应该到原始史料中的哪个部分去找；当然还要有点对原始史料的评价。除了外系如中文、历史、图书馆系的目录学课程之外，有关目录学的知识，在我系所开的各段考古学中也要讲一些。但它是以每段时间为范围的，讲的内容要深入一些，但不可能太系统，所以一般的目录学我们还是要学习的。我们之所以在这一节当中，特别强调目录学问题，就是要大家知道古代文献的重要性。然而在考古专业的学习计划中，不可能安排太多时间讲具体的古代文献，只是让大家了解应该注意哪些古代文献，给大家一些翻阅古代文献的知识，同学们以后翻阅古代文献时好有一些线索，而检阅古代文献的系统知识，就是目录学。我们知道了该看哪些书了，还有个基本能看懂的问题。看懂古书要借助于一些字典、词典。但还要有些系统的读古书的知识。系统读古书的知识是叫“训诂学”的课程，这是中文系的课，希望大家到高年级时，尽可能选修这门课。以上讲的是中国考古学（下）这段考古学与古代文献关系的问题，希望能引起同学们今后对古代文献的重视。

秦汉以后考古工作的展开与重要研究成果

记录古代遗迹遗物，是我国自古以来的传统。公元前 1 世纪司马迁的《史记》里，就记录了秦始皇巡游各地时所立的石刻，还记录了郦山秦始皇陵的布置。公元 6 世纪北魏郦道元撰《水经注》，多记汉代遗迹。11 世纪北宋人多记唐代遗迹。自北宋以来出现了记录铜器、石刻的书籍，即所谓金石学的书籍。这类书籍的出现，说明我国研究古代器物的学问也逐渐成熟了。以上这些记录古迹、古物的文字，虽然不是今天所说的考古学，但是记录古迹古物的传统，对我国近代考古学的兴起和发展，具有重要的诱导、启示作用，应是无可置疑的。近代考古学的工作，不仅限于亲身调查记录，重要的是经过科学方法的清理发掘，利用科学方法作出的详细记录，还要用科学方法进行系统的整理，最后写出科学的考古报告。这个考古报告，要忠实、全面地报道客观情况，为下一步研究工作提供可靠的原始资料。根据这样近代考古学的标准，我们初步地总结一下秦以后考古工作的展开和重要的研究成果。

秦汉以后的考古工作，大体上可以分为三个阶段：1928 年以前，1928 年以后到新中国成立前，新中国成立以后。

第一阶段：是帝国主义掠夺阶段。这个阶段我们自己还没有近代的考古工作，有不少为帝国主义服务的外国考古工作者，从 20 世纪初起就在我国边境地区进行活动，他们的目的是为了掠夺文化遗迹，进行文化侵略。比较重要的活动有英国人斯坦因（A. Stein，1860～1943年）对新疆和田、民丰、若羌、吐鲁番和甘肃敦煌、张掖进行的发掘。主要内容有公元前后的长城遗址，有1～3世纪的居住遗址，5～6世纪的寺院遗址，6～7世纪的墓葬和11～13世纪的城堡遗址。有俄国人科兹洛夫（P. K. Kozlov）在蒙古发掘1世纪的匈奴墓葬群，在张掖发掘的11～13世纪的西夏黑水城。有德国人勒柯克（A. von Le Coq）发掘了吐鲁番、拜城一带的寺院遗址。特灵克勒（E. Trinkler）发掘和田5～6世纪的寺院遗址。有法国人伯希和（P. Pelliot）发掘巴楚和库车4～7世纪寺院遗址。日本人大谷光瑞探险队，在新疆许多地点都进行了发掘。另外日本人鸟居龙藏在辽宁南部挖掘了不少汉墓。以上这些不法活动都是在他们政府直接、间接支持下进行的，发掘所得都捆载而去，运回本国。他们的活动和掠去的各种资料，我们是从他们后来发表的报告中得知的。其中许多重要情况，是我们这段考古学不能不涉及的。

第二阶段：是从1928年我们自己组织发掘殷墟开始的，一直到新中国建立以前。这个阶段主要是我们自己的工作。但1931年“九·一八”事变以后，和1937年“七·七”事变以后被日本占领时期的东北地区和华北地区还是例外的。这一阶段是我国近代考古工作的开始时期。前中央研究院发掘安阳殷墟，同时也发掘了不少隋墓。1930～1931年和瑞典合组的西北科学考察团，发掘了额济纳河居延城塞为中心的遗迹，出土了大批汉简。这个团还在新疆吐鲁番发掘了大批6～7世纪的墓葬和在塔里木盆地北沿发掘了4～7世纪的遗址。1931年前中央研究院发掘杭州南宋官窑——皇室建造的瓷窑。1934年前北平研究院在陕西宝鸡发掘大批汉墓。“七·七”事变以后前中央博物馆在四川发掘汉代崖墓。1941年四川博物馆发掘五代前蜀王建墓。前中央研究院和北大合组西北考察团在甘肃河西发掘六朝和唐墓。1931和1937年以后，日本人在他们占领的东北，发掘了辽宁南部的汉代壁画墓，吉林东部的高句丽墓葬，黑龙江中部的渤海都城和墓葬；还有内蒙古地区的辽代上京、祖州等城址、墓葬和元代的上都遗址。“七·七”事变以后还在占领的华北发掘过怀安、阳高的汉墓和曲阜汉鲁灵光殿遗址、宋代的道观遗址等。还对山西大同云冈石窟进行了发掘，并作了较全面的石窟记录。

第三阶段：新中国成立以后，是秦汉以后考古工作全面展开的时期。又可分为三个小的阶段。

1、50年代时期，各省市自治区都建立了考古队伍，中国考古学各段落的田野工作都开始了，也初步积累了一批资料。其中主要的工作有西安、洛阳地区的汉唐墓群发掘，南京、武汉六朝墓群和武汉隋唐墓群。几个重要都城遗址如汉长安、洛阳，隋唐长安都开展了工作。在边远地区发掘了广州汉墓群，云南晋宁石寨山滇国墓葬。这个阶段的重要收获，大家可以参看1962年出版的《新中国的考古收获》。

2、60年代，各地区的工作都更深入了。咸阳的秦遗址开始试掘。边境地区较重要的发掘工作有内蒙古呼伦贝尔地区发现的可能是鲜卑的墓群，新疆吐鲁番地区发掘的高昌墓葬，东北高句丽和渤海遗址，内蒙古的辽代遗址。此外陕西、河北、浙江等地宋代瓷窑的发掘和山西金墓、北京大都的发掘，也都是重要的考古工作。另外一处重要发现是这阶段晚期河北满城发现的西汉中山王刘胜及其妻窦绾的两座大墓。这一阶段的收获可参看夏鼐《我国近五年来的考古新收获》（《考古》1964年10期）、《无产阶级文化大革命中的考古新发现》（《考古》1972年1期）。

3、70～80年代，特别是70年代末80年代初开始，应是空前丰收的时期。秦代遗迹日益增多。秦始皇陵附近的发现（秦俑坑、铜车马）、长沙马王堆西汉墓、邗江东汉广陵王墓和广州南越王墓，还有各地秦汉文献的发现（竹简、帛书），都惊动了世界考古界。南北方发现的六朝墓葬，各地发现的隋唐两宋辽金墓葬，无论在分期或类型的研究上，程度不同地改变了过去的推论。少数民族地区的发现，也日益增多。匈奴、鲜卑、吐蕃、西夏和新疆地区的少数民族遗迹，都发现了较为系统的资料。有些西方学者认为在世界考古学界20世纪后期的黄金时代在中国，这个说法，反映在秦汉以后考古这一段，也是很恰当的。因为这个阶段的重要发现最多也最突出。可以参看1984年《新中国的考古发现和研究》和1984年以来每年的《中国考古学年鉴》的有关部分。70～80年代秦汉以后的考古学的发展，更重要的是多方面的综合研究的逐步展开。这表现在既有分类的纵的研究，也有分类的横的研究；既有某个时代的综合研究，又有多朝代的综合研究。这是从形式上来区分的。在内容上已较多地结合文献记载进行社会意义的讨论，因而就从单纯的考古学研究进入历史问题的探索了。总之，现阶段的秦汉以后的考古学水平，已比以前有了较大的提高。当然，这个提高和丰富的考古发现来比还是很不够的，和发现研究多年的秦汉以前各段考古学研究水平来比，也还是较低的。近年来新的发现太多了，应该深入研究的问题也太多了。我们考古工作者，大都忙于田野工作，上述方面的研究成果实际上还是初步的。由于研究工作的肤浅，必然也难以深入浅出地讲述，因此我们的中国考古学（下）的内容组织，偏重于举例式的内容，这样对刚刚接触中国考古学的同学来讲，也许是合适的。除了课堂学习之外，同学们还要加强课外自学，希望同学们能把规定的不太多的主要参考书，都能好好看看。在大学学习，要注意自己主动学习，多动动脑筋，训练自己多想些问题。只要这样做，就能把中国考古学（下），即秦汉以后部分的考古学学好。

第二章　秦汉考古

第一节　概　说

秦汉一统和考古文化的分区分期问题

考古学是乡土科学，由于地理环境、气候、物产和历史情况的不同，各个地区的文化面貌也是不同的，因此考古学的地方特点是比较浓重的。这就是一般考古学所谓的区系类型问题。这个问题同学们在秦汉以前考古学的学习中，已经清楚了，在我们这一段这个问题当然也仍然是个重要问题。但因为出现了领域广大的统一王朝，王朝的统治中心即都城及其附近地区，既是政治中心，又是经济中心、文化中心，因此它强制推行的政策法令，就对王朝所统治的各地方产生很大影响。这种一致性的影响所扩及地区之广大，是秦汉以前所不能想象的。因此讲秦汉考古除了地方特征之外，我们主要强调一致性，所以教材的组织就着重于时代的顺序。但是和中原地区差别较大的边境地区，我们另外分了出来。

公元前 221 年，秦始皇统一六国，到公元前 206 年西汉建立，虽然仅十几年，但它是我国历史上第一个统一王朝，加之近年发现了许多重要的秦的遗迹，因而把秦单独作为一期。这一期的上限不完全限于公元前 221 年，可能还包括一部分未统一时的秦始皇时期。秦始皇是从公元前 246 年开始即位的。汉代分为两期，西汉主要以长安遗迹为标准，包括新莽，即公元前 206 ~ 公元 25 年；东汉主要以洛阳遗迹为标准，下限到曹魏开始，即公元 25 ~ 220 年。

主要参考书

作为一年级考古基础课的中国考古学秦汉考古部分的主要参考书，应当是综述性质的书籍和文章。1986 年出版的中国大百科全书考古卷的《秦汉考古》长条和 1984 年出版的《新中国的考古发现和研究》的第五章秦汉时代，都是较近的研究成果。希望大家再看看历史系的《中国史纲要》的秦汉部分。另外日本人在 70 年代编了一部《图说中国的历史》，此书以图为主，收了不少重要的考古发现，希望同学们也能看一看。它的第二册是讲秦汉的。

第二节　秦代遗迹

秦遗迹的发现与分布

比较确切的秦代考古工作，始于 50 年代末 60 年代初。从 70 年代中期确定公元前 350 年开始作为都城的咸阳的位置以后，秦代考古资料迅速增多。公元前 350 年商鞅第二次变法，将都城从雍（今凤翔）迁到咸阳。做过考古工作的秦代遗迹，分布的地区从咸阳、西安一带，扩及到南北各地。比较重要的除咸阳城址、郦山秦始皇陵附近外，还有湖北江陵云梦秦墓，广州船场，内蒙古、河北地区的长城遗迹，陕西、内蒙古的直道遗迹和近年在河北秦皇岛和辽宁绥中发现的宫殿遗址。秦王朝时间虽然不长，但遗迹种类之多，分布之广，是过去所意想不到的。

咸阳遗迹

秦孝公十二年（前 350 年）都咸阳一直到公元前 207 年秦亡，咸阳作为秦都 143 年。秦咸阳城遗址位于今西安市西北咸阳市东北的渭河两岸（图一）。城垣遗迹还没有发现。但经过探测，遗址的范围大体清楚。据遗

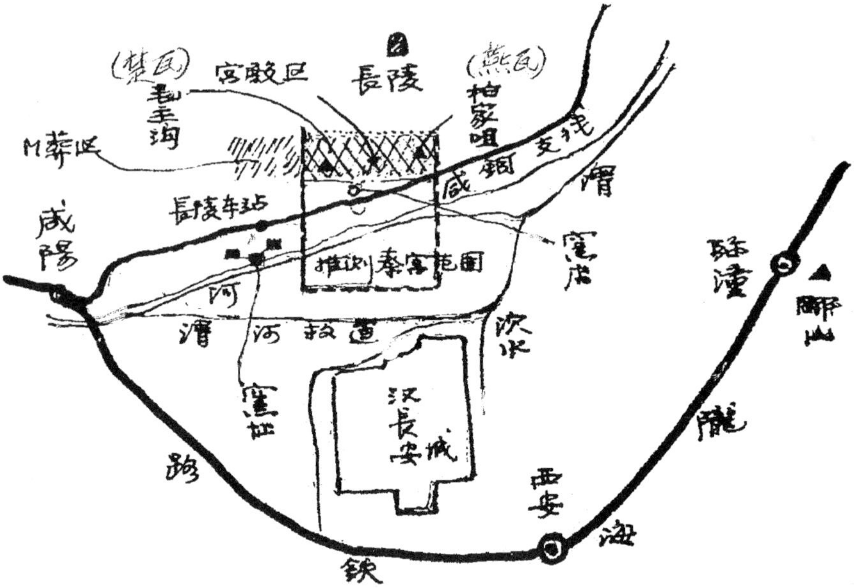

图一　秦咸阳遗迹

迹的分布和渭河故道的位置估计它的范围是：东西十二里，南北十五里（和汉长安差不多，汉长安不规整，秦咸阳实际比汉长安略大些）。北部地势高，是宫殿区的所在。其西侧有冶铁铸铜和制陶遗迹，大约是宫廷手工业区。在宫殿区东侧和手工业区西侧，都出有类似关东的遗物，怀疑是秦始皇统一后仿六国宫殿所建宫殿的位置。遗址中部有小型居址，大约是民居区域。其西的今长陵车站两侧发现陶窑和居民区，陶窑与居民相杂，这里的手工业可能是私营的。当时私营手工业应与商业区接近，这里可能有市的存在。这个区域的北部是墓区。遗址的南部情况不详。咸阳遗址北高南低，宫廷在北，居民在南，手工业商业区在西，墓区在西北。这样的布局与同时的关东各国的都城布局不同。手工业商业区在西侧，表明秦始皇统一以前咸阳和它西边的联系是很密切的。当然这也和旧都雍（凤翔）在西边有关系。

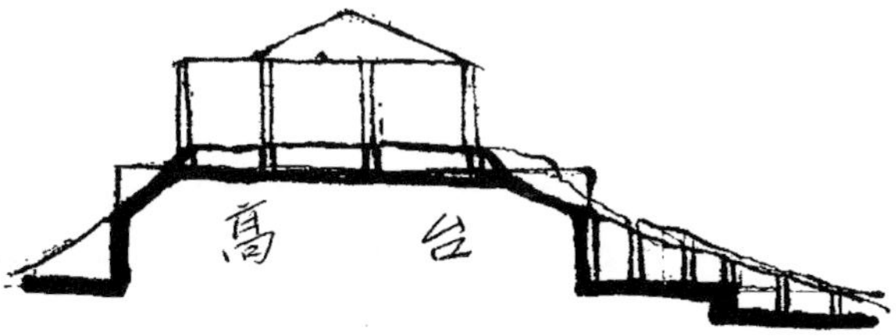

图二　秦高台建筑遗迹纵剖面

宫殿区，原来完整的地形，已被后代雨水冲刷出的沟道分割为五六个小区，这五六个小土丘都是当时宫殿的遗址。就已发掘的第一号遗址看，可知是一种成组的高台建筑。主要殿堂在高台的顶部，次要的围绕在主要殿堂下部的四周，最下部还有一周回廊。这组高台建筑的外观，好像是一座庞大的楼阁，实际上它的许多部分是单层建筑。这可以从遗址的纵剖面上清楚地看出来（图二）。这座宫殿许多部分都在壁面上绘制壁画，内容多为菱形和璧形图案，铺地砖也多为这类图案。踏步使用空心砖，砖上除模印菱纹回纹图案外，还有刻龙凤纹的。瓦当，较早的有动物纹、葵纹。大批各类云纹瓦当，大约是秦统一以后的遗物。

在第一号遗址西南的三号遗址，主要发现了九间长廊和廊北端的部分殿堂。此处遗址的重要点是长廊西壁的壁画。画的内容除了菱形图案之外，还有车马出行和仪仗的场面。这是现知最早的室内壁画。铺地砖与踏步所用空心砖与一号遗址相似。瓦当多为云纹，不见一号遗址所出的葵纹和动物纹（图三）。这两座殿堂遗址，发掘者认为，一号建筑时间早于秦始皇，三号可能是秦始皇时期的建筑，但都一直使用到秦末。两座殿堂遗址中有迹象表明，建筑物是毁于火。这大概就是文献记载的项羽入咸阳付秦宫于一炬的结果。

新发现的“碣石宫”

经过发掘，可以肯定是秦统一后的建筑遗迹的还有 1984 年发掘的“碣石宫”遗址〔《文物》86/8〕。始皇二十六年（前 221 年）秦统一后，接着秦始皇就做了许多巩固统一的工作，其中最重要的是巩固关东地区统治。始皇二十七年（前 220 年）治驰道，二十八年（前 219 年）、二十九

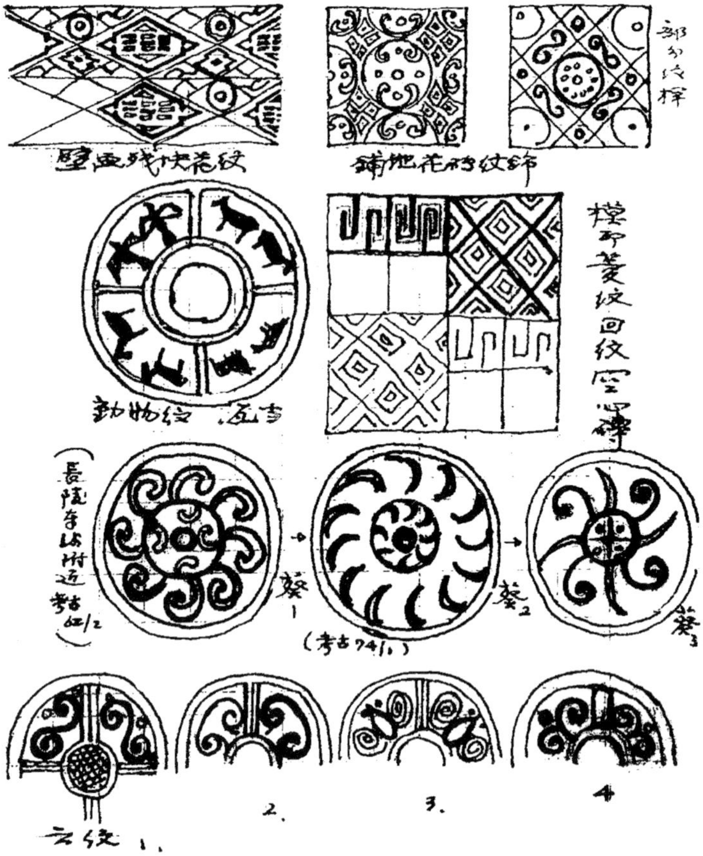

图三　秦建筑构件砖瓦纹饰

年（前218年）两次巡视鲁、齐旧地，三十二年（前215年）巡视燕地到碣石。辽宁绥中渤海沿岸石碑地（今山海关外约15公里）发现的大型建筑遗址，有可能就是秦（始皇）的碣石宫遗址。遗址建在渤海岸边一座高丘上，面对海中的三块巨石。特立之石曰“碣”，因此推测可能是秦碣石宫遗址（图四）。遗址四周绕以长方形的夯土墙。高丘之上分布有大小不同的夯土台基，这些台基似以南端大夯土台为中心，在北侧和东西两侧还有较小的台基。大夯土台顶部散布着大量绳纹瓦片，从断层可以明显地看出几处建筑遗址。这些遗址的地面处于不同的高度上，至少可以分为三级，每级高差为半米左右。这座大夯土台上的建筑，原来的式样应是与咸阳秦宫殿建筑相似的高台建筑。石碑地遗址出有树纹半瓦当、简化的饕餮纹半瓦当（这是沿袭燕地的旧系统）和云纹圆瓦当、千秋万岁圆瓦当，还有直径20厘米的变形饕餮纹瓦当和菱纹空心砖等（图五）。这些建筑遗物大部分与咸阳遗址所出相似。其中的大半瓦当纹饰几乎与秦始皇陵所出完全相同。1986年河北秦皇岛又发现一处与此类似的遗址（从石碑地到秦皇岛，古代大约是行车一日之路程），看来秦始皇东巡，曾在多处建造行宫，估计将来还会有新的地点被发现。

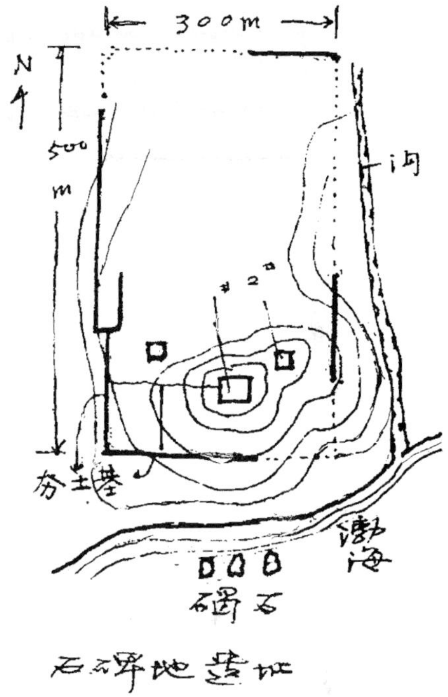

图四　辽宁绥中石碑地发现的“碣石宫”遗迹

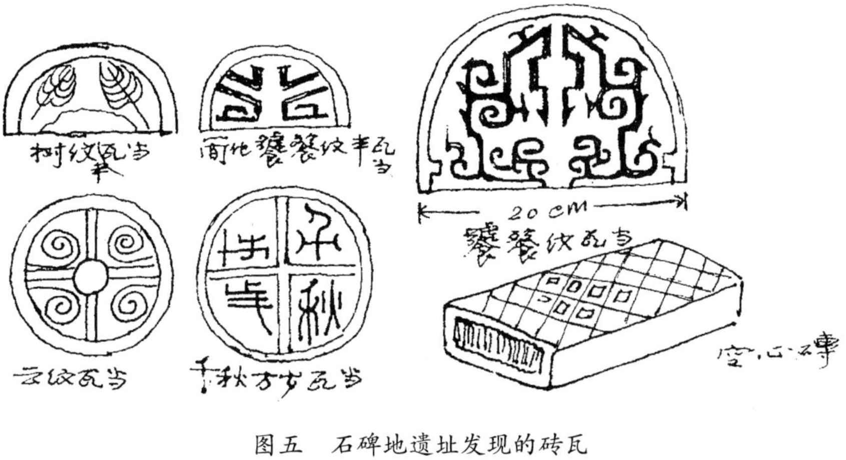

图五　石碑地遗址发现的砖瓦

直道与长城

秦始皇在东巡碣石的同一年（三十二年，前 215 年），又着手北部国防。当时北部匈奴强盛，为了防御匈奴，先收回了河南地——即河套以南，今内蒙古伊克昭盟和陕北地区，然后修筑长城和直道。长城和直道都还保存了不少的遗迹。

秦始皇三十三年（前 214 年）所筑长城，是以战国时秦、燕、赵的长城为基础的。西起临洮，今甘肃临洮东和宁夏固原北的一段，应是始皇以前的秦长城。从固原向西、向北的一大段，情况不详。河套北阴山上的长城和内蒙古化德以东现存的长城段落，大约有的部分是沿用赵、燕长城。现存秦长城的东端，已知的在内蒙古奈曼旗南部，再东的秦长城遗迹就不甚清楚了。秦长城在山上或山坡上，用石块垒成；在平地或山坡下则用夯土筑成。石垒部分以包头以北的阴山（今之狼山）上的一段保存较好，完整的段落高 4 ~ 5 米、底宽 4 米。土夯部分保存好的也仅存痕迹，有的宽达 6 ~ 7 米，高度只略高出地面。长城内外在重要关口处，还布置有烽台和坞障。烽台（台上举火，火炬曰燧，故又称台为烽燧台，简曰烽台）石砌者，多设在山顶，有的四周有夯土围墙，如包头西北乌不浪山口东侧烽燧（图六）。坞障（坞小城，又曰障）设置在长城南侧的有利地形上。夯筑，多作方形，有的只南面开门，也有的西、南各开一门。如赤峰东南黑山头下的坞障（俗称东城子），长方形，夯土筑成。东西 400 米、南北 300 米、基宽 10 米、残高 3 ~ 4 米（图七）。这类遗址中分布有各种日用陶器、绳纹板瓦和半瓦当。赤峰长城附近还出铜剑、戟和铸有秦始皇廿六年（前 221 年）诏文的铁权。此外在奈曼旗

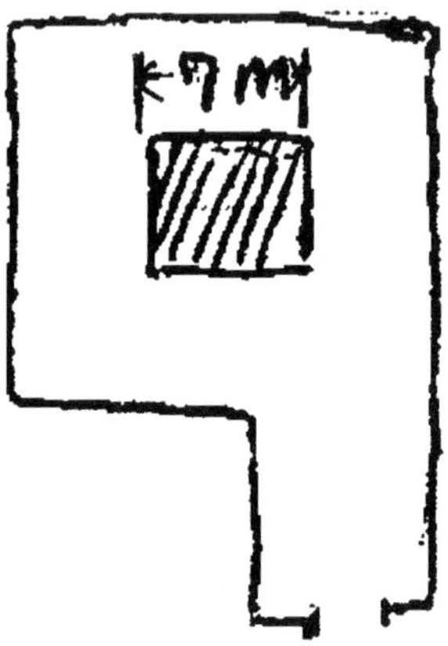

图六 内蒙古包头乌不浪山口东侧烽台遗迹

善宝营子（沙巴）古城和赤峰南的遗址中，都出土过印有二十六年诏文的陶量（图八）。

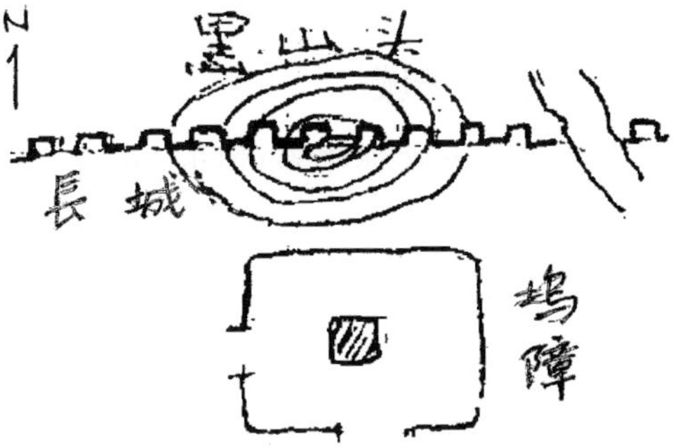

图七　内蒙古赤峰黑山头下的坞障遗迹

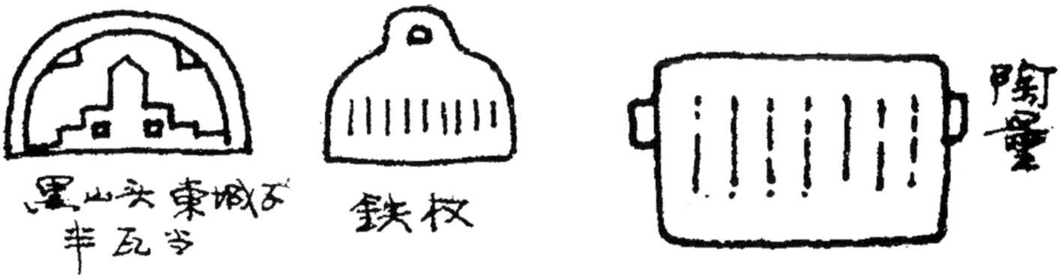

图八　赤峰长城遗迹附近出土的半瓦当、铁权、陶量

和长城有关的另一重要遗迹，是秦始皇筑长城后的第二年（三十五年，前 212 年），从都城咸阳西北不远的云阳，向北筑直道一直到河套北岸当时的九原郡。从咸阳沿泾河西北行到云阳交通方便，云阳有甘泉山，秦始皇在那里建立了林光宫。林光宫位于今泾阳县云阳镇甘泉山的南坡下，其地出有与咸阳宫殿遗址所出相同的菱纹回纹砖（图九）。直道就是从林光宫北子午岭南端的岭上开始，北行、西北行到今陕北横山南进入陕北黄土高原和内蒙古的鄂尔多斯草原（即秦的河南地），然后东北行延伸到

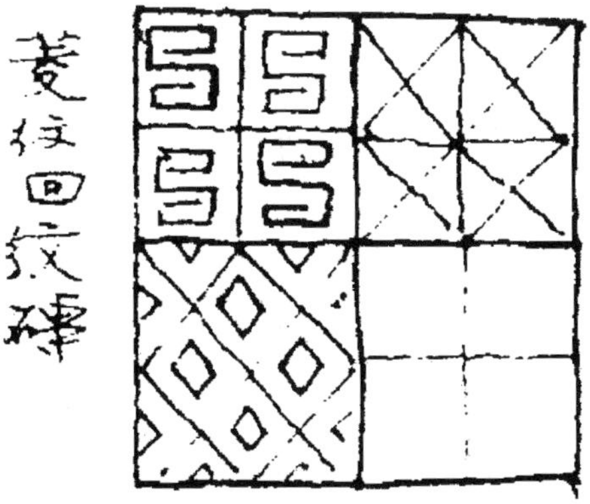

图九　陕西泾阳甘泉山下出土的菱纹回纹砖

黄河边，过河抵达九原郡（今包头西南白彦花东）一带。这条直道现在南端和北端还都有遗迹可寻。南端在子午岭、陕西旬邑、甘肃合水等地的遗迹，都宽4.5米；北端的遗迹在内蒙古东胜西南的一段保存最好，路面宽达22米、路基厚1～1.5米，是用当地的红砂岩土填筑的。再向北快到黄河南岸的地方也有一段宽22米的古道。这些都是直道的遗迹。

直道和长城遗迹，表明秦始皇时对北部边防的重视。秦统一六国之后，最大的威胁来自北方的游牧民族——匈奴。控制了匈奴，就保证了内地的正常生产与生活。这项边防工程一直为后代所沿用，特别是汉代，仍然是防御匈奴的重要设施。秦长城的位置还告诉我们，当时秦的力量已经达到内蒙古的中部，即远在现存的明长城之北，东面更延伸到辽河流域，这也为其后的汉代疆域奠定了基础。

灵渠与广州船厂

秦始皇三十三年（前214年）在南岭以南置桂林、象、南海三郡。同时为了水路运输开凿了灵渠。灵渠，即在湘江上流与漓江上游间凿通的运河，位置在广西兴安以南，长34公里，沟通了长江与珠江两大水系，这个工程一直使用到现在。

凿通灵渠，就可以沿湘江向南直下广州抵达南海。1974年在广州市区中心中山西路北，地表下5米处发现秦至汉初的建船作坊遗址。现在此地虽已去海岸1公里多，但当时这里是临近海边的。遗址中发现三个平行排列的造船台和其南的木材加工场。造船台西边还发现了船舶下水的滑道遗迹。造船台下敷枕木，上铺像轨道似的滑板两行。滑板上置木墩，这是造船时用来承架船体的。造船台的长度不详，就已揭露出的部分已30多米，可见工程是很大的。在造船台上造船，造成后经滑道入水。三个造船台平行排列，说明可同时建造一只以上的大船。这种作法与近代造船情况相似。秦代造船大约主要用于内河，由广州下珠江，溯江西北上行，与长江流域联系。文献记载，秦始皇设岭南三郡，驻扎三郡官兵的食粮要从南岭以北供应。当然秦要控制以前不属中原的岭南地区，必然要建立一条交通要路。凿灵渠、建船作坊是和在中原地区建驰道，向北建直道一样，都是为了巩固新建立的统一国家的需要。

秦统一后的文字、货币与度量衡

秦统一后，以秦的文字、货币和度量衡为标准实施于全国。把列国各地流行的各种各样的字体、货币、度量衡统统废除。从各地发现的有关遗物看，应该说大体上做到了。这是一件大事。它的影响是深远的，不仅汉承秦制，且一直影响到以后。从现存的秦的文字看，即是许慎《说文》上的小篆。许多文字学家认为，小篆的最大功劳是对汉字作了一次很重要的形体结构的规范：规定了统一的偏旁符号，并固定了偏旁在每个字中的位置，还基本规定了每个字的笔划数。如表示行走的偏旁辶，以前为彳止，也可简作彳，或止，小篆规定作辵，写在左边。秦的货币主要为圜钱，无廓、内方、铸有半两 2 字（图一〇）。西汉继承它也铸半两，但较秦半两小了。所以俗称秦钱为大半两，直径约在 30～37 毫米之间，西汉半两在 30 毫米以内，被称为小半两。列国时期各国货币计量单位不一致，形制也多种多样（楚用铜贝即蚁鼻钱和金块；晋系统的赵、韩、魏用布；齐、燕用刀；秦用圜钱）。秦统一后行半两，既整齐了货币形制，又统一了计算单位（两）。量长短曰度；计容量曰量；称重量曰衡。天水放马滩秦墓发现的秦木尺长 90. 5 厘米，刻度部分为 60 厘米，是当时的 2. 5 尺，每尺约 24 厘米。前述的秦长城地带曾发现陶量、铁权（衡），传世的有铜方升、椭圆形铜量，容二升半（图一一），外壁上都刻有二十六年的诏文。山东多出陶量，形如小盆，外壁捺印诏文。湖北云梦秦墓出土一件陶量，形制和容量与山

图一〇　甘肃天水放马滩秦墓发现的半两

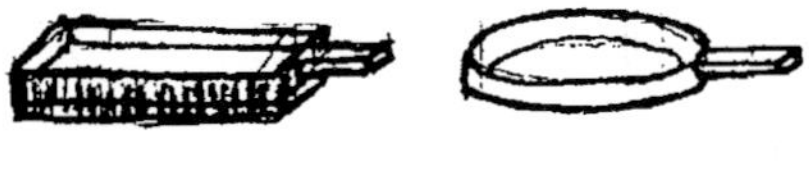

图一一　传世的铜方升、铜圆量

东所出捺印诏文陶量相同，可知当时的量器也有不刻诏文的。传世的铁权，除刻有诏文的外，还有嵌加铜诏文板的，有的铜诏文板脱落，而单独传世，也有刻出诏文的铜权。秦统一全国文字、货币和度量衡，它当时实施的广度，可以从发现量衡的地点推知。就目前所知，除原来秦的旧领域内，甘肃、陕西多有发现之外，山东邹县、诸城、文登等齐故地，江苏盱眙、湖北云梦楚故地，河南禹县韩故地，山西右玉、左云赵故地，内蒙古、河北、辽宁长城沿线的燕故地都有发现。六国之中只有魏地尚未发现。由此可见秦始皇的统一措施的推行，确实已在全国各地普及实施了〔《文物》89/2〕。

云梦秦墓和秦简〔《文物》76/9〕

除旧的秦国领域外，内蒙古准格尔旗，河南郑州、陕县、泌阳，山西侯马、榆次，四川成都，湖北江陵、云梦、宜昌，广东广州，广西灌阳等地，都发现了秦墓。墓的形制有土坑墓、木椁墓也有洞室墓，葬式有直肢，也有屈肢。云梦秦墓虽属中小型墓，但资料比较完整，现以云梦秦M7为例（图一二）。它是一座小型土坑木椁墓，圹底和椁上都填有黏性较高的青膏泥，因此密封性较好。随葬品绝大部分是放在椁内的头箱内，多的叠放二或三层。根据随葬品的种类和数量，可将云梦这种中小型墓，分为两个等级，如附表所列M9、M11与M4、M12的差别。

等级较高的墓出木制明器轺车（一马立乘之小车曰轺）。铜、漆器较多，其中M11还有鼎、钫（方量），陶器较少。等级较低的墓无轺车，铜、漆器少，陶器较多。较高等级的M11，还出有竹简1100多枚（始皇三十年，即前217年，墓主人为狱吏喜），从中可知墓主的身份是小官。等级较低的M4，出有木牍2件，内容是在外的士卒向家里要东西的信件（始皇二十四年，前223年，墓主人是中［衷］）。这是目前所知最早的家信实物，可推知此墓主人大约是一般无官职的地主。

这批墓中所出的铜蒜头壶和陶茧形壶以及M11、M9所出的铜鍪（小

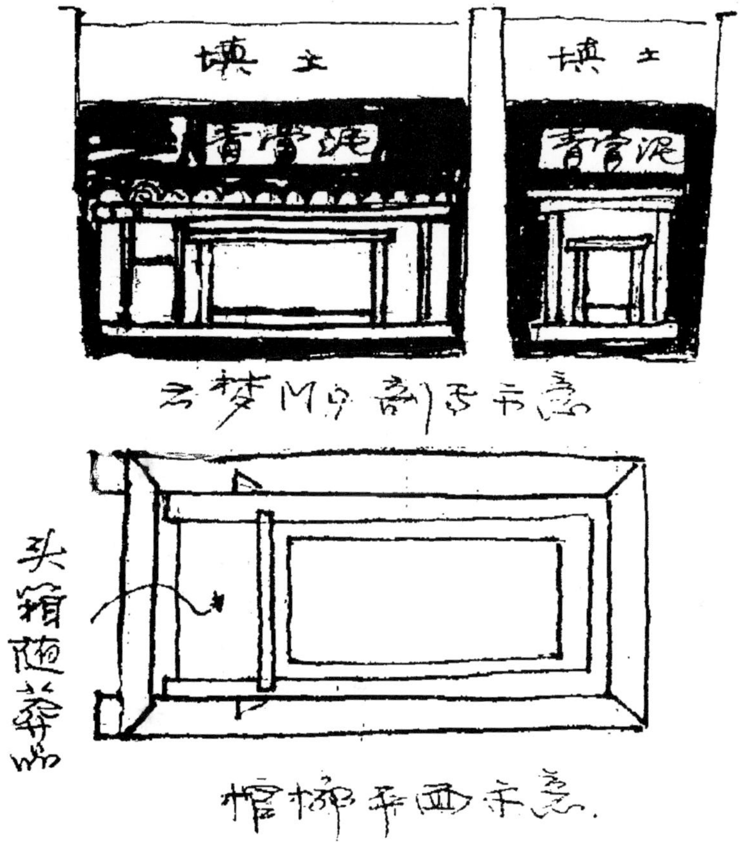

图一二　湖北云梦秦墓 M7 剖面、棺椁平面

锅）（图一三），这类器物是陕甘秦墓中常见的器物。另外所出漆器多有烙着“咸亭”（咸亭）二字的印记。咸亭是咸阳市亭的简文，表明它是咸阳市府管辖的漆器作坊的产品。这批漆器从纹样上观察，与过去湖南楚墓所出漆器纹饰不同。较明确的秦地器形和秦国所产的漆器出现在以前楚国领域内，反映出秦灭楚后，秦的文化向南伸延。郑州、成都秦墓也都出现或多或少的秦文化因素。秦的统一，确实不仅是政治上的统一，在文化交融上也同样得到反映。这点在云梦 M11 所出竹简中也可得到证明。

附表　　　　云梦四座例墓随葬品的种类与数量

墓号		M9	M11	M4	M12
木器	轺车	1	1		
	马	1			
	俑	2			
	六博	1	1		
	耳杯			1	1
铜器	鼎		2	1	
	钫		2		
	匜	1	1		
	鍪	1	1		
	蒜头壶	1			
	剑		1		
	镜		1	1	
漆器	圆盒	2	2		1
	长盒	3			
	奁	1	3	1	1
	盂	1	2		
	扁壶	2		1	
	樽		1		
	耳杯	28	3	7	3
陶器	瓮	2	3	2	3
	茧形壶	1			
	壶				1
	盂				1
	甑		1	1	1
	鍪			1	
	釜	1		1	1
	钵			1	
	毛笔		3	1	
	木牍			√	
	竹筒		√		

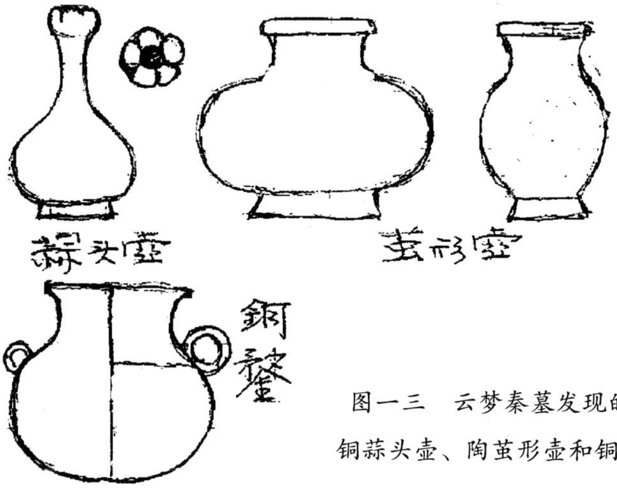

图一三　云梦秦墓发现的
铜蒜头壶、陶茧形壶和铜鍪

云梦 M11 所出竹简总数有 1100 多枚，长 23.1～27.8 厘米、宽 0.5～0.8 厘米，都出于 M11 的棺内。其中的《编年记》和《秦律》最重要。《编年记》是记秦昭王元年迄秦始皇三十年（前 306～前 217 年），共九十年间的大事记，给秦史的研究增加了新史料。《秦律》的简数最多，有 600 余枚，包括刑法、诉讼法、民法、军法、行政法、经济立法等内容，以刑法为中心。这批秦律竹简的发现，对秦统一后国家的性质的研究，提供了崭新的第一手资料。

近年在天水发现秦始皇八年（前 239 年）墓（前 221 年秦统一），墓中出土了画在 4 块木板上的 7 幅以河道为主体的天水（邽丘）地区地图。这是现在知道的最早的地图实物。

秦始皇陵的勘查与发现

秦始皇陵，据《史记·秦始皇本纪》记载："始皇初即位，穿治郦山，及并天下，天下徙送诣七十余万人，穿三泉，下锢而至椁。宫观、百官、奇器、珍怪徙臧满之。"始皇在位三十年（前 246～前 210 年），可知秦始皇陵的工程多么巨大。秦始皇陵的勘查工作从 60 年代初起，已经有 20 多年。陵本身虽然没发掘，但就已知的陵圈内外的情况，就已很惊人了。陵有内外二重城垣，都是南北长，东西窄。墓丘位于内城南半部，为方形覆斗式。底边宽 350 米，现存高 43 米。内外城垣东、西、南三面城门相对，外城四门的交叉点即是墓丘的顶点。内城的中部，即墓丘之后有被火焚烧过的建筑遗址，遗址出有线雕菱纹的铺地石板、简化饕餮纹半瓦当和云纹圆瓦当，推测大约是寝殿的遗址。内城东北隅隔开一区域，其用途不详。外城的西北隅内，发现左右饲官的遗址，是供奉陵墓伙食的机构。在内城的西门内，即是有名的铜车马坑的所在。在内城西门外发现了埋动物和俑的坑。外城东门外大路北侧发现四个兵马俑坑，其中一个是未建成的空坑，另外三个坑中有步兵、骑兵和车兵俑近万件，马 500 多匹，木质战车 130 多乘。三个坑组成了面向东方的庞大的军阵。以前大墓的车马随葬，主要是车马，是表现墓主人出行的，如内城西门内的铜车马坑。而秦始皇陵在东门外随葬车马，主要表现向东方出征和武装巡行的情景。这是值得注意的大型墓随葬状况的变化。在兵马俑坑的西南，发现了殉葬墓群，有长方形土坑墓和土洞墓两种。葬具多为一棺一椁，尸骨零乱，好像是被肢解埋葬的。殉葬墓群的东南侧还发现了 90 多个埋马埋俑的坑。此外在外城之西，探出 100 多座形制长方形的土坑，没有葬具和随葬品的小墓。这应是营建陵墓而死的刑徒墓地（图一四）。以上还仅仅是已发现的情况，估计还有大量的未知设置，秦始皇陵园确实反映了其工程的浩大。因此前面所引的文献记载，看来不是夸大虚构的。

以上介绍的各种秦代遗迹表明，秦始皇统一以后，强暴地役使大量人力，建造了规模巨大的各种工程。文献记载，民不堪命揭竿而反，这应是必然的结果。咸阳宫殿和秦始皇陵园都发现被毁于火的痕迹，反映了人民对暴秦的痛恨。另一方面许多遗迹也反映出秦统一的功绩。秦统一是国家历史上的空前事业，秦统一以前，列国分立，既对北方强悍的游牧民族不能进行有效的防御，又无力顾及边远的岭南地区。各地割据影响了全国经

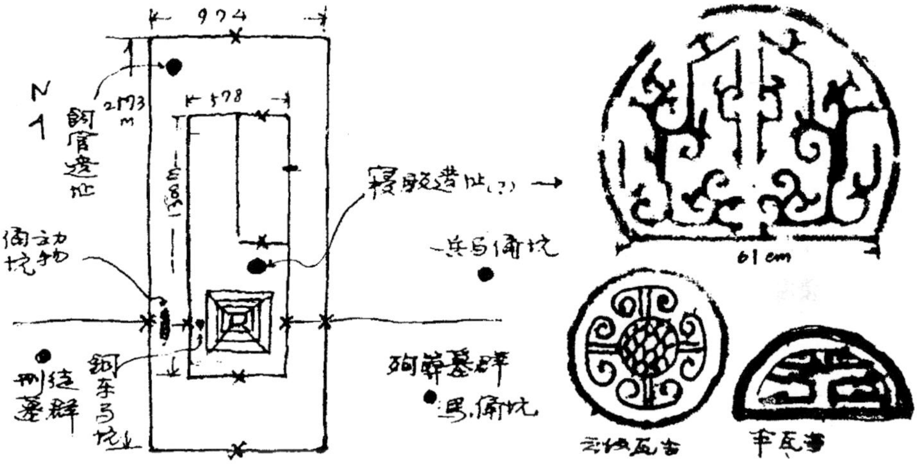

图一四　秦始皇陵地面布局和发现的瓦当

济的进一步发展，文化的进一步交融。统一之后，短短的几十年时间，连接了长城，兴建了直道，有利地控制了北方和西北；开凿了灵渠，设置了岭南郡县，使珠江流域与中原相连接；统一了货币、度量衡和文字，给以后的经济发展提供了重要的条件；秦律的发现，反映了统一后秦的政令的有效实施。这些都为汉代的进一步繁荣奠定了基础。在秦代考古未开展以前，我们对西汉情况并不能真正了解。近年对秦代考古有了一些了解之后，再整理汉武帝以前的西汉资料，就有了可靠的起点和线索。因此，我们以上对秦代考古的介绍，花了较多时间，一方面是新发现较多，更重要的则是为了阐明其后的汉代。

第三节　西汉遗迹

西汉包括新莽时期，具体时间是从汉高祖元年（前 206 年）到王莽地皇四年（公元 25 年），时间长达 230 年。

长安城

西汉的首都长安，在汉高祖时只修整了长乐宫和兴建未央宫，未修城垣。长安城的城圈是在汉惠帝元年至五年（前194～前190年），把原来在这个地区的长乐宫（原秦兴和宫，前202年整修）、未央宫（前200年）和附近的居民点圈在一起，兴建起来的。城的北和西面受到渭水支流泬（音决）水弯曲河床的限制，所以它除东面是直线外，其余三面皆有曲折。因此这个都城是先有宫殿和居民点，城垣是后建的。所以它不是先有规划，按规划修建的城市，所以它的内部布局也是不甚规整的（图一五）。

城墙为夯筑，总长度是25700米，约合汉代63里。墙基宽度12～16米，向上有收分，内外的倾斜度各约11度左右。城墙外侧有宽8米、深3米的城濠。城开十二门，每面三个。每个城门皆为三个门洞，三条道路，每条宽8米。当时车轨宽1.5米，每门可并行四辆车。城内街道皆成直线，宽45米左右。每条大街中间都用两条排水沟分隔为三条路。排水沟宽1米、深0.5米。中间街道最宽，约20米，即是文献记载中所说的专供皇帝使用的“驰道”。两侧道路较窄，各宽12米。这些道路的排水沟组成了城市的排水系统。水的主要大的出口是城门地下埋筑的券顶砖石结构涵洞；小的出口则在城基下面安置断面为五角形、圆形的陶制水管，这种陶制水管在秦咸阳城也发现过，可能是继承咸阳的作法。城内以后又陆续兴建了不少宫殿。城内的地势是南高北低，早期兴建的宫殿都在南面的高地上。高祖时朝堂在长乐宫，惠帝时移到未央宫（萧何修建），长乐宫此后为太后居所。两宫之间建有武库，看来主要是为了两宫的防御。以后武帝时又兴建了北宫、桂宫和明光宫。这些宫每一个内部都建有许多组殿堂。长乐宫据说有十四组；未央宫更多，有八个大组。这些宫内绝大部分都还未发掘。工商业区集中在西北隅，有东西九市，那里曾发现制陶和铸铁的遗迹。居民区在北部和城北的郊区。后来长安宫殿遭到焚毁，临近各宫的城门都废弃或半废弃，只有靠北的宣平门还一直保存三个门洞，使用到583

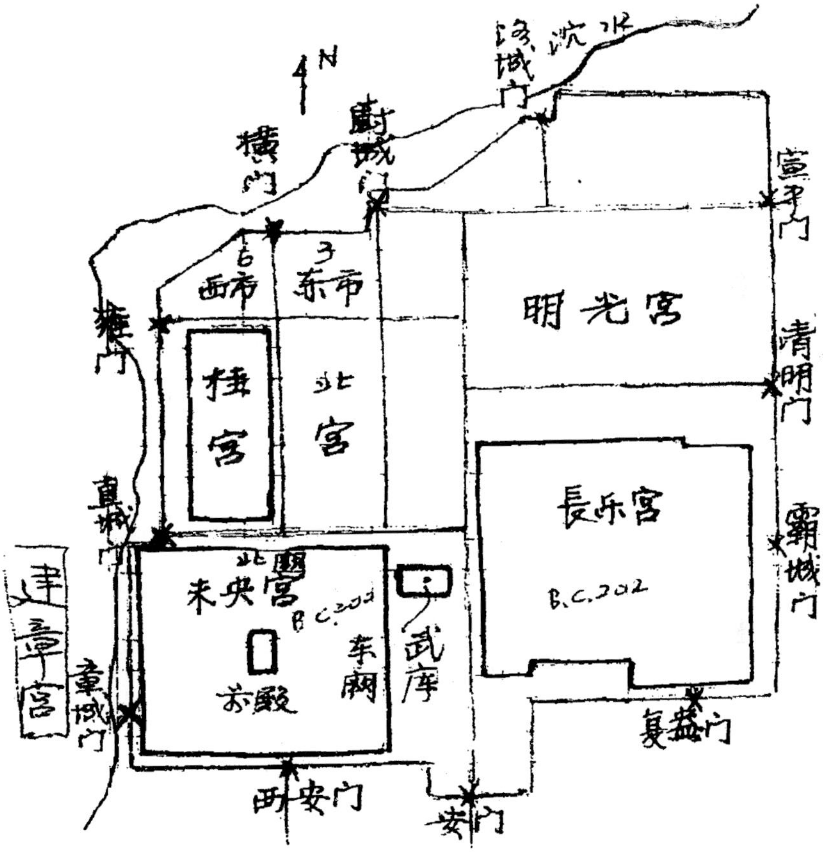

图一五　西汉长安城内布局

年隋文帝迁到大兴城之前。未央宫的西北，发现铸钱、铸兵器的遗迹，这应是官府手工业的遗迹。近年来在未央宫前殿遗址西北 880 米、西距宫西墙 105 米处发现了 3 号遗址，大约是西汉中央管辖各地工官的官衙。出土了大量 5.8～7.2 厘米长的骨签，记录了各种工匠的名字，原来可能是附在器物上的签牌。签牌纪年从汉武帝到汉平帝，看来一直到西汉末，这个官衙始终设在这里。

西汉长安城布局虽然不规整，但可以看出，其宫殿在城南部的作法与秦的咸阳宫殿在城北的安排是不同的。自惠帝以后（其实萧何时似就有此计划了）城西南隅的未央宫是听朝布政之所。这个布局应该是受到关东列国的影响，齐之临淄、赵之邯郸皆如此。未央宫之北隅直城门大街北为桂宫和北宫，其后是东西九市。这样安排与《考工记》所记的都城是“前朝后市”的作法相同。《考工记》的记载，是战国人理想中的都城布局。

因为长安城内主要面积都布置了宫和衙署，估计有不少居民住在城外，所以东、北、西三面郊区都有手工业遗址发现。南郊和东郊还发现了西汉末和王莽时期的礼制性建筑遗址：有围绕水沟的圜形建筑物——辟雍的遗址；其西有十二组形制相同的方形建筑——王莽九庙的遗址。此遗址适在西安门外大道的左侧，西安门是汉朝会之所未央宫的前门，该门外大街的右侧，另有一方形建筑遗址，有人推测是王莽兴建的社稷。如果推测不误的话，左祖右社，应是王莽托古改制的产物。

以下我们总结一下西汉长安城布局的特点：一、将宫殿区和工商区、居民区都围在一个大城圈内；二、城内绝大部分面积布置了皇家专用的宫殿区，宫殿区不只一处，分散在城内，占据了六分之五以上的面积；三、实现了战国理想都城设计的主要内容——前朝后市、左祖右社。这三点都是在以前的列国都城布局中所看不到的。但主要宫城置于城的西南隅，则是渊源于东方的列国。

地方城址与聚落遗迹

西汉时期的地方城址发现不少，情况大体有四种：一、是利用战国旧城。如临淄、邯郸这两地，汉时人口仍然不少，所以仍是大城，大体上保存了战国时的规模。二、是在废弃的战国旧城的城内或城外缩建小城。前者如洛阳周王城中有汉河南县城，后者如在湖北江陵楚旧都纪南城东南5里新建的郢城。这种缩建的新的汉代城，都比原来的大城小得多，反映出这类战国城市，经过秦汉的变乱和强制的人口集中而大大被削弱了。三、是在以前聚落的基础上围建起城垣，河北武安午汲古城即是一例（图一六）。

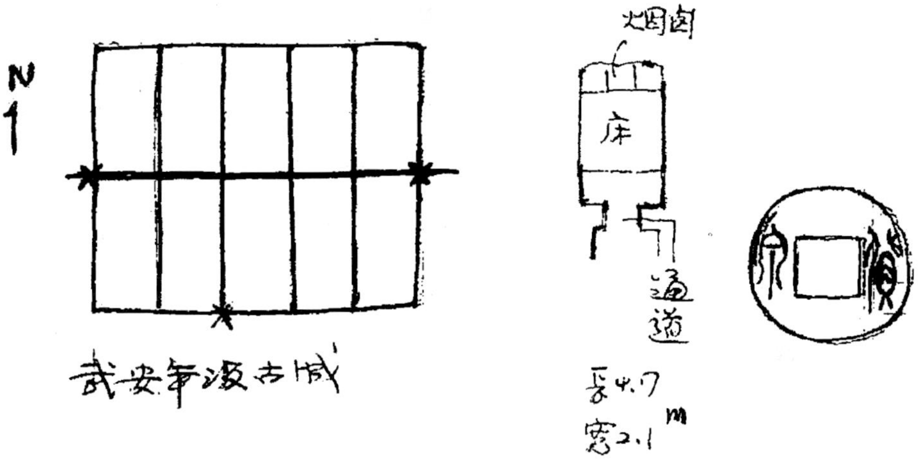

图一六　河北武安午汲西汉城址、陶窑和出土的货泉

这个地点从出土的器物看，春秋时就是人口较稠密的居民点了，经过战国时期的发展，好像秦和汉初的破坏不大，西汉时期居民区又向西扩展，到两汉之际兴建起夯土的城垣。该城位于邯郸城西 60 里，其西有铁矿，是当时从邯郸西去长治间的必经之地。城四角俱存，其平面作长方形，南门豁口略偏西。东西大街已探出，宽 4 米，东西各延长到城外。与此大街相连的南北小路共四条（已探出），各宽 2.5 米。曾在西半部进行发掘，除发现土路、石子路、居住址外，还发现了陶窑（窑平面长方形，长 4.7 米、宽 2.1 米，窑门向南，后壁处有三个烟囱，通道敷砖，窑床上有残砖，知已塌了的窑顶也使用砖）。陶窑火膛上部积土中出了近 3000 枚完整的新莽“货泉”钱币，可知这个窑的时间属西汉。城西部分布有西汉墓葬群。午汲古城是现知中原地区西汉之际较清楚的一座地方城址，它的内部布局值得我们注意。四、实例如福建崇安城村古城（图一七），修建时代是西汉中晚期。该城位于丘陵之上，随地势曲折，城平面略成不规则的长方形，长约 800 米、宽约 500 米。城垣基部用河卵石、砂土堆砌，宽 8 ~ 13 米，上部黄土夯筑，也杂有河卵石。城外围绕宽约 5 米的护城濠。城内中部以

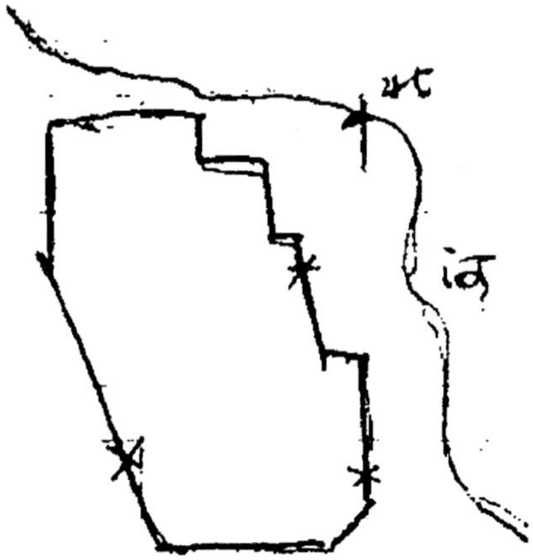

图一七　福建崇安城村西汉城址

北是重要建筑群所在，该处的中部曾发掘一处建筑遗址，出有大量板瓦、筒瓦残片，根据础石的排列状况，知其为一座面阔二十间、进深七间（长47米、宽10米）的大型建筑物。建筑外铺有石子路面。出土的瓦当多为云纹，也有王莽时期的常乐万岁（改长为常）残瓦当，是判断年代的重要依据。该城有人推测是武帝封的东越王的城，也有人认为是西汉在这里兴设的一个屯戍据点。总之这座城址与前述之三种城址都不相同。

一般的聚落，是指没有城垣的较大的居住点。这种遗址是不易保存下来的，现知较重要的一处是在辽宁辽阳北郊的三道壕发现的，这是因为边远地区比中原地区被破坏的因素相对要少的缘故。其地位于西汉辽东郡治襄平城北，东临太子河，是从北进入襄平的打头站的地点所形成的居住点，其范围约有100万平方米。从揭露的很小的部分看，东部有铺石的道路，在东西200米的范围内发现有七处居住址。一般长20～38米、宽13～22米。顶部用瓦，瓦当有云纹和千秋万岁铭者。居址内有灶，外有窖穴、水井、畜栏和厕所。居址中都出铁农具、手工工具和少数兵器。还出有半两、五铢、货泉等钱币（图一八）。有的居住址还出有玛瑙、琉璃珠饰、耳珰。在这片居住址的中部还分布有烧砖的窑群。看来所揭露的这部分应是居住在这片聚落中的较上层的人家的居址。秦的遗迹已在辽河上游和今山海关外发现，西汉有像三道壕这样大面积的聚落遗址，发现在辽河下游支流太子河岸边，看来秦和西汉时期，即公元前1世纪时，中原地区向东北地区的开发，已经达到相当广阔、相当深入的程度了。以下我们介绍西汉的边塞遗迹和秦汉的边远地区时，还将进一步说明这个问题。

图一八　辽宁辽阳三道壕西汉遗址出土的五铢和瓦当

边塞遗迹和汉简

边塞遗迹是指长城和附属于长城的边城、坞障（堡）和烽台。

西汉长城除了沿用战国至秦的长城外，还在一些地方增建了复线，并且把秦长城向西向东都做了延长。延长的遗迹，在东边近年在辽宁境内的阜新、法库、宽甸、丹东等地都有发现。文献记载这段长城还向南越过鸭绿江，到达了朝鲜西北清川江（浿水）口。向西延长的，开始的一段是复线，在阴山南北麓，都建于汉武帝时。复线外侧的长城，在河套西北向西北延伸，入今蒙古共和国，然后到内蒙古的西端居延，沿额济纳河折向西南入甘肃，在明长城终点嘉峪关之北，西行经安西到敦煌西北的玉门关。往西还有一段西汉长城遗迹，但不远就被绵延不断的烽燧（烽台）所替代了。西汉烽燧向西一直修到新疆库车西北的克孜尔尕哈附近。

西汉的边塞遗迹，河套以东和河套以西不完全一样。以东的遗迹有边城、坞障和烽台。以西部分则只有后两种。河套以东在长城内侧多设屯戍性质的边城。边城多方形，夯土筑造。它比坞障大，边长500米左右，多南面开门。有的内有子城，子城有的在中部，有的在一隅。子城内多有台地，应是官署所在。这种有子城的边城比较大的边长有达1000米的。边城有一定屯戍性质，但实际上有的又是在靠长城沿边地带设置的县城，有的甚至是郡城，因此人口较多，使用时间也较长，所以在它的郊区还分布有墓群，如内蒙古呼和浩特东郊塔布秃村的汉城遗址〔《考古》61/4〕。现发现最东的一座边城，是靠近鸭绿江边的安平县城（图一九）〔《考古》80/6〕。该城位于丹东东北15公里，据遗迹可复原，为长方形，夯筑石基，中部偏北有一方形高地，城内出有“安平乐未央”瓦当和西汉五铢。

西汉的坞障是上述边城派出的鄣尉所居的小城（鄣同障，塞上要险处筑城以资障蔽者），方形，每边长150米左右，石砌或土筑，南面开门，有瓮城。烽台多沿长城外侧排列，间距约1里。台四周有围墙，围墙内的遗迹没有清理，情况不明。但可以参考河套以西的遗迹。

河套以西的遗迹和以东有些不同。西部地区沙多土少，因此多用土坯、芦苇和芨芨草捆相间垒砌的特殊方法。因为这里土质和水都含有较重的盐碱质，所以垒起的芦苇捆长期被盐分浸蚀，已成半化石状态。保存较好的段落，其厚度尚有3米。这一段长城的附属建筑只有坞障和烽台两种。现知居延破城子，即甲渠候官（候官治所）遗址（图二〇）〔《文物》78/1〕，是规模较大的一处坞障。该遗址西距长城300米，夯土夹芨芨草筑坞，坞约44米见方，墙厚2米，门在东侧，外有曲尺形瓮城，墙外3米以内范围，埋有尖头木桩，汉代名曰“虎落”。坞内北部西侧的一组房屋，下建

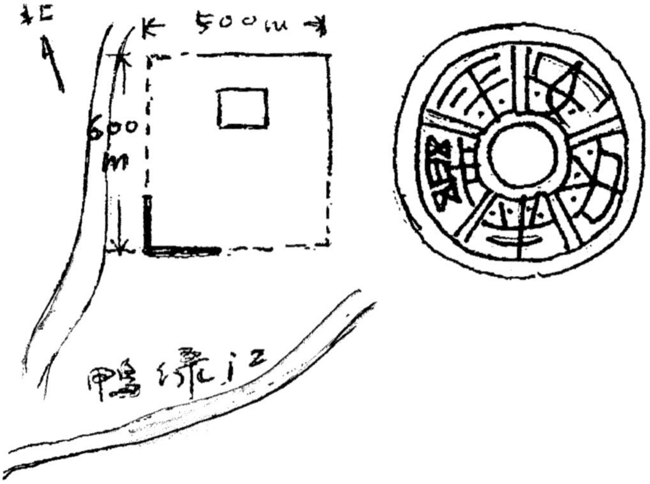

图一九　辽宁鸭绿江边的西汉安平县城遗址和所出瓦当

台基，其上最大间设有火墙，发掘者推测是晚期候官的住室（早期候官居住在鄣内）。坞北部东侧和坞南壁、东壁内所建较简略的房间应是一般吏卒的住地和工作室。坞东北隅有畜圈，其东有登坞顶的梯道。鄣是建在坞西北隅的一处方堡，基方23.3米，厚4～4.5米，堡墙残高4.6米。鄣南壁东侧设门，通坞内，门西侧有登上层的梯道，上层原有木建筑，已圮。鄣堡内以及坞门外东侧垃圾堆中，都出有木简。坞障之南50米，有约5米见方的烽台，附近发现积薪和烧灰。这座与坞障靠近的烽台，应是候官专用的烽台。

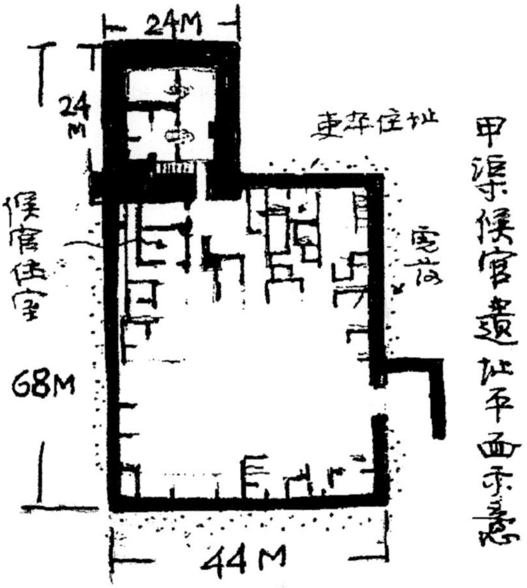

图二〇　内蒙古居延破城子西汉甲渠候官遗址

规模较小的可以敦煌西北近年发现的马圈湾烽燧为例（图二一）〔《文物》81/10〕。该烽燧在今敦煌县城西北约95公里

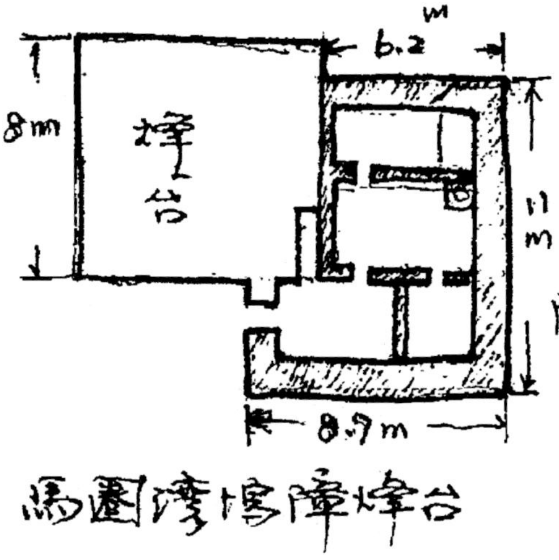

图二一　甘肃敦煌马圈湾西汉烽台坞障遗址

处的长城内侧，坞障与烽台连建在一起。在障的西侧建有烽台，烽台约8米见方，三层土坯夹一层芦苇垒砌。东南缺口处，应是攀登坞障顶的地方。郭为夯筑，门西开。有带过道的套房三间，北间有炕，中间有灶。坞障的面积很小，不像是一个设候官的所在（有人认为是西汉玉门候官所在）。清理这处坞障烽台时，发现1000多支简和300多件生活用品和少量残工具。

居延和敦煌都是解放前发现汉简的重要地点。居延出了约万枚，敦煌出了800多枚。但在解放以后，这两处发现的汉简数量更多。居延出了2万多枚，敦煌出了1300枚。两地的汉简主要是木简，也有少数竹简。内容主要是和屯戍有关的各种文书，此外还有残历书、诏书、通缉罪人的文书等。最重要的是屯戍文书，它比较全面地记录了当时边塞的各种情况，是研究西汉边防以及与边疆民族关系的第一手资料。

西汉陵墓的调查和大型陪葬墓的发掘

西汉帝陵有九座分布在渭水北岸咸阳原上；另两座在渭水南岸，一在灞河右侧，一近浐河右侧。好像没有统一的布局。咸阳原上的九座，东西排列，应当是有些规律的，但现在还未弄清楚。陵都未发掘，内部不清楚。但外部情况，大都保存较好。各陵的后妃墓和陪葬的大臣墓一般在各陵东或东北。各陵还都有陵邑，已查明的陵邑遗址在陵的北面。现以高祖长陵为例说明。

刘邦长陵在今咸阳境内（图二二），其地大约是秦咸阳范围之北偏东。吕后墓在其东南。两墓坟丘都作覆斗形，两墓都在一个780米见方的陵园内（与其它陵不同）。陵邑在陵园之北，西墙残迹较好，中间有门址，南北墙尚存一段，东墙已不存。陪葬墓群在陵之东北，是西汉陵中陪葬墓最多的一处。陪葬墓布置有若方阵，墓冢排列整齐，外观也多为覆斗状，但比帝陵小得多，也有作山形的。1970年代在杨家湾北发掘了两座陪葬墓，规模较大，编为4号、5号墓，南北并列。二墓的墓坑即墓圹，与墓道连

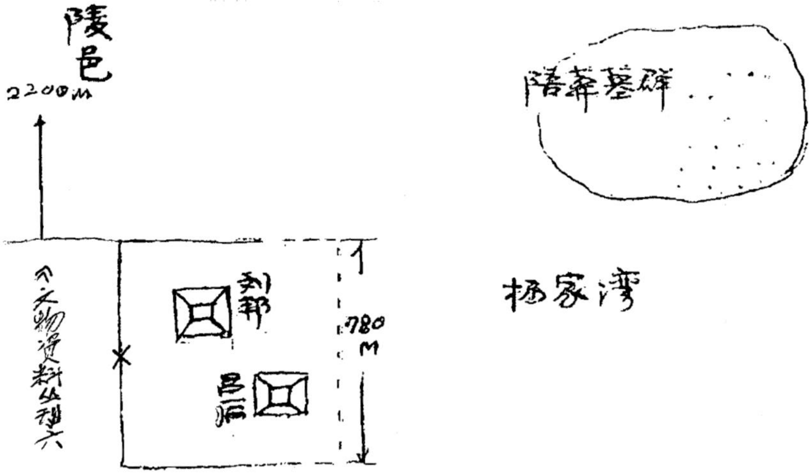

图二二　陕西咸阳西汉长陵遗址

成曲尺形。现以 M4 为例（图二三）。墓内被焚烧破坏过，只能看出原来墓室内有较复杂的木椁、棺，棺椁情况已不清楚。墓内出有银丝和玉衣片，知死者敛有银缕玉衣。墓道的填土中和墓道外的右侧都发现了随葬品坑。随葬品坑似可分为四类：A. 主人的厨厩、主人出行的车马俑；B. 存储生活用具和装谷物的陶器；C. 墓外的车马；D. （M4 南 70 米处）另有 11 个随葬品坑，排成两排，前六坑土洞中列骑俑近 600（580）个；后四坑中列步兵立俑近 2000（1800）个。两排中间还有一个砖砌的长方形坑，内多为铜车马饰，还出铜镞、弩机，可以推测此坑原来埋有较考究的战车一辆。该坑上部还出有绳纹板瓦、筒瓦和瓦当，可知此砖坑原有瓦顶。以上这一组兵马俑随葬坑，对我们了解秦始皇兵马俑坑是有参考价值的。在墓室之外安排了大批排列有序的随葬品坑，这种作法从秦始皇陵外的布置到西汉初大墓的墓外布置应是一致的（随葬品坑最早见于河南固始侯古堆春秋战国墓，该墓内外椁已围成回廊形式〔《文物》81/1〕）。而随葬品坑中突出了兵马俑，这也如实地反映了当时的浓厚的军事气氛。有的同志根据文献记录、与之并列的 M5 出有银缕玉衣的残片和出有半两铜钱等随葬品，推测该二墓与西汉初周勃一家有关（秦半两重十二铢，名实相符。吕后铸八铢半两）。如果不误，此墓可作西汉初陪葬的列侯墓的一个实例〔《文物》66/3、71/10〕。

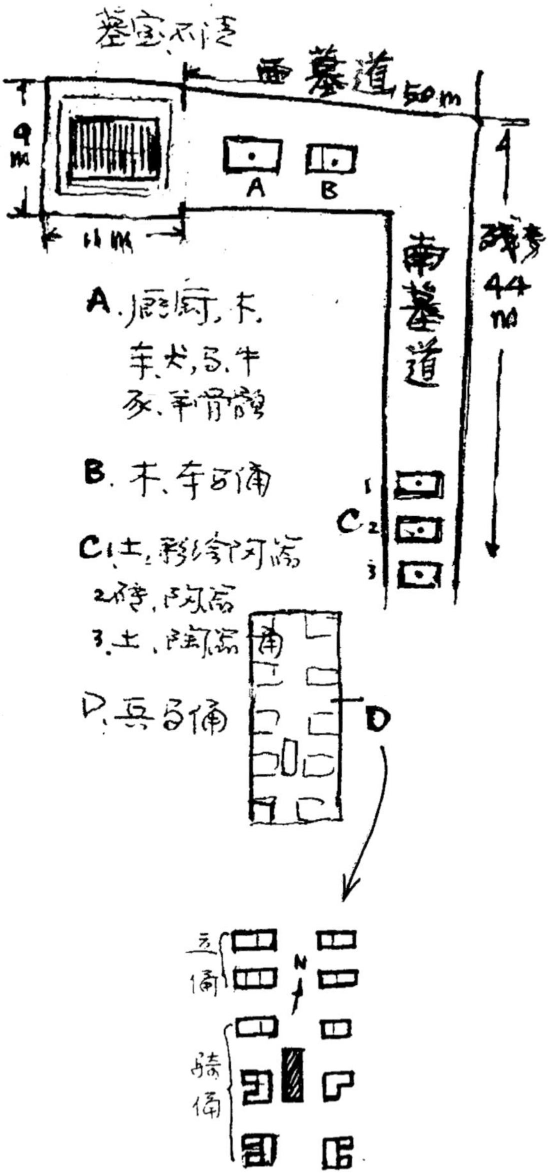

图二三　咸阳杨家湾北西汉长陵陪葬墓M4墓室和陪（随）葬坑的类别与位置

西汉大型墓

西汉大型墓是指诸侯王的墓。近年来这类墓发现很多。墓的形制有两种，一是凿山洞的墓室，一是黄肠题凑墓。前者可以江苏徐州北洞山墓为例（图二四）〔《文物》88/2〕。

该墓开在山坡上，可分前后两部分。前部分是墓道和它东侧放置各种随葬品的四排房间。这一部分，墓道露天开凿，平底，利用石山岩作壁面。墓道北端的耳室和东侧的四排房间，其上部皆填塞以石，砌有石顶。墓门以后即墓室部分，系凿山开洞后精致修整，并全面涂

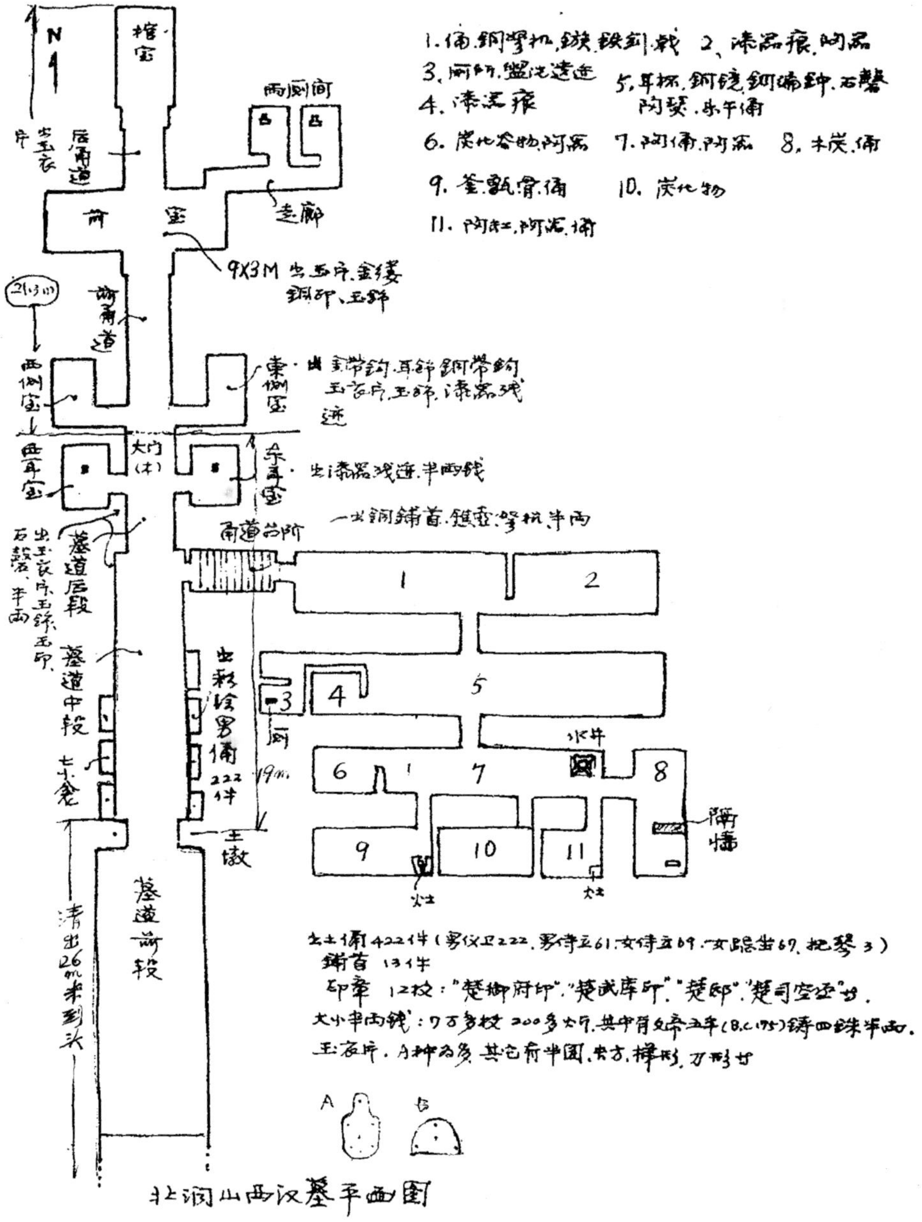

图二四　江苏徐州北洞山西汉大型墓平面

漆（顶、诸壁、地面）。该墓早年被破坏，但从现存遗物仍可大体推知原来的布局：最后的棺室已空无一物，故原来棺木情况无法窥知。但从后甬道起一直到墓道中段的后部，都出有金缕玉衣残片和原置于棺内的各种玉饰。可知早年被破坏时，曾将尸体从棺室中拖至外边。前室中发现的遗物玉衣片、玉饰、铜印等，也多是原来棺内之物。前室原来应是墓主人会客、办公和宴饮的地方。东、西侧室遗存大量漆器残迹，还出了不少金玉饰件，应是墓主人保存细软之物的房间。

墓道后段两侧的耳室也遗有大量漆器痕迹，还出了不少半两钱。墓道中段后面的东侧甬道，凿出十二台阶，通向比墓道低约 3 米的四排房间。自北向南的四排房间中，第一排（第一进）外间出了各种铜、铁兵器和陶俑，这显然是表示为此墓的保卫室和武器储藏所；内间出了大量陶器和漆器痕迹。第二排（第二进）外间出了一套小铜编钟和一套石磬，还出了陶制瑟（是明器）。伴出的有不少管理乐器的俑，其中有作演奏姿态的，表示这里是存放乐器的；内间也发现了大量的漆器痕迹。第三排（第三进）和第四排（第四进）连在一起。第三排出有俑、陶制的各种容器，东端有水井，西内间有灶，东内间有俑，堆放了不少木炭。第四排分为三间，西间有俑有灶，出了不少陶釜、甑、动物骨头；当中间出有不少炭化物，大约是粮食的遗迹；东间也有灶，还有陶缸，出俑和陶器。很清楚这第三、四排房间表示墓主人的庖厨所在。以上安排应与咸阳杨家湾 4 号墓外的随葬品坑的性质相同。

墓道中段的两壁开了 7 个小龛，龛内排列了 220 个彩绘男俑，保存较好。俑大多佩有兵器，有的还佩有印章。这批武装侍卫俑，在龛内排列成行，似乎像墓主人出行的卫队。

这座墓出了 2 万多枚铜钱，都是半两，没有五铢钱。知道墓的年代应在汉武帝元狩五年（前 118 年）铸五铢之前。半两中有文帝五年（前 175 年）所铸的四铢半两（一两重二十四铢）。从发现的货币，我们可以估此墓的时间在前 175 年 ~ 前 118 年之间。墓内出有金缕玉衣，这是诸侯王的葬服。徐州当时是楚国的封地，又出有楚国印章，可知墓主人应是上述时间内的楚王。按《汉书·诸侯王表》记载，上述时间内的楚王有三至四人，究竟是其中哪一个，就不好推断了〔《文物》73/4，《考古学报》85/1、3〕。

通过这座墓所提供的情况，可以推知以下问题。一、对照文献记载，我们知道此墓的后部分是“正藏”的所在，前部分是“外藏椁”所在。按《汉书·霍光传》“外藏椁”，唐初颜师古注引服虔（东汉人）曰：“在正藏外，婢妾臧也。或曰厨厩之属也。”此处服虔前一句说的是秦汉以前情况，后一句是汉时情况。“正藏”中的棺室之前的前室，表示所谓“前堂后室”的堂的位置。侧室应为颜师古所说的“便房，小曲室也”的“便房”。这座墓的发现，使我们对汉代大型墓的布局，有了较为确切的理解。二、基于上述认识，可以进一步将这种墓制和秦始皇陵园内的发现，以及咸阳杨家湾汉高祖陪陵墓的情况联系起来。原与墓室未连在一起的随葬品坑——“外藏椁”，通过此墓阶段，就和“正藏”部分连在一起了。三、这样我们可以清楚，“外藏椁”只是表示墓主人的居室的附属部分，而不是墓主人的正式居室。墓主人是不屑到这些地方去的。四、通过此墓的情况，我们还可以明白另外一种大型墓——黄肠题凑墓的安排。

这类诸侯王墓，在汉武帝以后出现了另一种和下面我们将要讲的“黄肠题凑”墓有些接近的形制，如河北满城刘胜夫妇墓（图二五），也是凿山洞为墓室的诸侯王墓。中山王刘胜，卒于元鼎四年（前113年）。其墓开凿于满城西的一座小山腰部。斜坡墓道长20米，墓道之后为甬道，甬道南北两侧各有一耳室。甬道后为前室，再后为主室，内有侧室。主室左、右、后三面凿有廊屋。甬道、耳室和前室内原来都有瓦顶的木构建筑，主室和侧室内是用石板建成的石屋。主室门道两侧各有一石俑，室北侧是棺床。漆棺椁已朽，棺内置一具金缕玉衣。尸骨已朽，玉衣上下出有玉器。主室置铜器、漆器。前室中间靠近主室门处出小型车马具，原来是一套车马明器。其前原置有帷帐，帐前为漆、铜日用器物。前室南部靠西

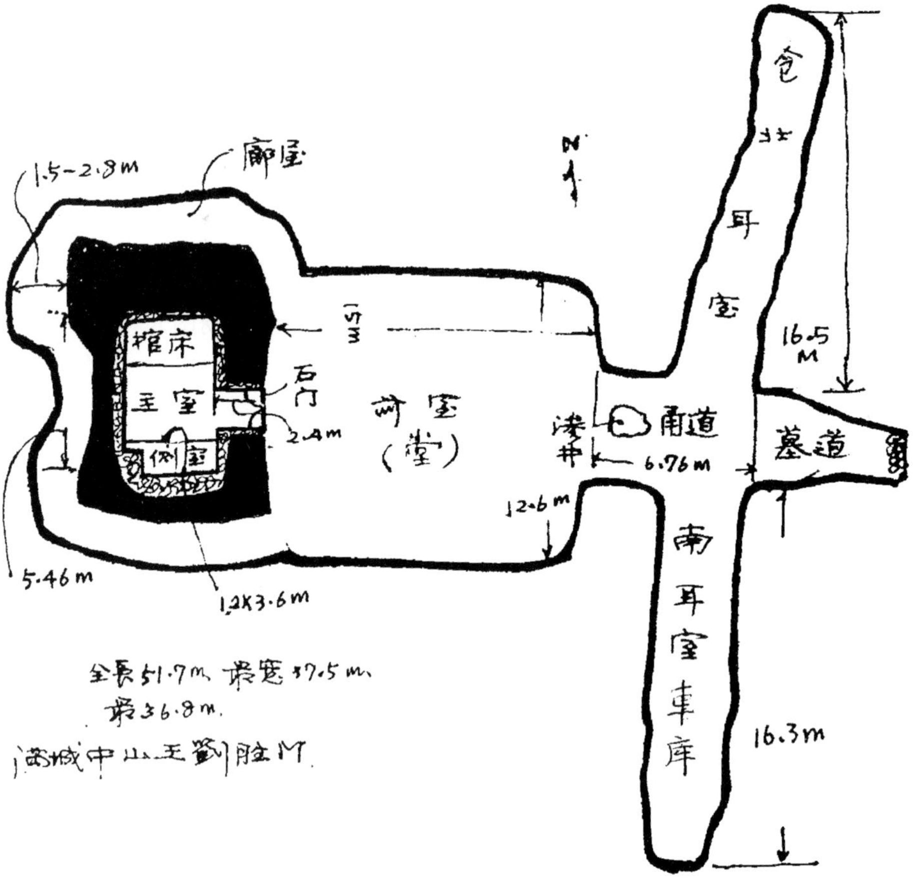

图二五　河北满城中山王刘胜墓平面

出有兵器，其前原也是帷帐，帐前列漆器。前室北部置铜、漆、陶的日用器，其中有陶俑。前室之前的甬道部分，原置有二车、五马，还有犬、鹿各一。南耳室原置车四、马十一，是车马库。北耳室多为陶器，有鼎、盒、壶、钫和锺、瓮、盘、匜、耳杯等，还有石磨、铁炉，是厨库。主室周围的廊屋，原来亦满置随葬品，估计大都是有机物品，现存的只是少数的陶器，壶、锺之类。

刘胜墓的北侧还发现其妻的墓，形制与刘胜墓相似。二墓附近还发现十余座较小的墓，大约是刘胜家属墓葬。这表明家族墓地开始出现了。这座墓外藏椁比徐州北洞山简单，但多了一圈回廊。值得注意的是，这圈回廊与另一种诸侯王墓，即黄肠题凑墓有一定联系。这类崖洞墓，较晚的还有一种形制有前后室、侧室、耳室，但无回廊。如山东曲阜九龙山西汉鲁王墓〔《文物》72/5〕。

另一种西汉大型墓——黄肠题凑墓。这类大型墓，近年在湖南长沙、江苏高邮、河北定县和北京大葆台等地都有发现。现以湖南长沙湘江西岸的象鼻嘴一号墓为例（图二六）〔《考古学报》81/1〕。该墓为近方形的长方形竖穴，斜坡墓道位于西端。墓道尽头处两隅各置一木俑。竖穴底于膏泥层上敷板，其上围以“黄肠题凑”，是以908根长方形柏木枋垒叠而成。《汉书·霍光传》颜师古注引苏林（汉末曹魏人）的解释是：“以柏木为心，黄心致累棺外，故曰黄肠。木头皆内向，故曰题凑。”其内为三重椁，三重椁围成重层廊屋（回廊），外二层椁前面设门，两层门间顶部高起，构成一个前室部分（即“堂”）。前室两侧和左、后、右三面分割成可以互通的19个小室（外12、内7），各室置有漆器、陶器，也出泥半两。江苏高邮汉墓也是外12、内7小室，看来这可能是定制。北京大葆台墓的小室门上有“中官（府?）”、“食官”的漆书榜题。中府即是内库，食官是专掌管主人饮食的人。这样的榜题告诉我们，这两层小室与前面讲到的“外藏”性

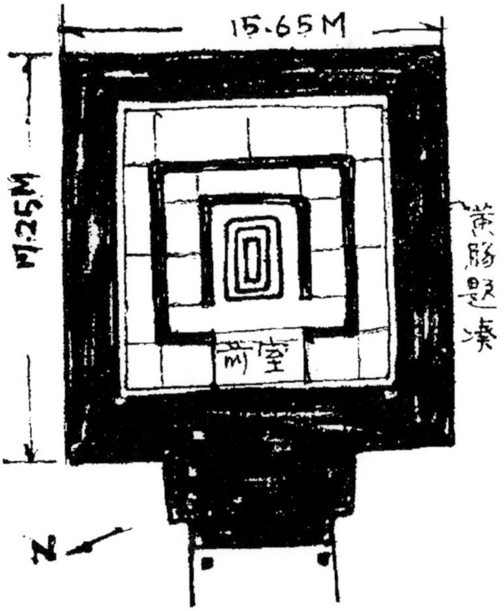

图二六　湖南长沙象鼻嘴一号墓（黄肠题凑）平面

质相同。因此服虔所解释的这个“外藏椁”名词，就找到它的来源，因为此墓正是以椁的形式出现的。二重椁之内为三重棺。内棺内只出少量玉器。该墓早年被盗，故遗物不多。江苏、北京等地发现的同类墓，都是诸侯王墓，故此长沙象鼻嘴一号墓也应是诸侯王墓。墓内只出泥半两，知道此墓当在汉武帝铸五铢之前。

比诸侯王低一级的是列侯。前面讲了汉高祖陵的陪陵墓（周勃冢?）。有名的长沙马王堆发现的三座墓也是列侯墓，都是竖穴式的（图二七）。和这类墓相比较，它的墓圹尺寸小，也没有黄肠题凑，只有一重椁，绕成一重廊屋（回廊），其内分室也少。但亦属大型墓。这里只着重介绍廊屋的前面部分，即相当于前述之前室“堂”的位置，以了解前室的性质。墓长方形竖穴，有斜坡墓道，墓道尽头两侧各置一木俑。墓圹中部是椁，椁内正中是四重棺。棺左、右、前、后各有“边箱”。也可以看作是椁与棺之间的一匝廊屋。廊屋是放置随葬品的地方。如果和内藏对比，则廊屋即是外藏部分（现报告多称边箱）。北边箱（头箱）四壁张挂壁衣（帷幔），底铺竹席，中部陈设饮食用漆器（多为木胎），有案、勺、耳杯、盘等。西部置起居用漆器（几、枕、奁等）。东部是女侍俑和乐舞俑。这里应是表现死者生活的场面，所以头箱的位置是后来的前堂的位置。

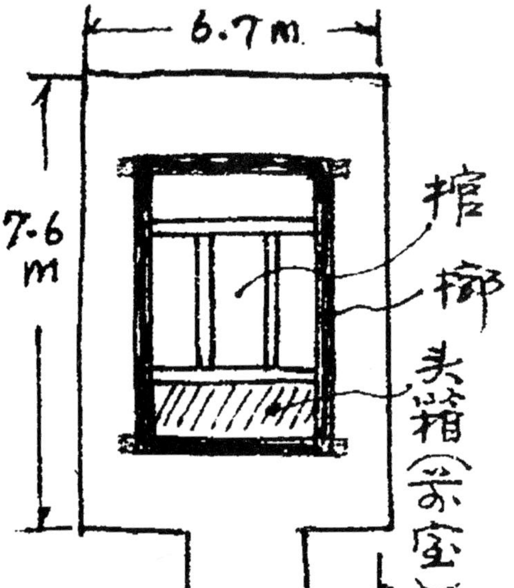

图二七　长沙马王堆西汉大型墓平面

西汉大型墓最后的一例，是画像石墓——河南南阳郁平大尹冯孺人（久）墓（图二八）〔《考古学报》80/2〕。此墓室中

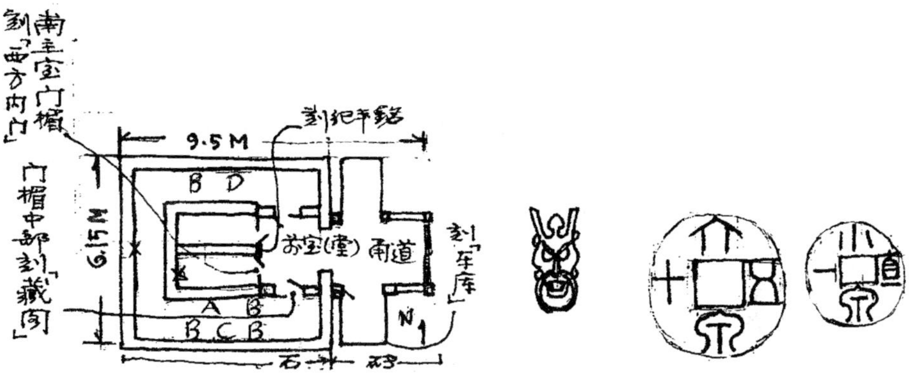

图二八　河南南阳新莽郁平大尹冯孺人（久）墓平面和所出莽钱及铺首的形式

柱镌“郁平大尹（太守）冯君孺人（久）始建国天凤五年十月十柒日癸巳葬，千年不发”一行字，知该墓建于公元18年，即王莽代西汉的第十年，再过七年，公元25年，就开始进入东汉阶段了。所以这个墓例大体上可以作为两汉之际的墓例看。墓的结构是砖石合砌，墓道情况不明。石门内为甬道，甬道两侧各一耳室。南部耳室门柱上镌字曰“车库”，北耳室大约是炊厨。除门柱外，甬道和耳室皆用砖砌。甬道之西为前室、主室，主室隔成两棺室。前室和主室的外围有一层廊屋，以上皆为石砌。廊屋镌字曰“藏阁”。石面上雕刻人物形象，即所谓画像石。雕刻的技法是减地浅浮雕。画像的内容是：①门扉下部刻铺首衔环，其上刻朱雀或白虎，两侧刻门吏，楣石多刻龙、羽人；②南主室后壁和藏阁西壁刻蹶张；③藏阁左侧壁刻墓主人夫妇家居及属下拜谒、狩猎、百戏等形象。此墓是年代明确的最早的画像石墓，看来画像石墓以南阳地区出现的最早，西汉晚期就出现了。从此墓的布局，可以清楚知道墓室是以石代木，用二层石椁代替了内外二层木椁。两棺室为正藏，外廊和甬道、两耳室皆为“外藏”。在外藏中刻画出前述内容，说明外藏原来的意义已逐渐废掉了。此墓早已被盗，毁损严重。出有铜质车马器和较多陶器，有使用的罐、瓮，更多的是陶明器井、灶、案、奁、耳杯、家禽和陶俑，其中家禽鸡鸭涂有红釉。还出了王莽钱“大泉五十”、“小泉直一”。井、灶之类的陶明器和釉陶家禽，都是西汉晚期以前墓中所不见的，是这时出现的新器物。值得注意的是主室有二棺室，说明这时夫妇已合葬在同一座墓内了。大尹，王莽改郡守为大尹，汉制郡守、诸侯皆秩二千石。汉制官吏等级以所得俸禄多少为标准，二千石即月俸百二十斛谷（十斗为斛，后减为五斗）。看来西汉晚期二千石的郡守也可以兴建有回廊、前室、左右耳室的，具有正藏和外藏的大型墓了。

以上我们介绍了西汉大型墓的特点（附表）。

附表　　西汉大型墓形制特点

时间	秦—西汉初	西　汉			
形制	土圹	崖洞		黄肠题凑	砖石结构
	外藏在圹外	外藏内藏相通	有廊屋（外藏椁）	（外藏椁）	内藏外藏相通
帝陵诸侯	秦陵？	徐州北洞山墓	满城汉墓 高邮广陵王墓	长沙象鼻嘴墓	
列侯	杨家湾4号、5号墓		马王堆汉墓		
太守					南阳冯孺人（久）墓

可以看到主要是两种情况：西汉初以后，外藏移入墓内。这时的“黄肠题凑”与“有廊屋”结构的在外藏部分性质、作用相似；到西汉末砖石结构墓，在外藏部分的内容上，发生了变化。西汉后期，诸侯王和列侯大大削弱，地方上的最大官吏是太守，所以其墓葬袭用了列侯的制度。

西汉中型墓

西汉中型墓，一般是指在结构上无廊屋的墓葬。这种墓在当时的中原地区（今河南、河北、山西中部以南、陕西中部）一带，多改用砖椁、石椁，中原的外围地区还多沿用木椁。木椁墓可以举出大、小两例。山东临沂银雀山2号墓是小的，时间较早（图二九）。在岩石间凿竖穴，穴内置一重木椁，椁圹之间填以膏泥。木椁中部加置隔板，隔板中部有可以开启

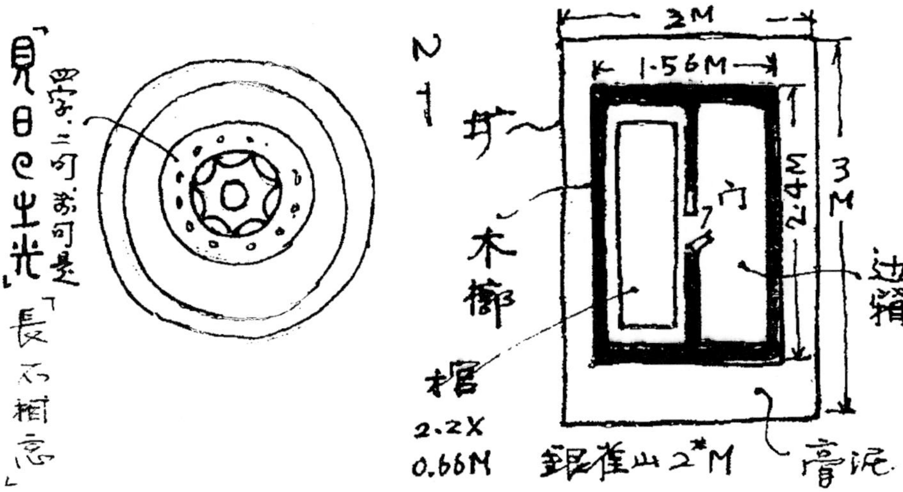

图二九　山东临沂银雀山西汉 M2 平面及所出铜镜

的门。隔板西侧为棺室，东侧为安置随葬品的房间，现在一般称为边箱，其实是一面的廊屋。棺内器物不多，只有木枕、盛梳篦的奁和日光镜一面。边箱内有鼎、盒、壶等陶器、陶俑。漆器有盘、盒、耳杯。边箱南端出有竹简 32 枚，是一部完整的汉武帝《元光元年历》。元光元年即前 134 年。该墓还出有小半两钱。M2 旁侧清理了 M1，两墓时间和大小差不多。M1 出土近 5000 枚竹简，竹简内容有已失传的《孙膑兵法》、《守法守令》、《阴阳占候》等。与今传本有不同的有《孙子兵法》、《晏子》、《尉缭子》等，以上两墓都应是汉武帝元狩五年（前 118 年）铸五铢钱之前的墓葬。另一较大的中型木椁墓例，是江苏仪征胥浦 101 号墓（图三〇）〔《文物》87/1〕，其时间已到西汉末。墓为土坑竖穴，两重木椁。内椁靠外椁一角，所以内外椁之间不是围绕的形式。外椁的前部有隔板与后部隔开，并刻出一门和二直棂窗。这个部分一般叫头箱，实际上是前室的位置。这里主要置放漆案、几和木俑。内椁南侧的边箱，放漆器、陶器。内椁前方堆放五铢钱。内椁内放有二棺，女棺中出日光镜，男棺出五乳神兽镜、木剑、铁

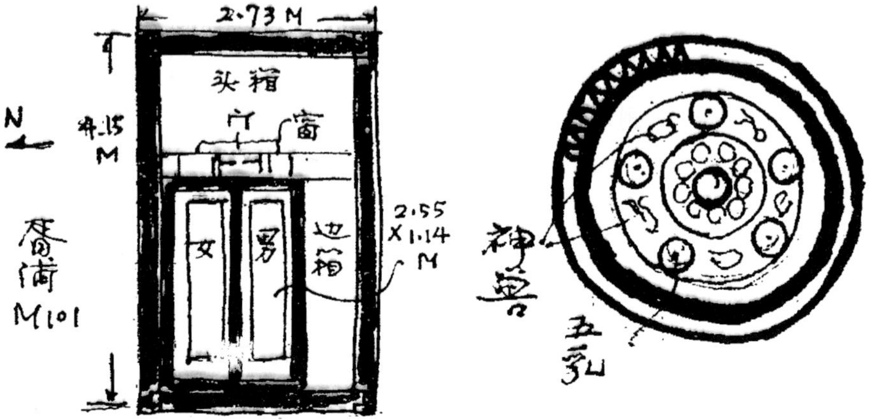

图三〇　江苏仪征胥浦西汉 M101 平面及所出铜镜

刀和木牍、竹简。木牍是遣册（衣物券）。竹简中有元始五年（公元 5 年）纪年的《先令券书》，内容则是遗嘱一类的文书。

西汉典型的中型墓应是洛阳的砖椁墓。砖椁墓有空心砖椁和小砖券椁。前者墓例如洛阳烧沟 M2（图三一）。此墓用空心砖砌成平顶椁室，中置隔墙，分椁室为东西两部分。椁室前有前室部分，其前为竖井墓道。前室原来可能放有漆木器，已朽无存。椁室东间置男棺，出有铁剑；椁室西间为女棺，出有星云镜。男女椁外侧各有一土洞耳室，耳室有陶鼎、瓮、壶、仓，

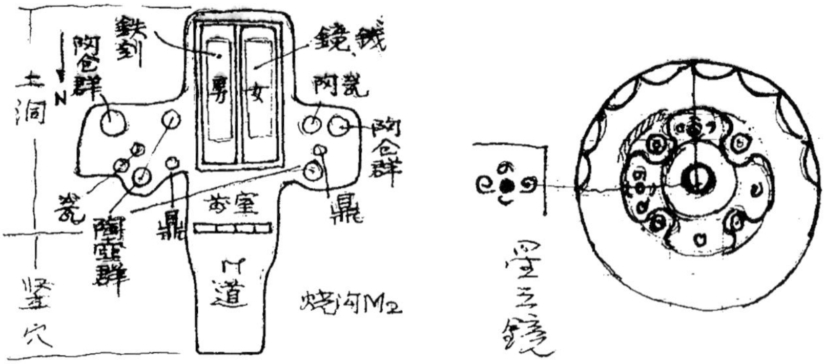

图三一　河南洛阳西汉烧沟 M2 平面及所出铜镜

壶和仓都是成堆的。这两种器物，一盛粮，一盛酒，是主要饮食容器，所以数量多。男椁侧耳室中也是如此，但多一陶灶（一孔）。

小砖起券椁墓，如洛阳烧沟M131（图三二）。该墓椁室用小砖起券，椁内两棺，中间已无隔墙。左右侧土洞耳室扩大了向前凸出的部分，成曲尺形平面。竖穴墓道，男棺中出剑，女棺中出日光镜和五铢钱。西耳室前部出小铜车马具，知这里原置车马明器。后部和北部是陶仓、壶、锺和灶。东耳室只出少量陶锺、壶，原来可能放置有机质随葬品，已朽坏。

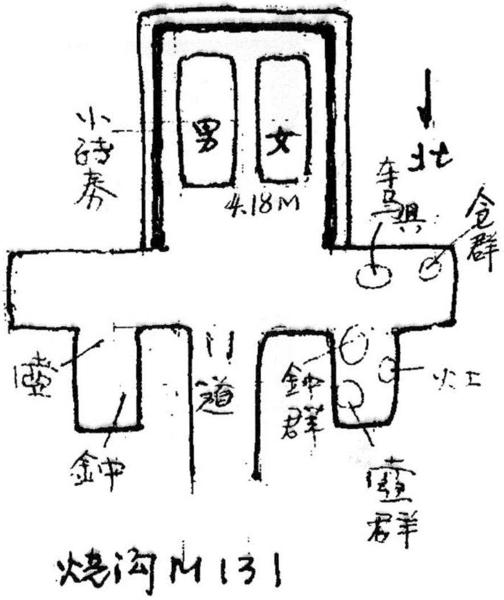

图三二　洛阳西汉烧沟 M131 平面

以上两种砖椁墓，从墓室形制和随葬品看，后者较晚。可以推测是后者逐渐代替了前者。在过渡阶段还出现了椁室用空心砖、耳室用小砖券的作法。如洛阳烧沟东 M61。这座墓椁室空心砖顶部出现两坡起脊的作法。在椁室内、棺室与前室间的过梁砖上，画有忠臣孝子故事壁画。在顶部更画出日月星座。这是较早的一座壁画墓〔《考古学报》64/2〕。

平顶→起脊两坡	起券→穹隆顶
空心砖椁	小砖椁

西汉小型墓

这里讲的小型墓，是指一般的小型墓，排除了刑徒墓、小型殉葬墓。一般小型墓保存不易，保存下来的，发掘了也难以刊露。现知的资料以洛阳涧西区的发现较集中。这种墓多为竖穴或在竖穴一端挖个窄小的土洞

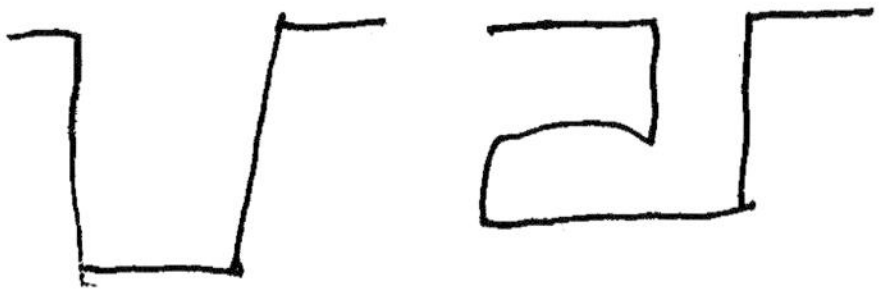

图三三　洛阳涧西西汉两种小型墓剖面

（图三三）。有的有棺，有的无棺。也有以陶棺和瓦片充作棺的。土洞早期多为平顶，晚期多弧形顶。这大概是前者仿木椁、空心砖墓，后者仿小砖券椁。早期墓的随葬品为陶锺、半两钱；晚期墓出现仓、灶等明器和五铢钱。这类墓的主人，不一定都是无土的农民，其中也应有有少量土地的农民在内。

与农业有关的遗迹

在西汉遗址中出土不少铁农具，其中最重要的是陕西渭河流域各地的发现和以洛阳一带为中心的黄河中游的发现。山西平陆西汉晚期的壁画墓也提供了一些重要的图像资料。

陕西和河南所出铁农具，大体可分为三大类：即起土农具、中耕农具和收割农具（图三四）。起土用的臿、铲、镢和以前没有多大变化，但主要的起土工具犁，却有重要的发展。以前的犁只是装在木犁上的较窄的铁口铧。西汉的犁种类已有多种：①将原有的铁口铧加宽；②发展成整个铁铧；③出现舌形铁犁，还加铁口铧；④出现了一种新形制的犁，这种犁有的也外加铁口铧（③、④另加铁口铧，是为了在犁尖磨圆后，便于更换尖头）；⑤更重要的变化，是使用了犁镜，在犁的上部加了翻土起垄的装置，既便于翻土起垄，又可深耕加快速度；⑥此外还出现了小的耧车，说明播种也有了改进。犁的复杂化，表明当时牛耕方法较普遍，逐步发展了深耕，并加快了播种速度。山西平陆西汉晚期壁画墓出现了一人驭二牛驾犁的图像。犁床上出现了可以调整犁入土深浅的“箭”（镜）。由过去二至三人的耦耕发展成一人使二牛，从而大大节省了劳动力。平陆壁画中还有一人驾一牛拉绳索使用耧犁播种的图像。耧端使用小铧，特别是驾牛使用了绳索，既减轻了牛的负担，也方便了牛的活动。这样就改进以前二牛三人驾耧而成为一人一牛驾耧（图三五）〔《考古》59/9〕。当然这些变化都是在先进地区出现的，其它地区仍然使用落后的方式。就是在先进地区，也还是没有普遍使用。由于起土耕耘工具和方式的改变，中耕和收割的工具也复杂了。中耕的主要工具是锄，过去只是六边形锄板，西汉时除六边形者外，还出现了两种长身锄。作为主要的收获工具的镰刀，除了旧式的外，还出现了刀刃横直带把可更方便安装木柄的样式，还出现了细长弯曲尾部装木柄的钩镰。铁农具的改进和复杂化，充分表明了西汉农业生产力得到了较快的提高。

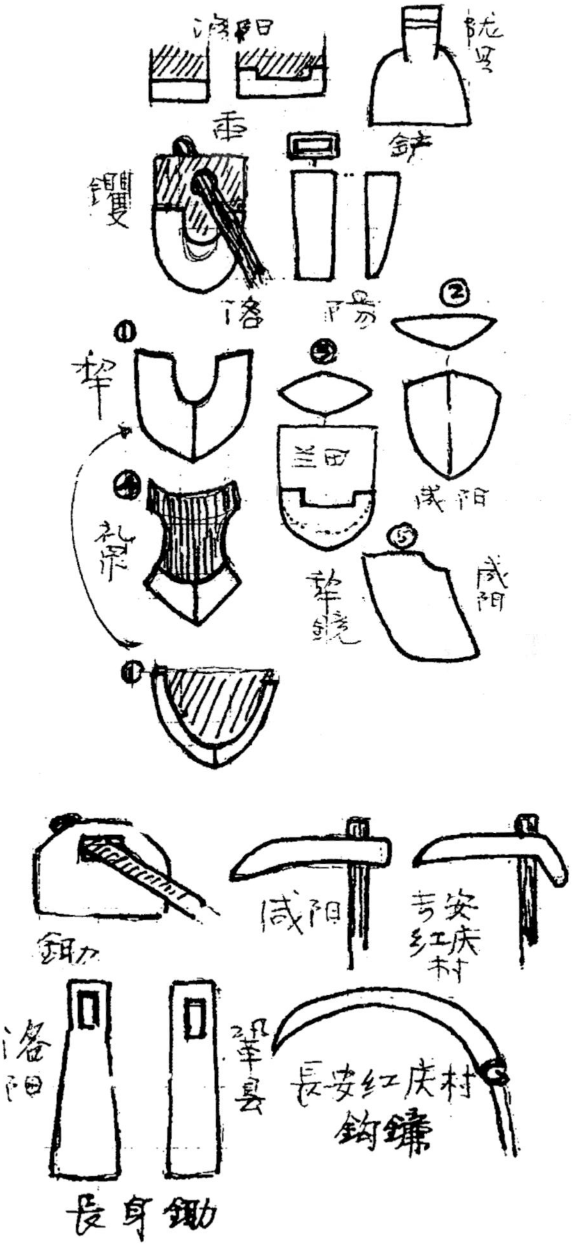

图三四　陕西、河南发现的西汉铁农具

陕西陇县出土的一种巨铧，这种铧在河北等地也有发现，一般长

图三五　山西平陆西汉晚期墓葬壁画中驾牛的图像

40 厘米左右，重量在 9 ~ 15 公斤之间（一般铧重 7.5 公斤左右）。有人认为这种巨铧可能是开沟时使用的。开沟引水是提高农业生产的重要措施，水利工程专用工具的出现，表明当时的水利工程得到了发展。

在咸阳、洛阳、长沙等地的西汉墓中还发现许多农作物实物，种类有稻、大麦、小麦、黍、粟、大豆、麻等〔《考古》79/2，烧沟报告〕。在陕西渭河入黄河处附近，发现的国家粮仓，面积 62.3 × 25 米。内部设施注意了防潮和通风，建筑水平较高〔《考古与文物》82/6〕。以上情况，都反映出西汉农业生产的状况。

边远地区的农业，虽较中原农业相对先进的地区要落后，但也已有相当的水平。据辽阳三道壕聚落遗址情况，可以知道当地农业生产的状况。铧的数量不多，起土和中耕、收割农具也多是老式的形式。但每一居址中（可能为一家）都有成套铁农具，表明即使是边远地区的农业生产，也已达到相当的水平。

铁官与冶铸遗迹

西汉于郡国设铁官，冶铸铁器。据《汉书·地理志》记载，设铁官约有五十处。现已发现的西汉冶铁遗址有二十处左右，但其中有不少并不在五十处之内，可以想见当时冶铁手工业的兴盛。铁官生产的铁器大都铸出标记，如河南郡铁官所铸铁器，铸出“河”字。属于河南郡的今河南巩县铁生沟冶铁遗址出土的铁铲、铧上铸有“河三”，后之“三”字，是河南郡内的编号。现已发现的规模最大的冶铁遗址是巩县铁生沟，其它规模较大的还有郑州古荥镇、南阳瓦房庄、温县招贤村等遗址。现以铁生沟为例说明其冶铁工业情况。

铁生沟遗址位于嵩山脚下，这里有铁矿。已发掘出的西汉各式炼炉十六座。熔炉、锻炉、退火炉和炒钢炉各一座（图三六）。炼生铁的窑炉是圆形的，用耐火砖砌筑，炉膛直径0.8～1.8米，残高1米左右。这种炼铁炉可能是从更古老的炼铜竖炉发展来的。附近出有大量的外裹草拌泥的陶制风管残片，这是为炼炉送风用的。附近还发现了不少粉碎矿石用的铁锤、石砧、石夯等工具和大量废弃的矿石粉末，这些迹象表明入炉的矿石是经过粉碎筛选的。这样就可以保证矿石颗粒均匀，从而减少炉内热气流

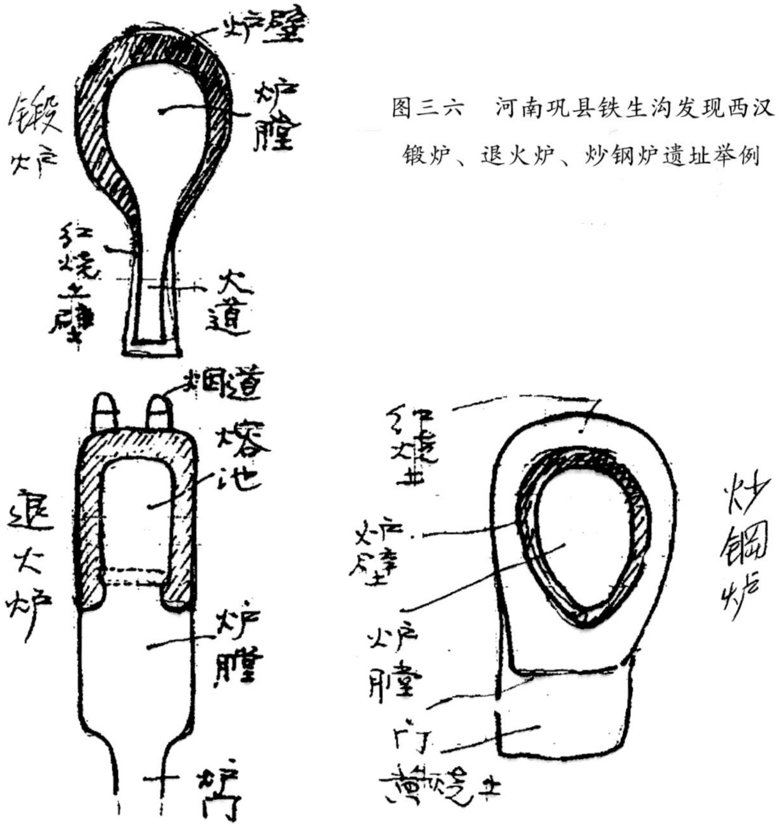

图三六　河南巩县铁生沟发现西汉锻炉、退火炉、炒钢炉遗址举例

的阻力，充分利用热，节省燃料。铁生沟还发现了石灰石，说明这里炼铁有可能使用石灰石作熔剂，这是提高生铁质量的重要措施。遗址发现的退火炉为长方形，3.47×0.83米，耐火砖砌筑，可分为熔池、炉膛、炉门和烟道四部分。退火炉是处理生铁，使之柔化的炉子。经过退火处理，可以得到展性铸铁、铸铁脱碳钢和古代球墨铸铁产品。这些先进的铸铁工艺，大约在西汉中晚期的铁官作坊，都可以掌握了。

炒钢炉，是在地面下挖成一个缶状坑作为炉膛，长0.38米、宽0.28米，膛内涂一层耐火泥。遗址中出土的以炒钢原料制成的熟铁器和遗址中出土的高碳钢和熟铁块，就是用炒钢炉将生铁炒炼而成的。炒钢是西汉晚期发展起来的。炒钢是以生铁为原料，可以炒炼出纯净的熟铁（低碳钢），再经锻打渗碳成钢。炒钢还可有控制地将生铁炒到需要的含碳量，生产出适用的高碳钢和中碳钢。炒钢设备简单，建造方便，出现之后，易于推广，又便于大规模生产。生铁炒炼成钢（熟铁），这种先进技术的推广，改变了冶铁生产的面貌，这在钢铁冶金史上，是具有划时代意义的进步〔《考古学报》78/1〕。

铜器铸造和铜镜

西汉冶铸铜器的数量还不如铁器，冶铸情况也有不同，即铸造地点并不都和采矿地点在一起。河北兴隆寿王坟发现的西汉铜矿坑只发现冶炼出的10公斤左右的饼形铜锭，但未发现铸造铜器的遗迹。陕西西安出土刻有“汝南”字样的长方形铜锭，可知这批铜锭来自今河南南部。西安发现铜锭的地点在汉长安城外西南隅，应是上林苑的范围。这一带历年多出有“上林”刻铭的精致日用铜器（鎏金银、错金银、镶嵌金银饰，甚至有琉璃饰）。满城汉墓发现的精美日用铜器多有“中山内府”刻铭。这些精工的日用铜器反映了西汉为皇室贵族直接控制的铜器作坊，继承了战国铜器加工工艺，并有所发展。现知采炼和铸造地点在一起的，有蜀郡和河东郡，这两个地点都置有工官。蜀郡治成都，今成都北金堂和南部的简阳，都出有铜和传世西汉初“蜀郡西工”铭的铜酒铜。河东治在今山西南部夏县，其地产铜，现尚存有刻东汉铭记的矿坑，传世有河东铭的铜灯很多。一件河东为汤官造铜鼎，有宣帝元康元年（前65年）铭。

西汉铜镜主要产地在南方。传世有“新有善铜出丹阳”铭铜镜，这是王莽时期用丹阳所产铜铸造的铜镜。丹阳在今安徽南部宣城，其地自汉以来即以制造铜镜而出名。西汉皇室和贵族所用日用铜器很精美，而当时最流行的铜器是铜镜。铜镜背面雕饰纹饰，纹饰多变化。考古工作者根据发现遗迹的年代，已将西汉铜镜的纹饰分了三期，所以铜镜成为西汉断年的重要器物之一（图三七）。

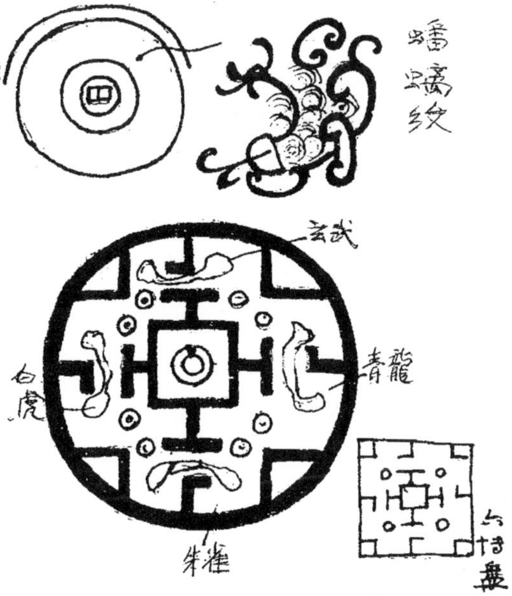

图三七　西汉初期蟠螭纹铜镜、晚期规矩（六博）纹铜镜

前期——汉武帝以前：蟠螭纹、星云纹镜。

中期——武帝至西汉末：出现“见日之光，天下大明”的日光镜和“内清质以昭明”的昭明镜。

晚期——西汉末至王莽：流行规矩（六博）四神镜。

漆器

西汉大中型墓中，大多随葬大量漆器，据发现的情况看，木椁墓内的保存较好。石椁、砖椁墓内的一般保存不易完整，甚至仅存一点痕迹。西汉生产漆器最重要的地点是蜀郡工官。蜀郡出漆，就产地设工官制造。蜀郡漆工有可能是在以前咸阳漆器的影响下兴起的。自30年代末起，湖南长沙陆续发现了大批漆器，70年代初开始，湖北江陵也发现大批漆器。长沙马王堆三座墓里出土了700多件，其中有些漆器上有“成市鉋（施）”烙印。江陵凤凰山墓群出土600多件漆器，其中有隶书“成市草”字样，成是成都的省文。由于这一发现，可以大体认为历年和近年来江陵、长沙所出漆器主要是蜀郡的产品。漆器的器形有鼎、盒、壶、钫、卮、耳杯、盘、匜、奁、案等，耳杯和盘的数量最多。漆器制造工艺上，西汉早期多为木胎，只有少量的小件器物用夹纻（麻）胎，装饰银扣的也较少。大约从汉武帝以后，上承战国的器类如鼎、盒、钫等少见，耳杯、盘、奁日常用具增多。这些用具一般都使用夹纻胎，装饰银扣、鎏金扣的做法日益流行。镶嵌玛瑙、绿松石、珍珠、白玉的工艺技术也出现了。甚至平脱的装饰技法也出现了。武帝以后的生产地点虽然增多不少，但四川仍然是重要的生产地区。根据器形和纹饰推断，朝鲜平壤（当时乐浪郡）发现的西汉晚期漆器，都可能是四川产品，可见漆器在当时传播的地区是十分广大的。

纺织品

纺织品中的丝、麻、毛织物，都不易保存。70年代长沙马王堆和江陵凤凰山西汉早期墓，特别是前者，发现了大批精致的纺织品。这些纺织品主要是放置在竹笥中的随葬品和裹尸衣衾。从纺织工艺的差别来看，有平纹织物、提花织物和刺绣三类。

平纹纺织品，有绢、纱、缣。一般绢做衣物的衬里；细绢做衣物有手套、香囊等。纱是较高级的平纹织物，马王堆曾出土一件素纱单衣，重不到一两。缣是双纬织物，质密。马王堆有用缣作的香囊。

提花织物，有单色的罗、绮和多色的锦。罗织出菱纹，绮的纹饰多对称布局。锦是用彩色丝织出花纹，最复杂的锦花纹是用织出的高低绒圈来表现的。马王堆也曾出土一件这样的特殊的锦。

刺绣，是在平纹或起花织物上再绣出纹饰。这种织物比锦还要华丽多彩。马王堆裹尸衣衾多用绣花，说明这种织物是十分高级的。

对织物进行再加工，还出现了印染技术。马王堆的织物中就有涂染、浸染和镂空板套印（高级印染法）。还有将印染与手工彩绘结合起来的作品，这应是更高级的印染织物。

纺织原料除了蚕丝之外，马王堆还出了很精细的麻布。

西汉时南方的纺织业并不发达。《汉书·地理志》记载，设有服官的地点有襄邑、临淄。襄邑即今河南睢县，临淄即今之山东临淄。因此马王堆所出的纺织品，有可能是当时中原地区的产品。

西汉时期农业、手工业有关的考古资料，主要是上述几项。当然这些反映不出西汉农业和手工业的全面情况。但从以上几项来看，当时所达到的工艺技术水平，已是相当可观的。关于生产方面的资料，文献记载中是很少的，而且非常不具体。单从文献上，我们是没办法了解到当时的工艺水平的。因此，这方面考古资料的发现，给研究我国的农业史、手工业史都提供了宝贵的崭新的实物资料。

西汉的考古资料，使我们明确以下情况：西汉时期，在继承了秦的基业基础上，又有了新的发展。较普遍地发现铁制农具和冶铁、铸铁分布点的增多，都是十分突出的。在农业和主要手工业生产发展的基础上，其它手工业也有了较快的发展和提高。特别是大批漆器和纺织品的发现，反映了这两种手工业的突出发展。在社会生产力提高，社会财富增多的雄厚物质条件下，出现了不少新的聚落和州县城址。为了防御北方强悍的游牧民族入侵，完善了包括长城在内的一系列边塞设施。秦始皇时出现的大统一的局面，经过西汉二百年的继续建设和发展，逐步巩固下来。我们从西汉时期的考古资料中不难发现，考古资料突出地表现全国各地区的一致性的加强，前面介绍过的农具、货币、瓦当、铜镜以及漆器、纺织品等，都反映了这个问题。这种一致性的构成，正是政治上统一局面逐渐发展巩固的必然结果。

第四节　东汉遗迹

东汉是从光武帝建武元年（公元 25 年）起，到汉献帝让位给曹丕建立的魏朝的建安二十五年（220 年）止，长达 190 余年。东汉的考古遗迹一般是上承西汉，或者说是西汉的延续。所以我们在本节中仍沿用西汉部分的次序，先讲城址、墓葬，然后讲手工业方面的遗迹。

雒阳城

雒阳即洛阳。汉改洛阳为雒阳，至曹魏时仍复为洛阳。《汉书·地理志》师古注云："汉火行忌水，故去洛'水'而加'隹'。如鱼氏说（鱼豢），则光武以后改为雒字也。"

东汉都城雒阳遗址在今洛阳市东 15 公里。由于曹魏、西晋和北魏皆建都于东汉雒阳城旧址，所以现存城址遗迹中，情况比较复杂。北魏以后此处城址荒废了，因此现今揭开扰乱地层，就是北魏的文化层。所以近年洛阳城的发掘，都着重于最上面的北魏时代遗迹，压在下面的东汉遗迹，有的还不十分清楚。我们这里讲东汉雒阳城，有很多是根据文献记载和有关的若干遗迹推测的。

东汉雒阳城，是光武帝建武十四年（公元 38 年）前后，在西汉雒阳城的基础上扩建的（图三八）。它北屏邙山，南临洛水，近于长方形。南北约为当时的九里，东西约为当时的六里，所以后世称之为六九城。城为夯筑，东、西、北三面皆有遗迹，南部为洛水冲毁。城墙基部厚度为 14～25 米，比长安城厚（长安 12～16 米）。共有十二个城门，但不像长安城每面三门，而是北面少一门（二门），南面多一门（四门）。每座城门各有三个门道，说明门内的大街也和长安一样是三条平行。大街的宽度一般是 40 米（长安宽 45 米左右）。城内的布局，西汉时就有了南宫，光武帝时又加以扩建，作为朝会的地点。朝会的宫殿位于城的南部，这还是沿袭长安

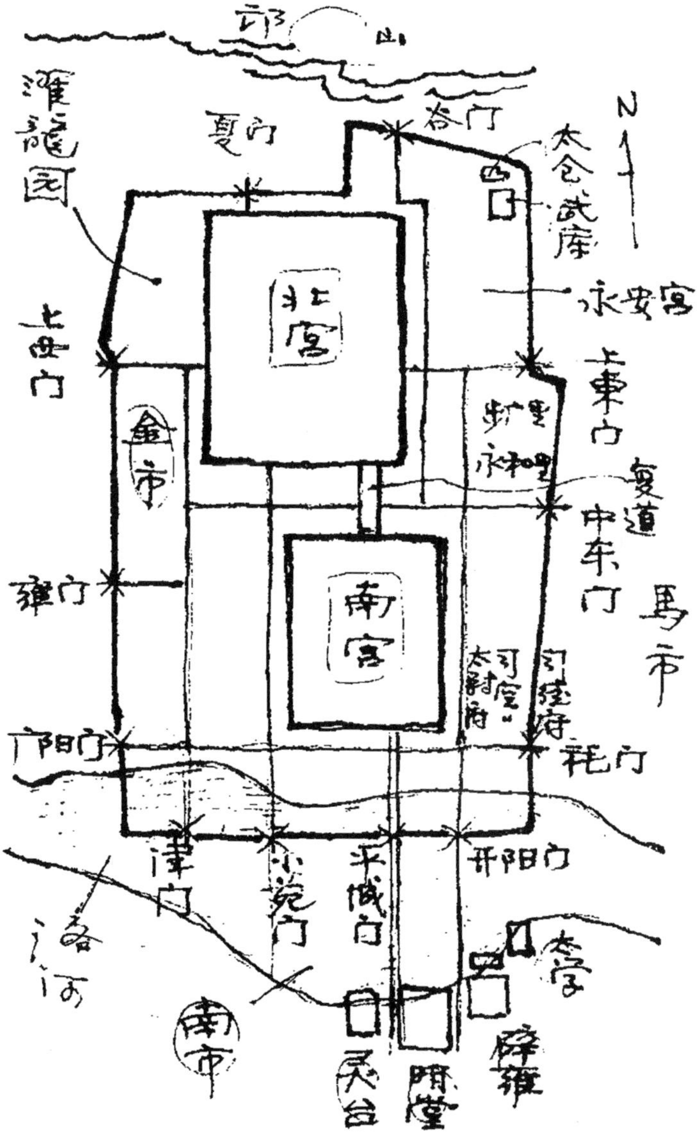
邙山
濯龍园
夏门
谷门
N
太仓
武库
永安宫
北宫
上西门
上東门
步广里
永和里
复道
中东门
金市
雍门
南宫
馬市
太尉府
司空府
司徒府
广阳门
耗门
津门
小苑门
平城门
开阳门
洛河
南市
灵台
明堂
辟雍
太学

图三八　东汉雒阳城布局

城旧制。北宫是汉明帝时营建的，后来又在北宫的东北修了永安宫，北宫的西北修了濯龙园——皇家园林。这样，雒阳城内的皇室宫殿区也和长安一样，占去了很大的面积。值得注意的是，明帝以后雒阳城的北部，全部为皇室占用。洛阳是北高南低，皇室占有区向北部发展是完全可以理解的。这一情况与长安不同，长安南高北低。但雒阳城的布局和以后都城的布局有密切的联系。雒阳城内衙署和贵族、官吏的居住区，分布在南宫的两侧，这样城内一般的居民区占的面积就很小了。居民区主要在城外的东、西、南郊。两个市场，一个在城东（马市），一个在城南（南市），南临洛河。这两个市是在居民区中发展起来的。城内西部有金市，应是主要为雒阳城内上层统治集团服务的市场。在南郊平城门外大街两侧，建有明堂、灵台等礼制性建筑物，这还是沿袭了长安的作法。总之东汉雒阳城的布局，有上承西汉长安的部分，也有和长安不同的安排。最重要的差别之处是：宫殿区逐渐由南向北发展和郊区兴建了市场。前者为以后都城内重点建筑移到北方的布局，开创了先例。而后者则反映出东汉都城比西汉都城的经济发展，有了显著的变化。

地方城址和聚落遗迹

东汉地方城址，可以汉末改建的邺城为例（图三九）〔《考古》60/10〕。邺城遗址位于河北临漳县西南，是汉献帝建安九年（204 年）曹操攻下袁氏盘踞的邺城之后加以改建的。这座城址由于历年漳河的冲刷，地面遗迹已不多。但依据近年的调查和勘探工作的结果，结合文献的有关记载，已可大体复原。邺城建在北濒漳河的一片高地上。邺城东西七里，南北五里，城夯筑。《水经注》记“饰表以砖”，但无法确定是曹操改建时饰砖，还是十六国时饰的砖。城内布局以东西横街划分为南北两大区。北区地势高，北区中间部分是侯第的所在。其东是戚里，为贵族占用区。西部是苑，这个苑有武库、马厩，以及存贮粮、水、盐和燃料的所在。在其西侧的城墙上建有三个高台，实际上是控制全城和瞭望远郊的制高点。这样的苑，

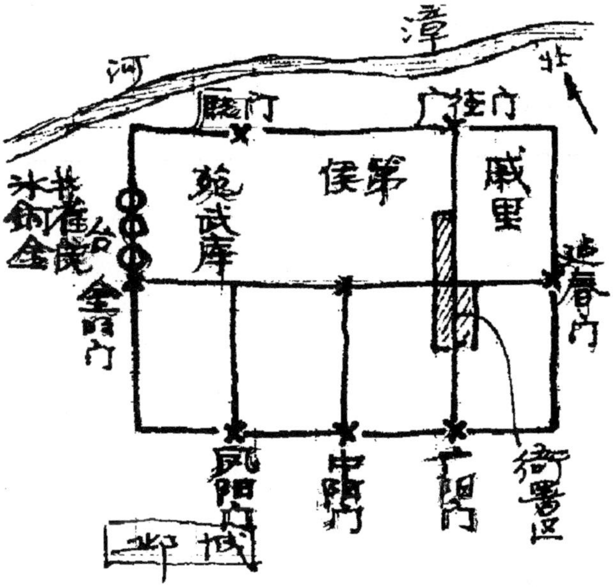

图三九　汉末改建的邺城布局

实际上应是曹操的大兵营。横街之南划分了四个居民区——里。衙署布置在宫的东南隅。上述的邺城，不是一般的地方城市，是曹操为自己修建的根据地。后来献帝封曹操为魏公、魏王，这里就成了魏国的王都，因此它的布局就具有王都的特点。在这个王都的布局中，我们可以看到以下特点：一、邺城的北部成了王室的专用区，专用区的西部是苑，衙署设在王室专区的东南。这些都与东汉雒阳城的情况相似；二、王室的专门区西部的苑与东汉雒阳城的濯龙园相比性质有了变化，即这里既是游乐场所，更重要的是兵营的性质。这个特点与汉末战乱的背景是分不开的；三、扩大了居民区，这是和当时的豪强将领都带领大批部曲有关，也和当时战争着重于掠夺控制人口有关。总之这也是和当时频繁的战乱形势紧密相关的。

东汉聚落遗迹，可以江苏高邮城北邵家沟发掘的东汉晚期的一处聚落遗址为例。该遗址东、南、北三面都遭到破坏，偏西处还保存了约 800 平方米。从已清理出的 400 平方米的情况看，这个聚落曾一度被水淹没，不

图四〇 江苏高邮邵家沟
东汉晚期聚落遗址
出土的云纹瓦当

久又恢复了。发现的遗迹有陶圈叠成的水井和窖穴、灰坑、灰沟等。出土的工具有铁犁铧、铁锤、陶网坠、陶纺轮。伴出的还有核桃、瓜子、鱼骨、麻布等残迹。看来这是一处经营农耕兼营渔捞业的聚落。日用器物有陶缸、钵、甑、壶和灯。还有少量漆器，器形有耳杯、碗等。另外还有竹编器。值得注意的是，出土了近20件青瓷器，有罐、壶、盂（敛口）。高邮南距当时生产瓷器的浙江不远，所以较早地使用了瓷器。出土了不少瓦件，瓦当多为云纹（图四〇），边缘有铭文的较晚。从而可以知道，这个聚落中有的住房是使用了瓦顶。也出了一枚五铢钱。还出了一件“天帝使者”封泥和道家符箓（道家秘文曰箓）木片。这是了解东汉晚期道教在江淮一带的农村中流行的物证。汉末黄巾道势力强大，能够到处掀起农民革命运动，看来它是有群众基础的，不是偶然发生的。

东汉大中型墓

东汉墓葬，一般已改用砖石建造。其墓葬布局有具廊屋的，也有不具廊屋的。前者已少见，中原地区现知最晚的一座，是河北定县北庄子被推测是东汉中前期和帝永元二年（公元90年）死去的中山简王刘焉的墓（图四一）〔《考古学报》64/2〕；而在有的边远地区，甚至沿用到汉末，如辽阳一带用石板砌造的大型墓（图四二）。东汉在中原地区流行的大型墓是前面讲到的徐州北洞山那样的布局，即无廊屋，只着重发展了中轴线上的墓室。同在河北定县，同是中山王的墓，被推定为熹平三年（174年）死去的中山穆王刘畅墓（M43）就是后一种形式（图四三）〔《文物》73/11〕。

该墓全部为砖建，起券顶。斜坡墓道之后即为墓门，门内为东、西两耳室，长不过 5 ~ 6 米。西耳室多出鎏金铜车马具，说明该处原放置了木质车，但已朽坏了。还出了鎏金铜兵器，可能原来是放在车上的。看来这座耳室是一座车库。东耳室也出了一些车马具，可能是从西耳室移动散布到这里的。东耳室主要出陶质饮食器，有壶、盘、耳杯，还有井、灶等明器，东耳室应是庖厨。经过甬道进入一个较宽敞的部位，现在称之为前室。它的两侧有陶俑，骑驼俑、骑羊俑和连枝陶灯等。从列俑情况看，这个部位表示庭院。再往后，报告称为中室的地方，较宽敞，是原来主要放帷帐之处，还应放有铜器，此处即是“堂”的所在。这里出土了不少银缕玉衣片和玉饰，应是盗墓人将尸体从后室中拉出，散落到这里的。两个后室是棺室，存有漆棺残片，还出铁镜 19 面，其中一件为错金铁镜。还有错金铁刀 3 件，原来都是棺中之物。错金镜、刀制作精致，精致的错金铁器，是这时流行的。还出土不少五铢钱，其中有东汉后期的剪轮五铢。这种形式的大型墓，从东汉中后期起，发展很快。有些二千石的地方官吏，也使用了这

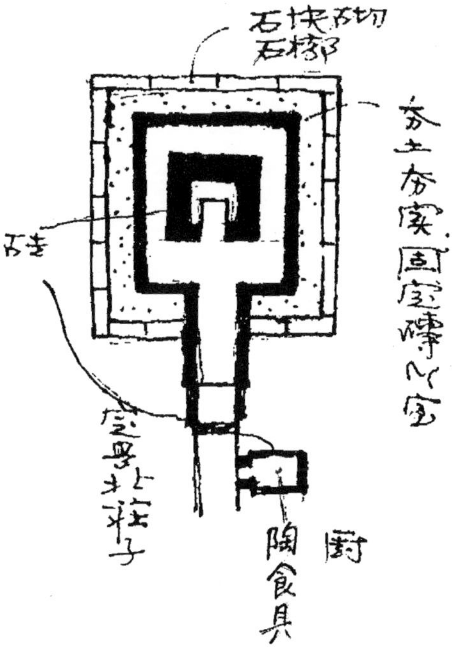

图四一　河北定县北庄子东汉中前期大型墓（推测为中山王刘焉墓）平面

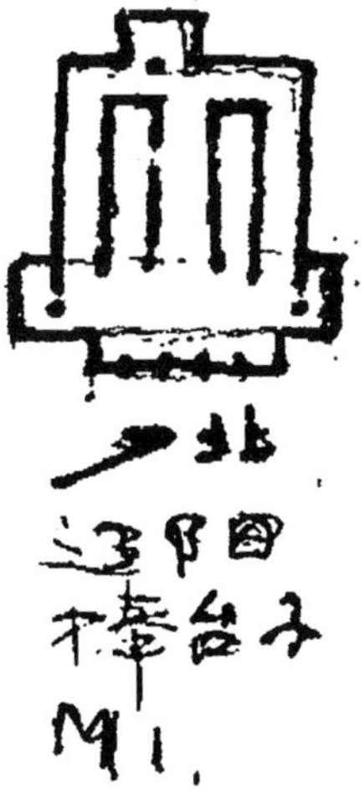

图四二　辽宁辽阳棒台子 M1 石板墓平面

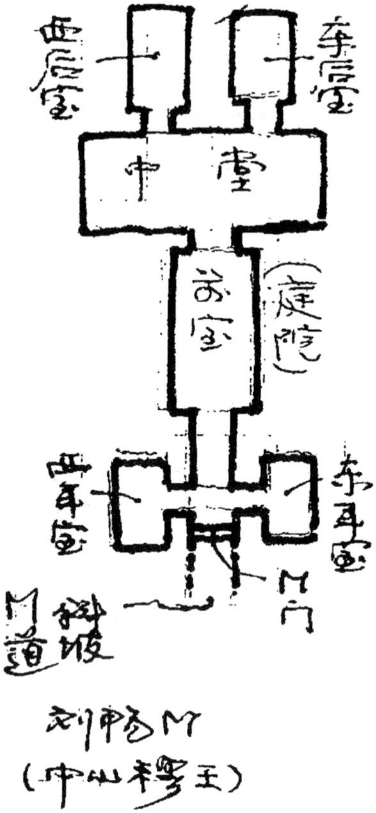

图四三　河北定县北陵头东汉晚期大型墓 M43（推测为中山王刘畅墓）平面

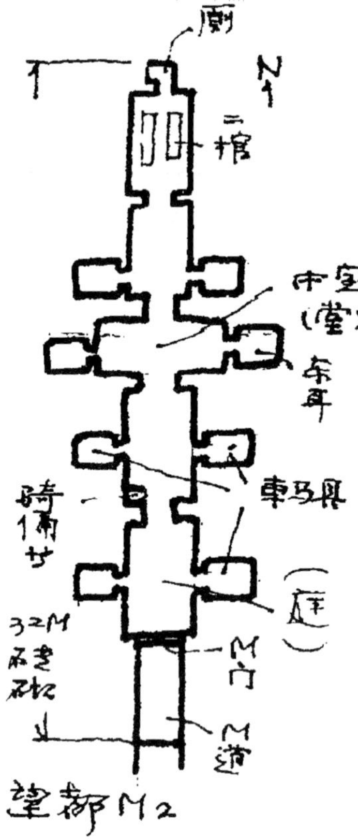

图四四　河北望都光和五年（182 年）M2（墓主姓刘）平面

种墓。现知较复杂的一座是河北望都二号墓（图四四）。它是光和五年（182 年）太原太守刘某夫妇的墓。该墓自甬道起全长 32 米，在后室（棺室）之前，又多加了一个墓室，此室之前的墓室较宽敞，应是前室，即“堂”的所在。西侧放有石榻、石案，这里原来应设有帷帐，表示墓主人生活的场所。东耳室有漆器、厨俑（屠夫）、陶灶、陶井等，应是炊厨所在。西耳室放陶器，为罐、壶等容器，好像是存粮的库房和酒库。堂的前面有两重墓室，前面一室原有壁画，画门卒，表示这个部位是进入墓门后的院落。后面一室画有督邮进谒的壁画。督邮是郡的佐吏，掌督察属县事务。这是进入堂以前的部分。从它前部放一骑马石俑看，这里还应是家庭院落，即第二层院落。这两个墓室的耳室，都出有车马饰，说明这里原有车马明器。看来这前面二室都是表示院落的推测或许是不错的。堂之后的两墓室，最后的后室是棺室，原有漆棺2件。棺室之后还有一个小龛，其中放有猪圈，表示是更衣（厕所）的所在。这个墓的布局，堂是会见属吏的所在，其前二重院落，其后是二重内室。如此观之，地下墓葬仿效地上宅第，这里表现的是十分清楚了。

墓早年破坏严重，所出器物主要是陶器。此外还有不易移动的石制器物。陶器都有绿釉。也有朱绘陶器，这是仿漆器的。最前一室和它的西耳室都出有三层陶楼，这是在墓门门后用作瞭望守卫的。墓中的残存铜器都是小件的，也有一些漆器，大部朽坏，只剩下一些金属零件，其中有不少圆扣，知道墓中的漆器，多为扣器。棺室中出土了一件环形柄铁刀和一面铁镜。前后室出了不少五铢，其中有剪轮五铢。中室出了一件砖买地券，这类买地券是东汉中期以后兴起的，它是写给死者，带到地下阴间去的。券上记有年月和墓主人身份、官职。因此我们知道墓主人为刘姓的太原太守。值得注意的是，墓内出有铜缕玉衣残件。看来到东汉中晚期地方的太守可以用铜缕玉衣（不过未见第二例）。也许墓主人姓刘，是皇室成员，给予特殊待遇的缘故。

以上是东汉大型墓例。东汉中型墓例为烧沟M1008（图四五）。这是一座典型的前堂后室的券顶砖室墓。后室双棺出有连弧纹镜、铁刀和五铢钱。棺前置漆案、长方形陶奁等。横长的前室（堂），中部出有铅质车马具，原有明器车马。东侧放有大量陶瓮、罐和圆案、耳杯。好像随葬品放不下了，在东壁和南壁各开了一个土洞，放置有陶罐、壶和灶、井、仓、磨等模型明器和陶鸡、狗、鸭和猪圈。西部较空敞，原应有帷帐。墓门前的墓道分两部分，后部是平的，前部为一段很长的阶梯墓道。这类中型墓，穹隆顶逐

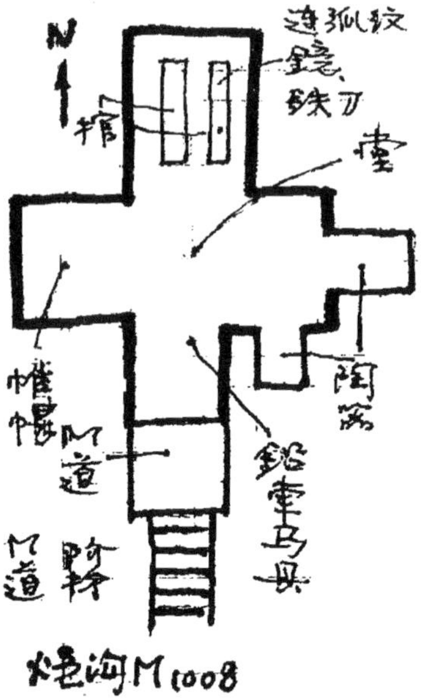

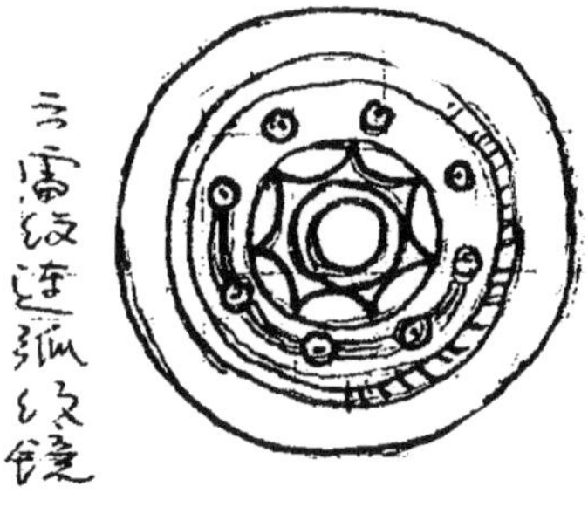

图四五　洛阳烧沟东汉中型墓 M1008
平面及所出的连弧纹铜镜

渐增多，也有只用砖铺地面的。出土断年器物铜镜的变化，大的趋势是从连弧纹镜向神兽镜发展。连弧纹镜是从西汉的日光、昭明镜发展来的。这些连弧纹镜，有的有“君宜高官”、“长宜子孙”之类的铭文。神兽镜种类较多，多有纪年铭文，重列式神兽镜较晚，可以迟到东汉末建安年间。

壁画墓与画像石墓

这类墓实际上也是大中型墓。上面讲到的有些大中型墓就有壁画，只不过壁画保存不完整，看不到壁画的全貌而已。东汉壁画墓多发现于河北、山东、内蒙古和辽宁。壁画是在砖室内壁面上作好白粉底子之后，再加以彩绘的。画像石墓多发现于山东、江苏、河南和陕北等地。都是先将砌建墓室的石块（石板）的内侧面（墓室壁面）打磨光滑平整，然后刻画各种形象，之后也同样彩绘。四川也有少量画像石，但更多的是画像砖（砌于墓室壁面上）。画像砖是先在砖坯上模制出图像，然后烧制，嵌镶砖壁时施彩。不过画像石、画像砖上的彩色早已脱落。壁画墓与画像石墓，只是画面制作的技法不同，其内容应是相同的。所以有的墓内既有壁画，又有画像石，如河南密县打虎亭的1、2号墓。因此我们把这两种墓放在一起讲述。壁画墓和画像石墓，其时代较早的，多在前室（堂）壁面上施画。前室横长，面积较大。如山东肥城章帝建初八年（公元83年）张某的画像石墓和山东梁山壁画墓。这两座墓都只有前后室。张某画像石墓是现知东汉最早的画像石墓，画像石多用线雕。梁山墓也是东汉较早的壁画墓，用色较为单调。综合这类早期壁画和画像石墓的内容，大约主要是两部分：①描述墓主人家居情况，有进谒、属吏、阙楼和歌舞场面；②描绘墓主人外出情况，有树下人物、车马出行和游猎场面。

较晚的壁画墓和画像石墓，结构复杂，画面增多。有的几乎将墓内各室都填满了画面。画面使用的彩色也变得复杂了。画像石的雕刻技法也复杂起来，除了线雕外，还出现了减地浮雕，甚至还有高浮雕。壁画墓和画像石墓的内容有两种情况：第一种实际是早期画面内容的扩大，如上述有壁画和画像石墓的密县打虎亭第1、2号墓（图四六）。这两座墓结构相

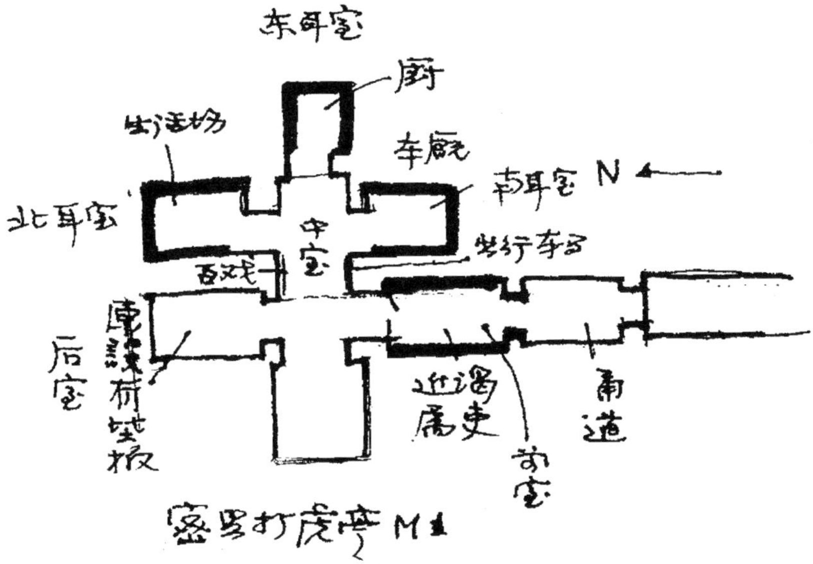

图四六　河南密县打虎亭东汉壁画墓M1平面

同，前、中、后三室和一部分耳室都有画面，但两墓资料都不完全，故我们将二墓综合起来说明：前室前壁画“君车出行”，后壁画百戏；后室画墓主人生活场面；东耳室画庖厨；南耳室是车马和厩房；前庭是属吏进谒。第二种是在传统内容之外，增加了新的内容。新增加的内容主要有两种：一是在前庭增加了热闹的打傩画面，如山东沂南画像石墓（图四七）；

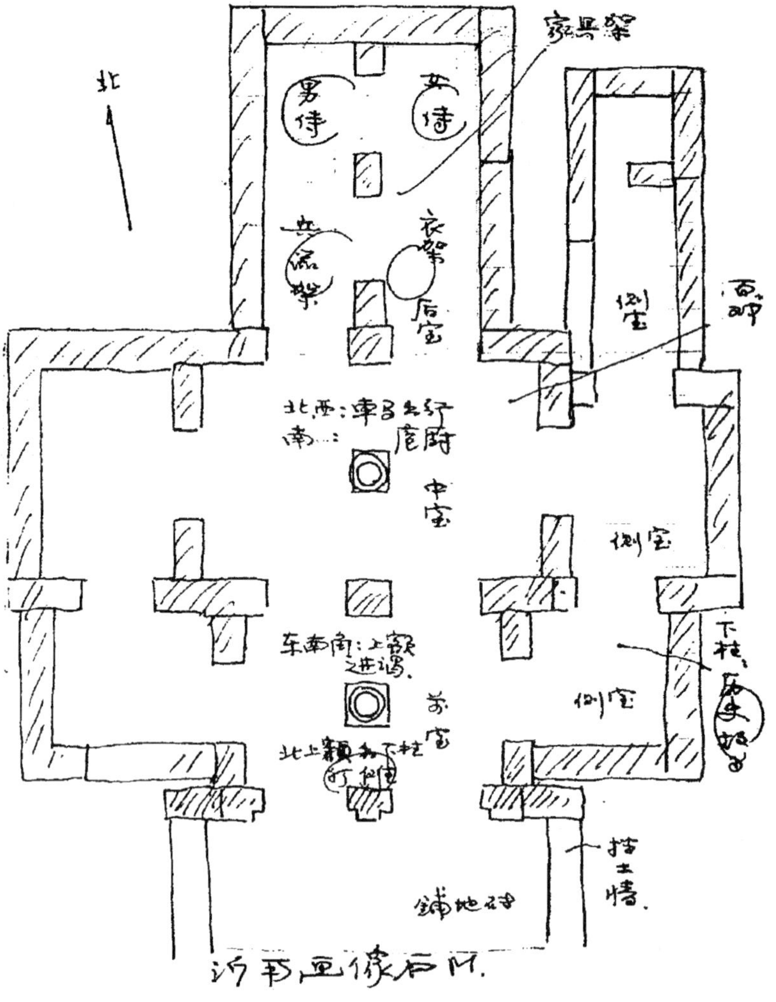

图四七　山东沂南画像石墓平面

二是在前室（堂）和庭的部分，增加了墓主人一生事迹的连环画，如内蒙古和林格尔壁画墓（图四八）；增加了墓主人内室情况，如沂南画像石墓。增加的新内容还有历史人物故事。这种题材在西汉墓中已经出现，但其内容的多样化，则是在东汉中期以后发展起来的。沂南和密县墓都有很多这类内容的画面，而且全都安排在前室（堂）。这三座墓在结构上，值得注意的是前室（堂）西侧，放置榻、案，即给墓主人施放帷帐的部位，都单独成了一间小室。另外沂南墓使用不少石柱支撑墓顶。这些新的安排，都是东汉晚期出现的，以迄魏晋大中型墓最流行的作法。

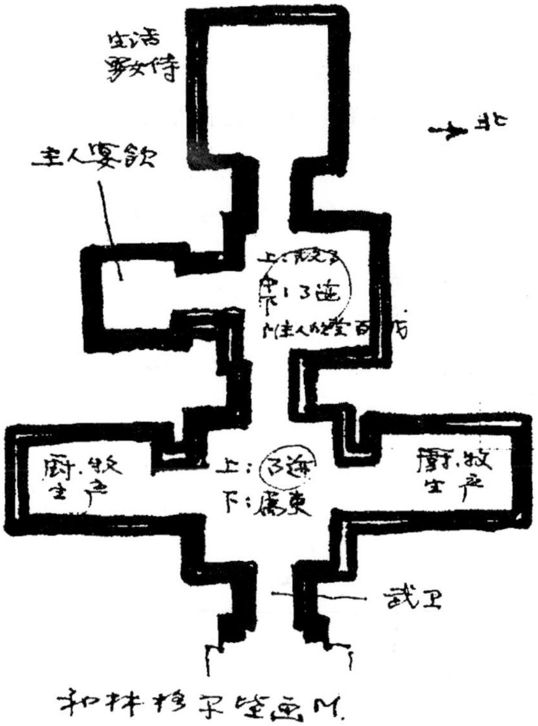

图四八 内蒙古和林格尔壁画墓平面

大约伴随壁画墓和画像石墓的发现，在墓室前面的地面上，往往还发现石建的享堂遗迹。这类享堂（一座石头建的房子），原来就建在地面上。有名的如山东长清孝堂山，传说是孝子郭巨的石祠（有永建四年，129 年的后人题记，是此类享堂中最早的一个），嘉祥武氏祠（建和元年，147 年）和金乡传说是朱鲔石室。这三座享堂都在山东，而且也都在宋代就有人记录下来了，居然一直保存到现在，这是非常不易的。这类石室内部都是由画像石组成的。其内容多为墓主人车马出行、家居生活和历史故事，还有神怪世界等。60 年代在江苏徐州青山泉白集发现了一座画像石墓室、祠堂都较完整的东汉墓〔《考古》81/2〕，画像石的布局已程式化。祠堂内出有陶案、盘和耳杯残片，看来祠堂内原来也放置陶制生活用具。该墓出土东汉晚期的剪轮五铢，墓的年代大约到了东汉末期。

东汉壁画墓和画像石墓保存了大量的图像资料，这是极为难得的历史图卷。尽管它们都是为了描绘、歌颂地方高官和豪强大姓的，但画面中涉及的生产、生活，却是丰富异常。这无疑是复原考古遗迹、研究东汉历史的第一手形象资料。以下我们对这批形象的历史资料，分类作初步的综合介绍：

1. 属于生产活动方面的：在许多壁画墓和画像石墓中，都有描绘庄园生产活动的场面，如牛耕、收割、放牧、渔捞、植桑和井盐生产（四川）等。牛耕中有二牛抬扛式（一人扶犁，陕北绥德），也有一牛拉犁式（滕县）。放牧，在和林格尔壁画上有牧羊、牧牛和牧马。庄园生产中，有造轮、酿酒（嘉祥）和鼓风锻造（滕县）的场面。在人物故事中有纺织形象。江苏铜山洪楼画像石刻出了复杂的织机，有人认为是织锦的机械。和林格尔壁画中有宁城市图，平面方形。四川成都画像砖上的市，也是方形布局，十字街，四面开门，街中是重层的市楼，四隅各有三或四行列肆（图四九）。成都西北彭县画像砖还把市内店铺地摊描绘出来。

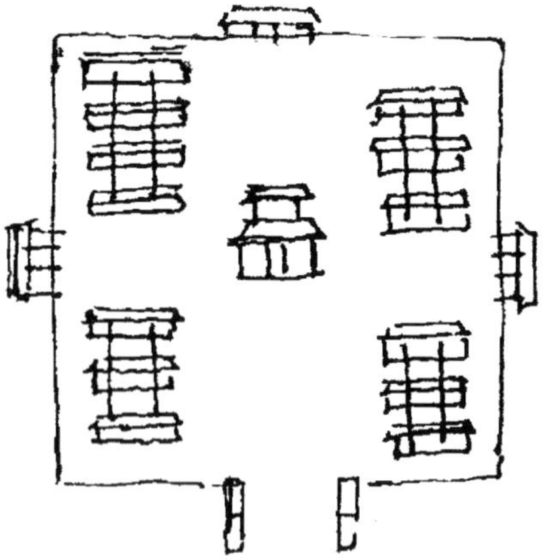

图四九　四川成都画像砖上“市”的图像

2. 属于建筑方面的：和林格尔有护乌桓校尉所在的宁城图和繁阳县图（图五〇）。这两个平面图，正好补充了东汉地方城市的空白。前者约相当于州一级的城，后者是县城。两者除有大小之别外，知道城内还有子城。子城是衙署所在地。有市皆傍近城门。画像中还有许多院落布局。这大约都

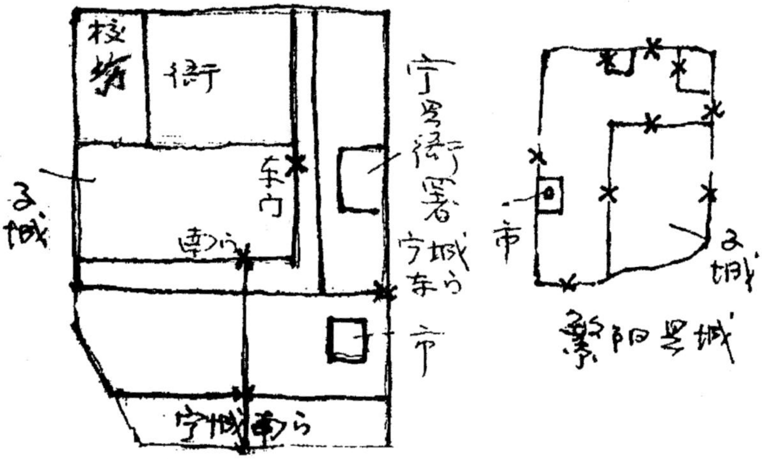

图五〇　和林格尔壁画墓绘出的宁城和繁阳县平面

是墓主人生前居住的宅第，如沂南画像石的院落（图五一）。院落内外的布局与墓室平面相似，类似的院落也见于四川的画像砖中。推测墓室布局是生人宅第的模仿，这些图像应是有力的旁证。山东诸城孙琮墓的画像石，在一座厅堂之侧刻画了一家塾小院，院内上方刻一房间，老师坐在里面讲述，十几个学生手捧竹简围绕坐于庭中（图五二）。成都画像砖和和林格尔壁画中也都有类似的内容，后者榜题是“以授诸生时舍”字样。此外画像石中的重层楼阁、水榭建筑和高起的桥梁都表现了东汉木构建筑有了进一步的发展。

3. 属于人物故事画神仙鬼怪的内容：人物故事选择的对象是古圣先贤、忠臣义士和慈孝节烈。这是汉代推崇儒术以来，统治阶级树立的人物楷模。神仙鬼怪是东汉统治阶级提倡谶纬之学（用阴阳五行

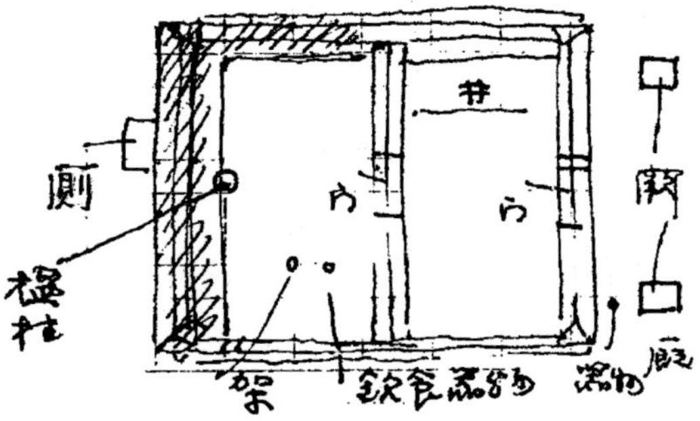

图五一　沂南画像石墓刻画的院落

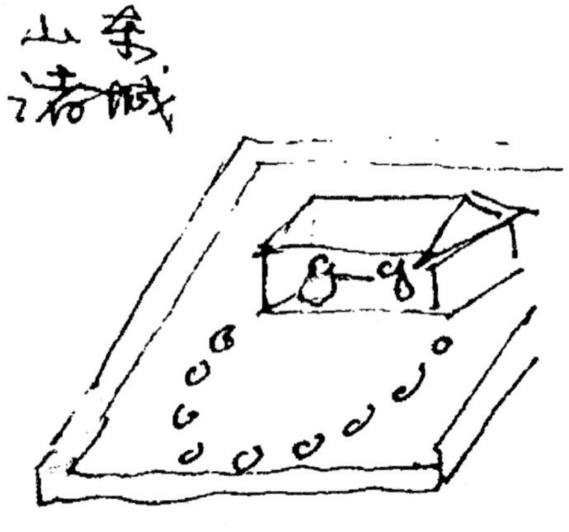

图五二　山东诸城孙琮墓画像石刻画的家塾小院

附会经义）而兴起的迷信传说。在壁画和画像石中反映的，大体可分为两部分。一部分是天上的神，包括行云驾雾的雷神、雨神，还有以前（西汉）盛行的引导人死后升天的羽人、龙虎和东汉兴起对东王公、西王母的信仰。另一部分是活动在人间的各种鬼怪。为了对付这类鬼怪，可扮作方相氏施法驱逐，沂南画像石门前庭刻画的打傩图象，就是方相氏持兵器驱除鬼怪的场面。

4. 有关战争的内容：和林格尔壁画及沂南、嘉祥画像石都有描绘激烈战争的场面。有骑兵战斗，也有步兵战争。战争的对象，有的是对少数民族，有的可能是针对反抗的农民。这样生动的形象，在历史文献中是无法表现的，故极为珍贵。

5. 壁画和画像石中的大量内容，是表现墓主人——统治阶级上层，包括官僚、豪强们的生活。这方面也可分两类。一是墓主人场面很大的出行图像，有数量众多的车队（君车出行）、步从，这类图像有的还包括游猎场面；二是奢侈豪华的家居图像。这类图像往往是墓主人宴饮，多种多样的歌舞、百戏（各种杂要）。很大场面的炊厨和粮仓酒库。甚至还有催租、缴租的图像。当然还有武装的守卫。这个部分充分反映了东汉中期以后，拥有武装的地方豪强的急剧发展。他们生活奢靡，对农民进行压榨，作恶一方。在这样的残酷背景下，才出现了规模巨大、震撼了整个中原地区的汉末黄巾大起义。我们比较详细地介绍壁画和画像石，为了使同学们认识这批珍贵的东汉的形象历史资料。内容丰富，既有生产的，又有生活的。既有反映东汉技术和艺术水平的，又有丰富的意识形态方面的史料。它们在东汉考古中，是很重要也是非常突出的一个部分。

有关农业、手工业的考古资料

有关东汉农业与手工业的图像，上面已讲过了，这里再作一点补充。介绍一下模型明器和实物。在秦岭和伏牛山脉以南的广大华中、华南地区的东汉墓中，经常随葬有水田明器。陕西汉中东汉初期的一座砖室墓，出土陂池明器和陂池稻田明器各一具。前者28厘米见方，深9厘米，是一座人工修建的小水库明器，里边还塑出蛙、螺、菱叶的形象。陂池稻田明器（图五三）〔《文物》76/3〕，长方形，60×37厘米，深6.5～10厘米，中间作出坝墙，一边是陂池，底较高，内塑鱼、鳖、蛙、螺、菱角等水生动植物；一边是较低的稻田。稻田分成四块，每块画出纵、横成行的秧苗。坝墙中间作出拱洞，设有闸门。这两件明器表明，汉中地区在东汉初年已出现人工水库，并利用水库蓄水、经营稻田、养殖鱼类和种菱了。广州东汉晚期墓中出土水田模型（图五四）〔《考古》64/9〕，比上述汉中水田更为复杂。该水田明器长方形，39×29厘米，分为六方，每方内各有一人在劳作，其内容是：1、犁田，2、收割，3、在田埂上磨镰，4、犁田，5、插秧，6、似在脱粒。在田外的右上方，停有一船，船分三舱，前后起翘，长21厘米，有船板与水田相连。这件明器生动地反映了广州地区东汉晚期经营水田的情况：水田用坝围起来；去水田要乘船；水田耕作用犁；使用了插秧的方法；同时表现了耕耘与收获的场面，说明当时已实行了二茬的耕作方法。这些水田明器模型，反映了东汉时期华中、华南地区水稻生产的繁荣景象。由此看来，我国农作物的主要生产区域，至少在公元1、2世纪时，已不仅仅限于黄河流域了。

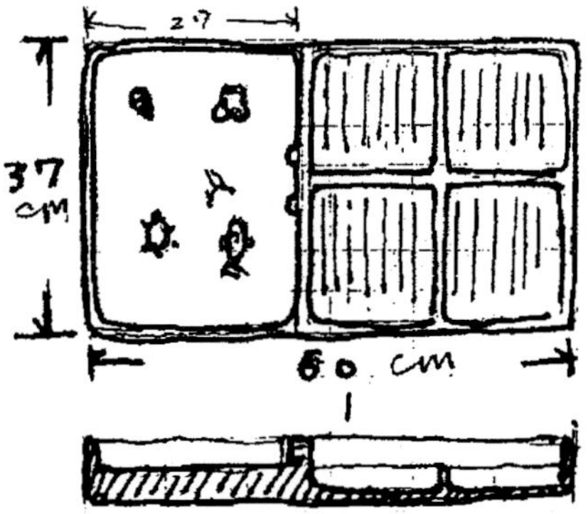

图五三　陕西汉中东汉初期砖室墓出土的陶陂池稻田明器

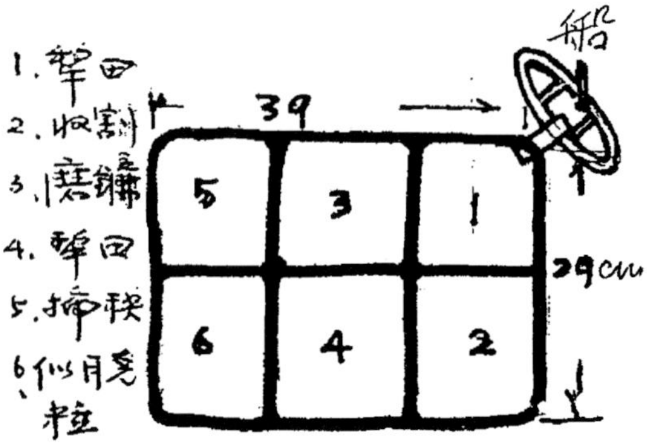

图五四　广东广州东汉晚期墓出土的陶水田明器

在黄河流域和北方的墓葬中，较普遍地发现猪圈和磨。前者说明重视了积肥，后者说明对谷物加工的普遍。积肥、施肥，是农业增产的重要措施，重视谷物加工，从侧面反映出谷物生产的增多。总之，上述东汉这类模型明器，都可以间接地说明，当时农业生产有了较大幅度的提高，农业在这一阶段有了较大范围的发展。

在手工业遗迹中，冶铁遗迹发现较多。汉宛城遗址内发现的冶铁遗迹，属于西汉中期到东汉晚期。汉宛城在今河南南阳瓦房庄一带。遗迹的面积达 12 万平方米，可分为四个作业区，发现了熔铁炉、炒钢炉，还发现了烧造铸铁用的陶范窑〔《文物》60/1、65/7〕。从遗物观察，这里主要生产铁农具，其中有犁铧、臿、镢等。出土的 2 件东汉铁器，经分析鉴定，系质地纯正的铸铁脱碳钢件，镢更具有接近近代出现的球墨铸铁组织的特征〔《文物》79/7〕。东汉炒钢锻造的器具，比西汉有了提高。江苏铜山出土有建初二年（公元 77 年）易郡工官铭的“五十湅”钢剑〔《文物》74/12〕，山东苍山出土有安帝永初六年（112 年）铭的“卅湅”大刀〔《考古学报》75/2〕，都是炒钢作原料加以锻造而成的实物。

反映铸铜方面的资料，主要是铸造铜镜。铜镜的纹饰，是从连弧纹向神兽纹发展，后者中较为复杂的是高浮雕，反映当时铜镜铸造技术的提高。

连弧纹镜中，多有铭文，以“长宜子孙”、“君宜高官”最为流行。时间多在东汉中期以前。神兽镜中，环列式神兽镜稍早，镜中有环列的神人瑞兽形象，外缘有竖线和锯齿纹。重列式神兽镜，有较强的方向性，神人多为五列，外围四神（兽）。有铭文带，多带有纪年。流行于东汉末，建安以前（图五五）。

以上所讲东汉遗迹，虽然是上承西汉，但是在各个方面都仍有变化。反映农业生产繁荣情况的遗迹，比西汉更为显著了。宛城冶铁遗迹也比巩县有了进步和发展。画像石和墓室壁画中所描绘的社会生产和社会生活的景象也复杂多了。在城市布局中，注重市场的安排，反映了城市工商业的发展。各地大中型墓的较普遍发现，反映了地方经济的发展。另一方面城市布局中更多地注意防御，上层统治集团居住区域的形成，图像中城市普遍出现子城，都充分地说明这个问题。墓葬中也同样可以反映出这个现

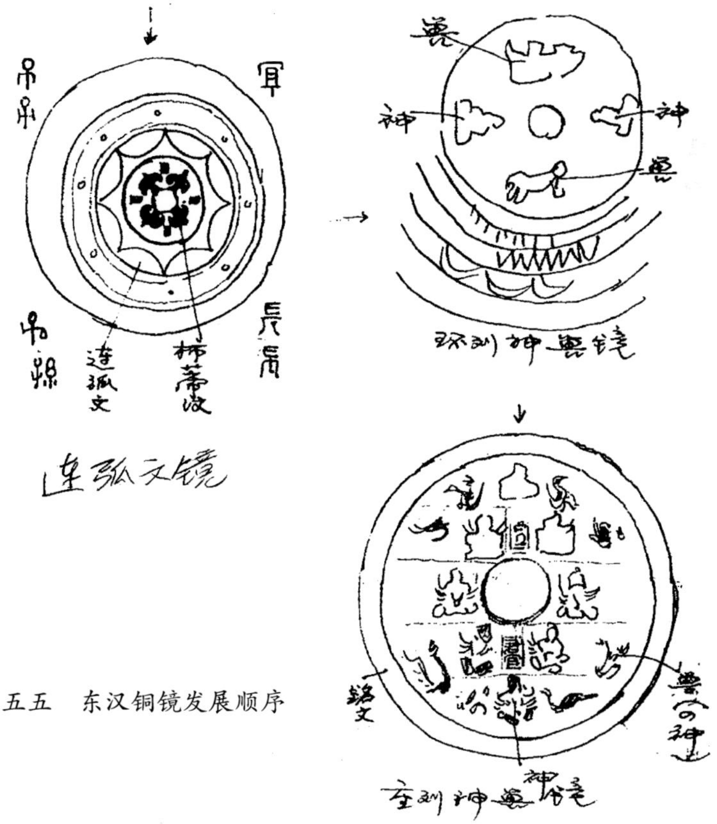

图五五　东汉铜镜发展顺序

象，多层楼阁明器和多重墓室的布局，都是着眼于防御的。防御的对象，看来并不是防御外敌入侵，而是着重于内防的。这也正好和东汉中期以后，各地人民的起义风起云涌，最后酝酿成汉末的黄巾大起义的历史背景是相一致的。

第五节 边远地区遗迹

相当于秦汉时期的边远地区遗迹，主要是少数民族的遗迹，但也有汉族遗迹。现知较为明确、重要的有：北方匈奴遗迹；东北鲜卑、乌桓遗迹；濊和乐浪遗迹；新疆地区的遗迹；西南云南滇国遗迹和广西广东少数民族遗迹等。边远地区遗迹中还包括比较重要但已不在国境之内的，也择要予以介绍。因为时间的关系，各边远地区的情况，不能一一讲述。我们主要讲北方匈奴遗迹、濊和乐浪遗迹两个问题。其余的请同学参看《新中国的考古发现和研究》484～494 页。

北方匈奴遗迹

秦汉时代的匈奴，游牧于大漠南北，南北各有不止一处的中心地区。北边的最重要的中心地区在今蒙古共和国乌兰巴托一带。南边最重要的中心地区在今内蒙古呼和浩特及其附近地区。现在先讲南部的遗迹。

匈奴主要的经济活动是游牧。但最晚在前 2 世纪时，在漠南、漠北都发展了农业。很可能从事经营农业的民族，是被掠虏去的汉族百姓。有了农业就意味着出现了聚落——居民点，出现了较多的墓葬。呼和浩特东北察哈尔右翼二兰虎沟的克里孟营村，曾发现长 500 米、宽 200 米的古城址。城北部有建筑遗迹。城内散布汉式的绳纹灰陶片。在此城之东北有一片墓地〔《文物参考资料》57/4〕，墓地已被破坏，出土的遗物有双耳铜罐（鍑）、铜勺，还出土不少原来装在革带上的铜牌饰，镂空成羊、鹿、虎等纹样，这些都是典型的匈奴器物。在呼和浩特西南准格尔旗西沟畔壕赖河南岸发现一处聚落遗址，地表上散布大量的轮制灰陶片，有的有波浪纹。在遗迹上还收集到农具铁锄和铁镰、甲片等。聚落遗址的西北有一片墓地，墓地经过发掘，比较清楚。墓为长方形竖穴土坑墓，南北向，无棺椁。葬式为仰身直肢，头朝北。在有的尸体上发现完整的羊骨架和狗的头骨，说明流行殉葬习俗。墓内多出有铜指环、铜扣、铜牌饰（镂空纹饰有卧羊、奔鹿、奔马等）和小铁刀，也出有少量的轮制泥质陶器，有小罐、长颈瓶、敛口瓮等。有的妇女墓内，还出有华丽的黄金头饰。这批墓葬被推定为相当于西汉较早的墓葬。

现知匈奴北部重要的遗迹，都是前48~49年，匈奴第一次南北分裂后南匈奴的遗迹。主要分布在今蒙古共和国和苏联的南西伯利亚。

在蒙古乌兰巴托北约122公里处的诺颜乌拉（Noin - Vra），1912年就发现了大批墓葬，后来俄国人在这里进行发掘。这批墓葬早年被盗。为了了解较完整的情况，我们综合几座墓的情况加以说明。

在墓圹内置外木椁，顶部由梁木、立柱和大斗承托。内椁置于墓室中部偏后，内椁外有一圈廊屋。内椁顶作法同于外椁。漆棺置于内椁中央，四周也有一匝廊屋。内椁前有一前室部分（图五六）。内外椁壁皆挂刺绣毛毯（壁衣），前室和内外椁之间的廊屋地面铺毛毯，内椁顶上和棺下也敷毛毯。棺内尸体裹以丝毛织品，出有各种玉饰、原在革带上的带钩和卧马、马头、牛头等金饰片和立鹿、犁牛的银饰件。

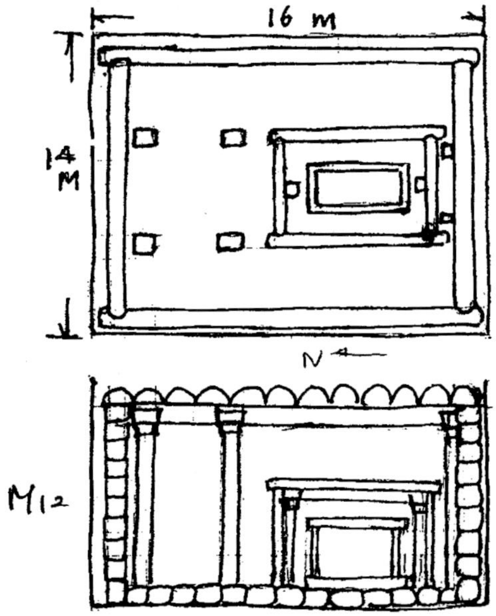

图五六　蒙古乌兰巴托北诺颜乌拉M12木椁墓平、剖面

棺外出有用绢裹起来的辫发。墓内出有铜器、铜镜、漆器和少量陶器（铜镜为细线兽禽带纹，约在两汉之际流行）。漆耳杯有西汉末建平五年（前2年）纪年铭，由此可推测此批匈奴墓的年代应是公元前1世纪前半叶。此外还出了不少铜车马具，以及木质的鞍和轮，知道这种墓随葬了马车。这批墓值得注意的是出了大批丝毛织物。毛毯上的纹饰有浓厚的西亚、甚至希腊的作风。丝织品则在花纹中织出文字，有“新神灵广成寿万年”、“颂昌万岁宜子孙”等。鞍上覆盖着起绒圈的锦（天鹅绒），这种锦在马王堆汉墓中也发现了。这批丝织品当然都是来自中原地区。织物文字中的“新”，是指王莽建立的王朝（公元9～23年）。这批墓应是匈奴贵族的墓葬，其中之较大者可能是匈奴王（单于）墓。

这批墓葬的重要性有如下几点：一、从墓室的布局看，是仿效汉代列侯的墓制，但从随葬品看，所反映的生活情况，还是匈奴的游牧生活。说明当时匈奴贵族的汉化程度，还是初步的。二、西方的和中原的器物混同出土于一批墓葬中，这反映出当时中西文化交流的情况。谈到东西文化交流，过去人们大多重视丝绸之路，看重河西路线，认为北方的皮毛路作用不大。事实上看来并非如此，匈奴族在东西文化交流中的重要性，过去是不太清楚的。

在苏联境内也发现了同类的木椁墓，地点在靠蒙古的恰克图。其中一座墓规模更大，外椁用石块砌成，长达20米，出土的遗物也与诺颜乌拉相似，但未发现纪年资料，估计其年代也应与诺颜乌拉接近。

此外还发现了城址和居住遗址。在恰克图之北，乌兰乌德西南近贝加尔湖处，发现一座夯筑古城。城外是护城濠，城内有居住遗址。居住房屋为半穴居式的，三分之一的高度在地下，沿墙有石板砌的火道（取暖用）。出土有家畜骨骼、粮窖、石磨（加工粮食），说明这里有畜牧业生产，同时也有农业生产活动。城内还发现了冶铁的遗迹，出有铁兵器。估计此城内可能有不少被俘的汉族人，在从事农业和手工业活动。

北部另一处重要遗迹，是40年代初苏联在叶尼塞河上游的阿巴根

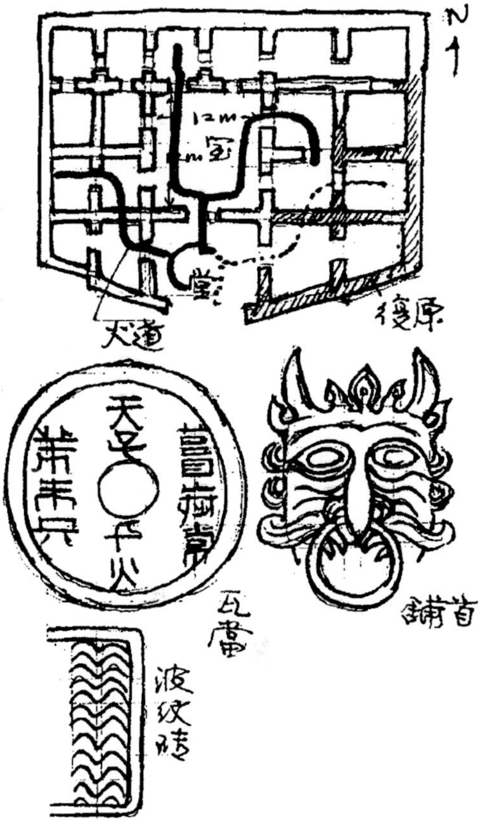

图五七　苏联叶尼塞河上游阿巴根南发现的大型遗址平面及所出部分遗物

（Abakan）南发现的大型建筑遗址（图五七）〔《考古学报》56/4〕。遗址以中央大厅为中心，大厅12米见方，地面铺有波纹方砖，还出有残板瓦，板瓦上刻有Y//符号，这大约是这个地区（丁零人）使用的字母。瓦当有汉字“天子千秋万岁常乐未央”。汉字不标准，有错误，应是在当地进行仿制的。中央大厅之前似有一前室（堂），中央大厅东、西、北三面各有若干耳室，计18间。前室与其它三面的耳室，构成围绕中央大厅的廊屋。所谓廊屋部分，是不使用瓦的房屋。大厅前部出有铜质兽面衔环铺首2枚，原来应安装在两扇木门之上。衔环的兽面铺首，是汉代习见之物，但这里的铺首深目长鼻，还带有两个尖犄角，显然是当地已经民族化了的形象。在全部建筑物的地面之下发现用石块砌成的暖气通道，烧火的装置大约设在前室。全部建筑物的土墙厚达2米，屋内又有暖气通道，这些特殊的设计，显然是因这里气温太低，冬天生活所必需的。遗址中出土遗物不多，有一柄环首铁刀及铜带扣、波纹绳纹陶片。这座建筑物的布局和所使用的建筑构件，应是当地的工匠模仿汉代居室而制造的。这些居室的主人似乎不是匈奴人，有可能是在匈奴很有地位的汉人。苏联学者推测，可能为汉武帝时降于匈奴的李陵的住处。但瓦当上“常乐未央”的“常”字，是王莽时改的，原来作“长”。因此它的时代不可能远在汉武帝时期，而应限制在王莽时期。王莽时期为公元9～23年，有人推测可能是下嫁匈奴呼韩邪单于王昭君的长女须卜居次（居次，公主）云的宫殿。云和她的丈夫右骨都侯须卜当，正是王莽时期主张与中原和好的人物，因此瓦当上有“天子千秋”之类的祝愿词句，是可以理解的。因此这个推测是有道理的。

东北地区鲜卑乌桓遗迹（略）

濊和乐浪遗迹

匈奴之东为东胡。文献记载属于东胡族的鲜卑，原住在辽河上游的西喇木伦河一带。同属于东胡族的乌桓，文献记载西汉时期乌桓位于鲜卑东南。魏晋时期慕容鲜卑的居地应是乌桓的旧壤，它的东境在今松辽平原的东南，它的西南与汉的辽东、辽西两郡为邻，东汉时乌桓向东又有所扩展。

在乌桓之南是高句丽和濊。高句丽和濊大约是属于同族，高句丽在北，濊在南。高句丽的情况，我们在下一章还要集中介绍。

公元前128年，濊的酋长到辽东郡要求内附，汉武帝特地在濊设了苍海郡。苍海郡的位置大约在朝鲜北部的单单大岭的东部（后来并入乐浪）。朝鲜与中国有久远的关系。汉初燕人卫满率众越过鸭绿江，割据于朝鲜半岛的西北部，建立卫氏王朝。汉武帝时，卫氏阻隔半岛居民与汉王朝的往还通好。前109年，汉武帝派兵灭了卫氏王朝，于前108年建立了玄菟、乐浪、真番、临屯四郡（图五八）。此后汉武帝又将以前为濊设立的苍海郡并入乐浪郡。后来由于朝鲜民族（人民）的反抗，废除了南边的真番和临屯，并将玄菟郡向北移。但是，乐浪郡范围虽然逐步缩小，却一直设置到西晋末公元303年，即4世纪初，被高句丽侵占后才完全结束。从公元前108年起到被高句丽占领，前后延续近420年时间。

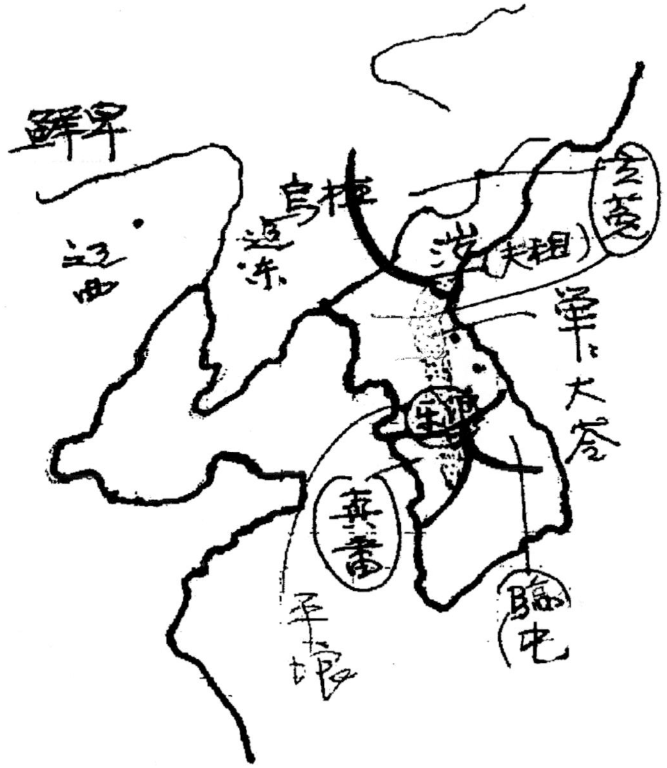

图五八 汉武帝灭卫氏王朝后建立四郡的方位

乐浪郡郡城遗址，在今朝鲜平壤市乐浪区土城洞的古城。古城为夯筑，东西长1200米、南北长约1000米，城内出有残瓦，“千秋万岁”、“乐浪礼官”瓦当，云纹瓦当和“乐浪太守章”封泥，五铢钱、王莽钱等标准的汉代遗物（图五九）。

在古城的周围分布有2000余座墓葬，这些墓葬主要有木椁与砖椁两类。第一类有单人和双人木椁墓之别，前者如“夫租薉君”墓。随葬品不多，多有金属器物，器形有铜车马具、细形铜剑、铁短剑等。还出有一枚兽钮银印，印文为“夫租薉君”。汉制，比二千石以上为银印，太守为二千石，比二千石则下太守一级（《汉书·百官公卿表》第七上：“凡吏秩比二千石以上，皆银印青绶”）。随葬品与以前辽宁沈阳以南一些少数民族墓葬随葬品多有相似之处。特别是细形铜剑，这种剑无柄（另装），有较宽大的血槽（图六○）。它的前身应与更早的相当战国初期辽河流域流行的琵琶形铜剑有关。墓中所出印，说明墓主人是薉君，这应是夫租地方附于汉的薉君的墓。

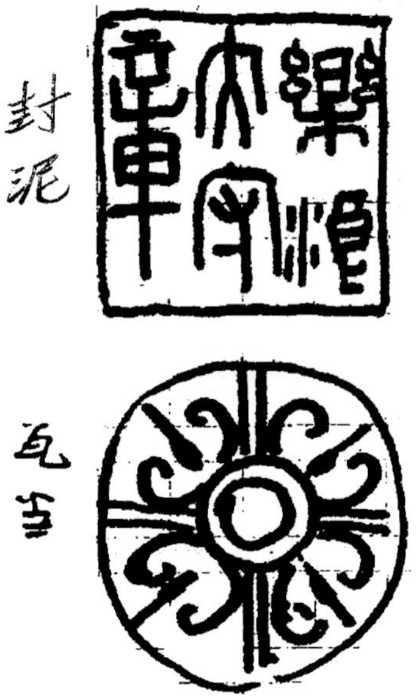

图五九　朝鲜平壤乐浪区土城洞古城所出封泥、瓦当

双人木椁墓，时间应略晚。如“夫租长”墓（图六一）。这座墓是西汉于夫租设县后的夫租长的墓。出有“夫租长印”、“高常贤印”两方铜印（汉制，万户以上为令。减万户为长，秩五百石至三百石，铜印）。墓为略呈方形的大木椁墓，内置两具双重棺，应是夫妇合葬墓。每棺之前，置一组漆器和陶器，二棺之左侧，置有车马具和兵器。棺内出有日光镜和细形铜短剑。除了细形铜短剑之外，其它随葬品几乎与当地的另一类墓葬即汉人墓葬没有区别。作为墓主人的“夫租长”高常贤，如果是濊族的话，这可以说明濊族上层人物的汉化程度是相当迅速的。以上二墓的时代，前者大约是西汉后期，后者出了纪年铭的漆器，纪年是“永始三年”（成帝，前14年），知道它已到了公元前1世纪的西汉末期了。

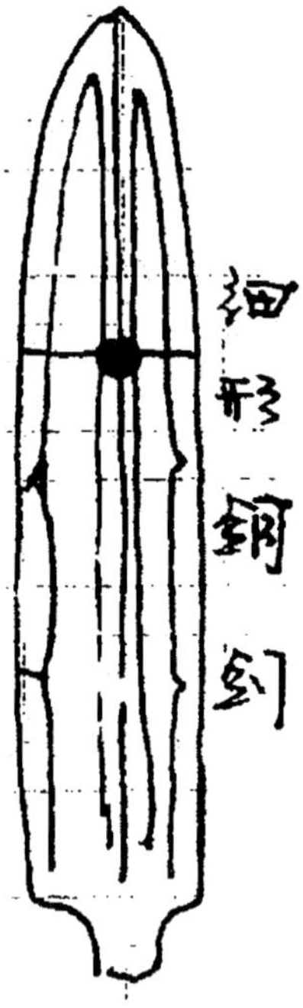

图六○　朝鲜夫租薉君木椁墓所出细形铜剑

完全可以肯定是汉人的木椁墓发现较多，较重要的一座是石岩里219号墓（王根墓）。该墓是双人木椁二重棺，与夫租长墓相似，随葬品除陶器、漆器之外，还出土了一组盉、扁壶和博山炉等铜器。还有一件精工漂亮的革带，此带已朽毁，但带上保存了一件锤、错出龙虎纹样的贴金嵌玛瑙的银装饰物。还有十二件怪兽纹花状饰件。墓内出土了一件龟钮银印“王根信印”。前面说到银印是秩比二千石官吏使用的印章，故可以知道此墓主人，只下郡守一级，有可能是乐浪郡典武职甲卒的郡尉（地方军事长官）。

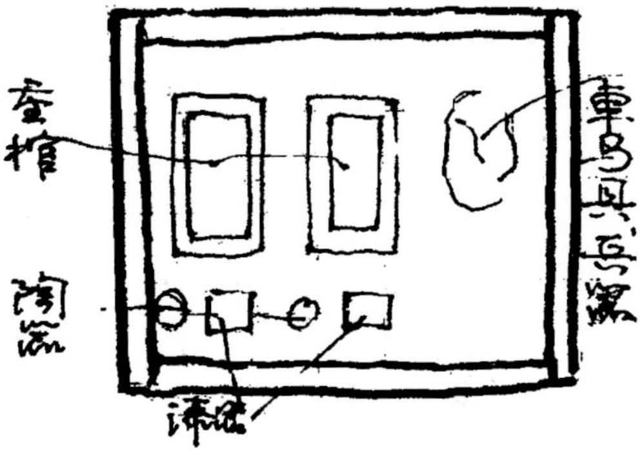

图六一　朝鲜夫租长高常贤木椁墓平面

到东汉时，乐浪也和内地一样，流行了砖椁墓（图六二）。较早的砖椁墓，为竖穴内砖砌椁，墓壁垂直，顶部铺木板。较晚出现了平面方形，穹隆顶，四壁出现弧线，有的还有耳室，墓门前出现了墓道的砖椁墓。随葬品陶器增多，出现了灶、井之类模型明器，也出现了釉陶器（黄、绿釉）。铜镜多为规矩镜和连弧纹镜。这种砖室的砖上有许多捺印有纪

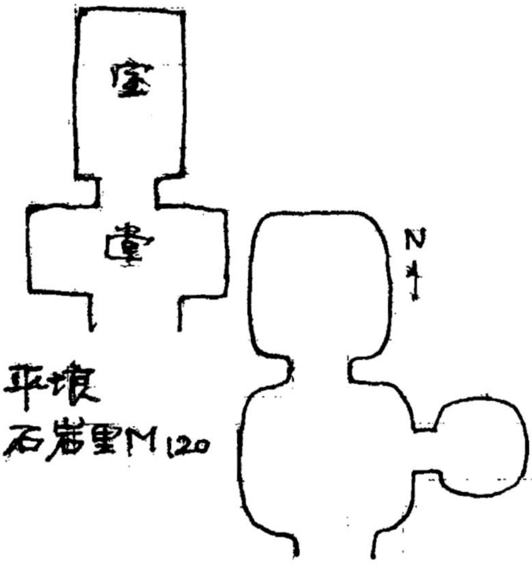

图六二　朝鲜平壤石岩里M120砖室墓和南沙里M2砖室墓平面

年铭文，晚的纪年到了3世纪中叶的魏晋时期。

乐浪四百年的影响，不仅限于朝鲜半岛，通过朝鲜半岛还影响了日本。日本公元1世纪以北九州岛为中心的地区，墓葬中出了细形铜剑、铜矛和内弧的铜镜。还出了玻璃器（?）和少量的铁器。相当于东汉时期的墓葬中铜镜种类增多，从规矩镜、神兽镜到画像镜。凡东汉常见的铜镜，几乎都有发现。铁器增多。福冈的贺岛村早年出过“汉委（倭）奴国王”金印，大约即是东汉赠给日本北九州岛统治者的。

新疆地区发现的遗迹（略）

西南地区少数民族的遗迹（略）

两广地区的遗迹（略）

第六节 秦汉考古小结

开始时，我们强调了秦统一这个分界线，这是中国考古学上、下的分界。在秦统一之前，我国考古学所反映的情况是：各地区文化类型基本上是单独发展的，当然由于各国使节的往来，商业贸易活动，一步步出现了一些各地区之间的共同因素。但是有意识、有安排地发展这个共同因素，则是从秦统一开始的。在秦始皇建立统一的国家之后，又经过两汉时期一系列的强有力的划一部署，在亚洲的东部，才真正出现了这个时期的政治、经济、文化的中心。

从渭河流域中下游到黄河流域的中下游，即咸阳—长安—洛阳一线，是所谓的中原地区的中心区。这个中心区不断向外辐射各方面的共同因素，因而自公元前221年到公元220年东汉灭亡，三国分立，这四百年间，在我国考古学文化上出现了共同因素不断发展的总趋势，也是我国考古学文化第一个一致性发展的时期。这个时期出现了秦汉文明。从它所达到的水平、速度看，都是此前任何一个四百年所不能比拟的。其表现是：

冶铁代替了铸铜，使农具、手工工具得到改进；农业生产中，牛耕普遍使用；纺织、漆木加工、制陶等手工业，都有了改进和发展。

政治上的统一，为商业的发展创造了互利条件。各地区之间的手工业品的交换与流通，也出现了空前的盛况。货币的统一，促进了经济的繁荣。因而城镇与聚落的数目，不仅增多、范围扩大，而且在内部的布置上，居民区、市场等都有新的变化。

反映在墓葬上，是等级层次增多；高层次的墓葬仿效地上居室的情况，日益清楚。

由于经济实力的增强，不仅出现了数量较多的城市和大殿堂，也出现了规模巨大的国防工程。伴随国防力量的加强，边远地区的遗迹增多了。这清楚地表明秦汉文明，不断向境外传播，这不仅表现在某些器物的交流，甚至可以看到秦汉王朝所规定的封建等级制的传播遗迹。如上面讲到的苏联境内发现的周绕廊屋的匈奴贵族殿堂和墓葬；朝鲜北部发现的郡城遗迹和濊族酋长的墓葬等。

总之，秦汉考古无论它的内容和外貌，都与秦统一以前的考古有了比较大的区别。这种区别的产生，可以说都是和政治上的统一，文化类型共同因素的不断增加、深化相联系的。

第三章　魏晋南北朝隋唐考古

第一节　概　说

年代、分期与时代特征

从曹魏代东汉的公元220年起，到公元907年唐王朝覆灭，是这一段的总的起迄时间。其间长达六百八十余年，接近七百年。这七百年的时间内，可以隋灭陈的公元587年为界，分为前后两个阶段。

前段有360多年，其间虽有西晋三十多年的短暂统一（灭吴公元280年～西晋亡公元318年），但总的形势是南北分裂的局面。在这段分裂之后，随之又出现了一个更深入的统一时间，即从隋统一到唐朝灭亡，共320年，这是后段。总括起来说，这个阶段的前半是分裂时期，后半是统一时期。两段在政治状况方面的差异，在考古学上的反映，也是十分清晰的。

分裂时期。这个分裂与秦统一前的各地区的单独发展是不同的。因为经历了四百年的统一，形成的这个时期的汉文明，已经巩固下来，所以虽然再度分裂，各地区分别发展自己的特点，但仍有一个共同的因素起作用。所以才能出现另一个共同因素得到发展的新时期。

在分裂时期的南北方，在各自的领域内，都进行着多方面的民族融合和生产技艺的交流。在北方主要是农耕的汉族和北方游牧、畜牧民族的融合、交流。在南方主要是汉族，包括这个阶段大批南迁的汉族和土著民族——主要是以前的百越系统的少数民族的融合、交流。这种融合交流，无论北方还是南方，都是伴随着暴力进行的，是痛苦的。在我国历史的进程中，这是不可避免的。在这段分裂时期的历史进程中，南北方城市的发展，墓葬习俗的变化，农牧、手工业生产的发展，都有所不同。长时期的分裂，必然要阻碍南北方人们之间各方面的正常往还，也阻碍了南北方生产的交流和进一步发展。在秦汉一统的传统意识的强烈影响下，争取政治上的再度统一，成为南北方人民普遍的愿望与要求，这是隋唐一统得以实现的根本原因。

隋唐的一统，绝不是简单地重复一次秦汉的统一，而是在如上所述的汉族与各少数民族融合的基础上出现的。因而统一之后，在政治、经济、文化诸方面，都出现了崭新的内容和面貌，因而隋唐考古就有了自己的特色。如果说魏晋南北朝考古，南北方都还带有某些汉代文明的色彩的话，那么它所孕育的隋唐考古，却以一个全新的模式，出现在中国考古学的舞台上了。新的城市布局出现了，新的墓葬制度建立了。这种新布局、新制度出现的基础——农业、手工业生产，必然也有了新的发展和特色。虽然有关生产新情况的考古发现很有限，也不全面，但是还是可以为我们提供许多线索，启示我们去思考和认识。

将分裂的魏晋南北朝和统一的隋唐放在一章里讲述，是因为这两个阶段的考古学，有着非常紧密的联系。其比较突出的有以下几个方面：

1、隋唐的政治制度，渊源于南北朝。因而在文化上，它和南北朝的关系是非常密切的。考古发现的各种情况，确有不便割断的趋势。如考古学上两项主要内容——城址和墓葬，魏晋南北朝和隋唐，确实是一脉相承的。而与其前的汉，与以后的宋的关系有很大的不同。

2、隋唐不同于两汉的一个特点，是主要经济地区的扩大。除了黄河流域，南方的长江流域发展迅速，边远地区的重要性也在增长。这种情况也都是渊源于魏晋南北朝。南方和边远地区考古遗迹的普遍增多和某些手工业遗迹所提供的迹象，都较明确地表明了这个问题。

3、隋唐是个开放的时代，隋唐的繁荣是与它的开放政策分不开的。

许多边境各族，甚至遥远的西亚人、日本人，到唐代为官作宦，彼此并没有“客卿”之感。因而异域的习俗、服饰、工艺器具，不仅不受排斥，还有不少很快为唐朝人吸收、改进，从而丰富了自己。开阔的隋唐风格，实际上是始于南北朝的。关于这方面资料，考古发现越来越多，也将这个问题的研究引向深化。

4、在人们的思想意识上，魏晋南北朝到隋唐，可以说是佛教泛滥时代。保存到现在的各种佛教遗迹，遍布全国各地，成为这个阶段考古学的重要内容之一。这项重要内容——佛教遗迹，更不好将南北朝与隋唐截然分开。

基于以上原因，我们将这两段合并为一章。将魏晋南北朝与隋唐分开，我们是强调魏晋南北朝考古的过渡性质。过渡性质，就是说它上承其前，下启其后，自己没有形成本身的特色。如果将两段合在一起，即将魏晋南北朝作为有鲜明特色的隋唐考古的前奏，应该是合适的。

主要参考书

《中国大百科全书》考古卷《魏晋南北朝考古》、《隋唐考古》两长条；《新中国考古发现与研究》第五章《魏晋南北朝时代》和第六章《隋唐至明代》的隋唐部分；考古卷《中国境内发现的东罗马遗物》、《中国境内发现的中亚与西亚遗物》两中条；《中国史纲要》有关章节；傅芸子《正仓院考古记》均宜参考。

第二节　魏晋南北朝遗迹

南北方的城址

魏晋南北朝时期，既是南北分裂时期，又是战争频繁的时期，所以这个时期的城址的共同特点是，着眼于军事需要方面的因素多。但由于南北地理形势的不同，政治制度的差异，在城市布局的发展上，也各有特色，先说北方。

1. 魏、西晋、北魏都城——洛阳城

这三个朝代的都城，沿袭东汉洛阳城的情况，已大体钻探清楚。魏和西晋洛阳城，可以作为北方前期都城的实例；北魏洛阳城可作为北方后期都城的实例。两者结合起来，正好可以说明魏晋北朝北方都城布局演变的情况（图六三）。

前期，即魏晋时期的洛阳。东汉光武帝建武元年（公元 25 年）在此建都，洛阳在汉献帝初平元年（190 年）迁都长安城时，被焚毁。到曹魏魏文帝曹丕黄初元年（220 年）重建洛阳，其间荒废了三十年。曹丕父子

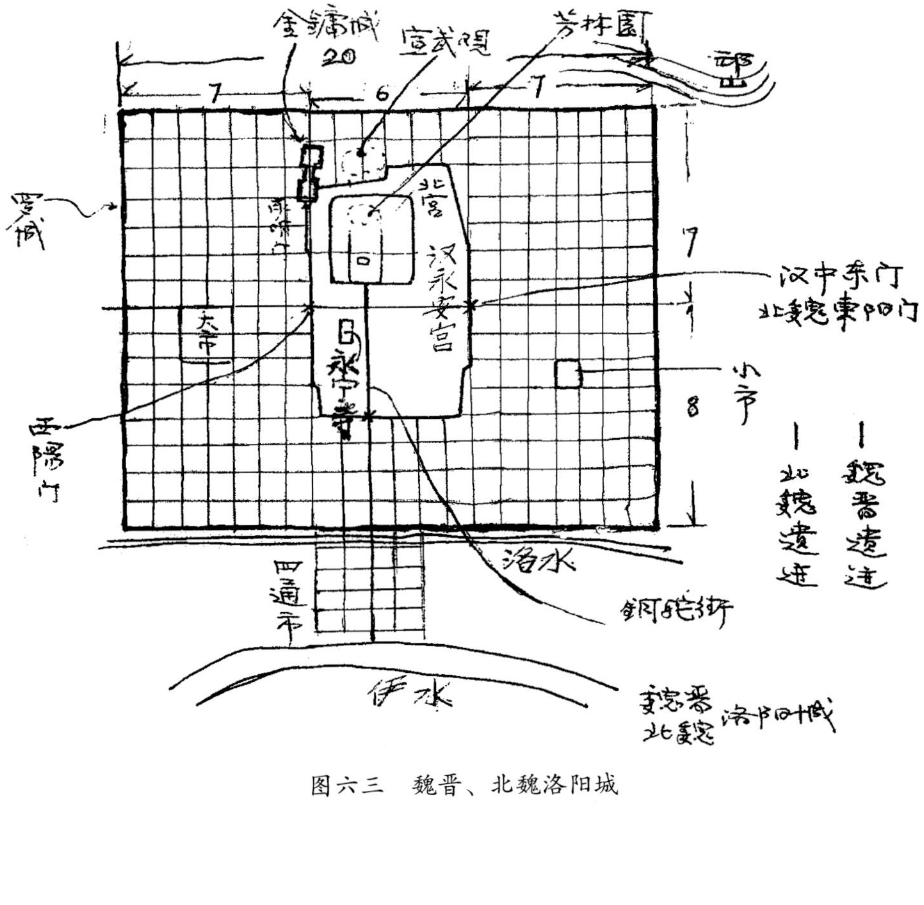

图六三　魏晋、北魏洛阳城

重新经营洛阳城时，对东汉的洛阳作了较大的改变。在城内的布局上的改变，主要是参照了魏国的王城——邺城。洛阳城的改变，主要有以下几点：

①废弃了东汉的南宫和永安宫，将宫殿集中到北宫的范围内。这样就结束了秦汉都城遍布宫殿区的旧传统，建立了在都城北部正中部位安排宫城的新格局，这个格局正是邺城的制度。

②在城西北隅的跨城内外的高坡上，兴建了相连的小城——金镛城（城墙厚13米）。这处居高建筑的小城，是有明显军事性质的城堡。它的作用和邺城的铜雀、金虎、冰井等三台是相同的，即是军事上的制高点。此外，在金镛城之东，城内建芳林园，城外建宣武观，也是沿袭邺城安排禁苑的作法。集中宫殿和兴建金镛城等的目的，显然是为了加强洛阳城的防御。同样原因，魏晋时期对洛阳城的城垣也进行了改进：a，加宽了洛阳城西、北墙的厚度，北墙最厚处竟达到30米（东汉时的厚度为14～25米）；b，在城垣的外垣（包括金镛城）都兴建了马面。马面，就是在城垣外侧，每隔一定距离，加筑一座连接城墙的墩台。这样敌兵到了城下，城上可以从三面御敌。马面原来是汉代边塞城堡上的设置，魏晋时期为了增强都城的防守能力，竟也应用到洛阳城。由此可见洛阳城在这个时期确实越来越军事化了。

后期，北魏迁洛以后的洛阳城。永嘉五年（313年），西晋灭亡，洛阳再次毁于战乱。直到北魏孝文帝太和十九年（494年）迁都至此，其间荒废一百八十一年之久。北魏迁都洛阳，是在废墟上重新营建的。孝文帝父子经营洛阳，实际上是重新规划的，因此北魏洛阳城，完全不同于之前的洛阳。

①对东汉洛阳城的改造：在汉洛阳城中东门（北魏东阳门）的对面，开了西阳门，二门之间有一条横贯东西的横街，街宽40米，是北魏洛阳城最宽的横街。横街之北地势比较高，到北魏晚期，横街之北几乎全部被皇室征用。横街之南，中间略偏西侧设一条南北向的顺街（其北端正对宫

城正门）即铜驼街，街宽41～42米，是洛阳最宽的街道。这样北魏的洛阳城，就出现了中轴线大街与横街相交的丁字形街道布局。这一格局从北魏开始，一直影响到明清城市，如北京城。在铜驼街的两侧，分布着中央衙署、宗庙、社稷等。此外的地段，逐渐被寺院、高官宅第所占据。有名的永宁寺，即在此街的西侧。原来东汉、魏晋洛阳城的范围，成为北魏皇室、高官、衙署、寺院的集中区了。

在北魏洛阳城址，出土不少黑色瓦片。瓦当的纹饰，不见秦汉以来的云纹，而流行两种新的纹饰——兽面瓦当和莲花瓦当（图六四）。这种新的瓦当纹饰，一直影响到后来。

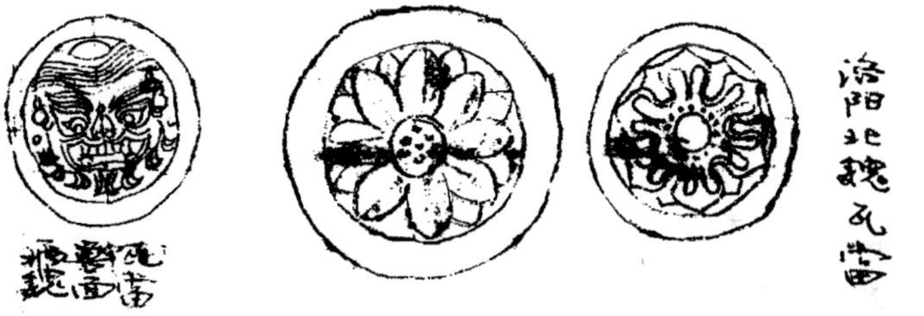

图六四　洛阳发现的北魏瓦当

②在东汉、魏晋洛阳城的外围，兴建了“东西二十里，南北十五里”的外郭城（罗城）。这座外郭城的城垣，经过探查，近年大体了解了它的方位。罗城里布置了一排排整齐的一里见方的“里”。每里四面开门，里内是十字街。这里主要是居民区。这样整齐的居民区，以及居民区占据城市如此大面积的情况，都是以前城市所没有的。这样情况的出现，可能有以下两个原因：一是北魏迁洛之后，在组织上还保留着旧日部落性质的军事编制；二是当时北方中原人口流失情况很严重，统治者为了保存实力，就必须控制人口。都城是统治者的重要据点，因此就要在都城集中大批住户。以上两种情况，都是带有很大的强制性。因此在都城的规划上，就出现了大面积的居民区和对居民区可以实施有效严格管理的措施。可以想象，方整的里，出入经过里门，既可控制人口流失，又可加强都市对内的防卫。

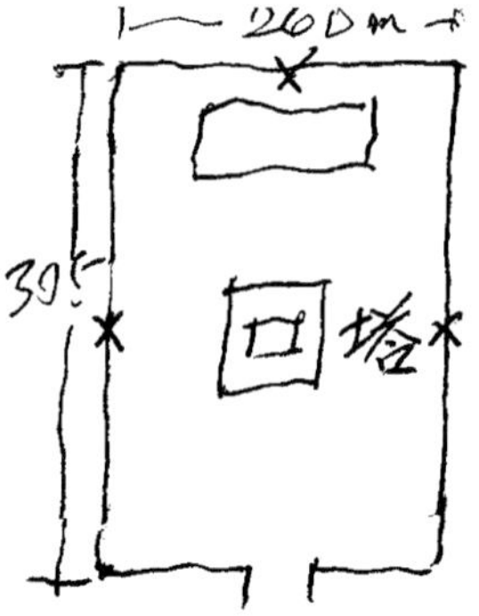

图六五　洛阳北魏永宁寺平面

③罗城南垣临洛水，在洛水的南岸设置了四通市，这样市场就可以方便地利用水道进行运输。随后又在洛水与伊水之间，兴建了五排里坊，又可以利用伊水。此外在东部和西部，分别建立市（大市、小市）。合理地安排商业区，是北魏洛阳区别于以前都城的另一特色。组织水运、合理安排市场，也反映了北魏洛阳工商业的繁荣。

④孝文帝迁洛规划城市时，就在城内安排了一个国家寺院——永宁寺。寺的遗址已经发掘，寺址在铜驼街两侧的衙署区之西。永宁寺平面长方形，约占半里之地，四面开门，周绕回廊。寺中心是一座九层的高塔，塔后是佛殿。这是已发现的我国最早一处寺院遗址平面（图六五）。迁洛不久，洛阳城郭内到处广建佛寺。在建城之初，在城内就有计划地安排宗教建筑，可以说北魏洛阳是其开端。

从魏晋洛阳到北魏洛阳，可以反映出中原北方城市在这个阶段的变化，从突出对外的军事防御，向集中人口、重视内防和发展工商业，以及提倡佛教等方面发展，这些特点都给以后隋唐城市的布局以深刻的影响。

这个阶段的南方城市的发展，总的情况虽与中原北方大体相似，但在具体布置上却有很大不同。南方的地势、地形不比中原北方的大平原，而是多丘陵和河流。因此南方城市考虑军防，就势必着眼于丘陵与河流，现存的几座这阶段的南方城市，如建康、鄂城和晋陵都如此。220 年孙权修治的武昌城，遗址在今湖北鄂城东，是一座东西长约 1000 米、南北长 500 余米的小城。北墙原靠临长江，已圮。南有洋澜湖，东有虎头山（凤凰台），西近西山丘陵，是控制长江中游的重镇。吴黄龙元年（229 年）迁都建业，东晋改称建康。建业遗址虽尚未探明，根据文献记载可知："城周廿里十九步"，比鄂城大。其地西沿长江，北靠玄武湖，南临秦淮河，

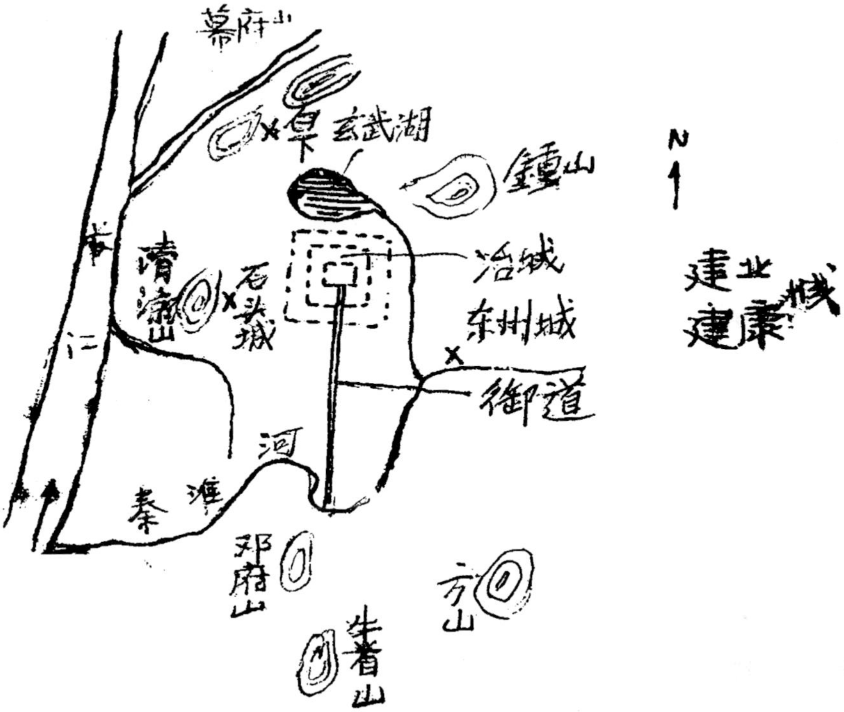

图六六　江苏南京南朝建康城及其附近重要遗迹的方位

四周山丘环绕。所谓孔明说“龙蟠虎踞”，虎指山，龙指河。左思《吴都赋》说“屯营栉比，解署棊布”，可见建业城的军事性质（图六六）。这两处是南方早期城址的情况。

建康在东晋时期的发展是：①加强了外围据点。北垒幕府山的白下，西有清凉山石头城，东南有东州城。②加强了城内的防卫。宫城北的苑内起冶城，宫城建重城。③扩大了南郊的居住区。宫城南有御道，可直抵秦淮河，进入长江。秦淮河一带，工商杂处，利用水运之便。这一点，北魏兴建洛阳时，郭城南临洛水，设四通市，有可能是参考了建康的布局。建康附近，发现建筑遗址，出土的瓦当有莲花、兽面两种（图六七）。建康瓦当早于北魏，看来北魏洛阳瓦当纹饰的变化，也是渊源于南朝。

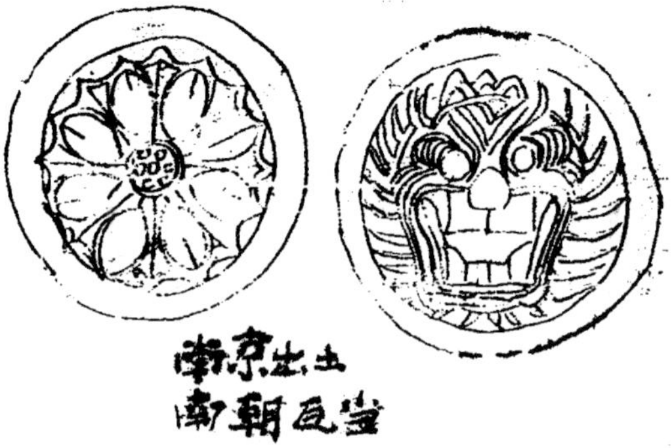

图六七　南京出土的南朝瓦当

近年又初步调查了江苏镇江市东的东晋晋陵郡城（图六八）。该城原在长江边上的北固山下，是周长 600 米，接近三角形的小城堡。东晋时向东修建了约 3000 米的郭城（罗城），原城成了子城。郭城修在海拔 30 米的土丘上，依山势加工夯筑。将土山内较低平的丘陵区围到郭内，东郭外还有一道城濠宽 5～8 米，向北似乎与长江相连。郭城外砌砖，砖上多有捺印文字，文字内容有“罗城”、“罗城砖”，还有“南郭门”、“东郭门”等字样。后者可以告诉我们东、南两郭门的位置。南郭门内的街道不清楚，东郭门内街道，大约是与今天花山路中段相接。西郭门则可据此路西口推断。这里主要交通线是东西向的，所以发展了东西街道。郭内出土不少青瓷碗、罐、盘口壶、鸡首壶的残片，从器形看，是南朝时期的。表明此城从晋到南朝都在使用。

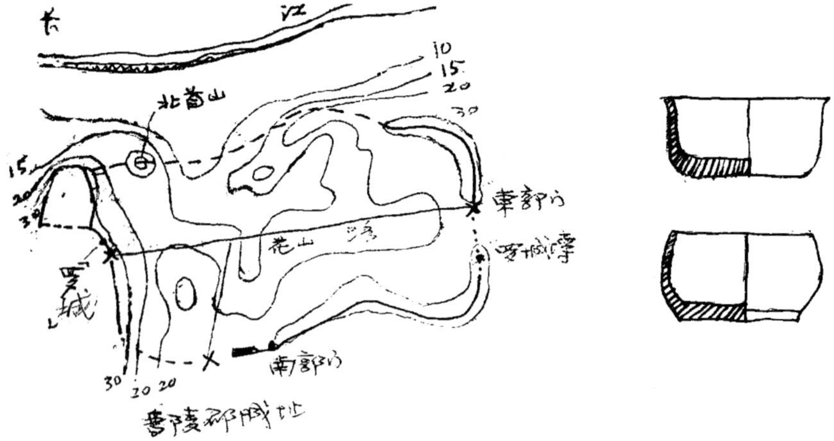

图六八　江苏镇江东晋晋陵郡城遗迹及出土的青瓷碗

魏晋南北朝这几处城址的共同点是早期强调了对外对内的防御，较晚时都修建了郭城，注意了工商的发展。郭城的修建，南方早于北方。工商业发展南方也早于北方，有关工商交通的安排，北方大约是参考了南方的设计。南北方城市发展的不同点是：由于地势的原因，北方据平原，南方据河流、山区。北方重点防御北方，所以注意北方的制高点。南方城内注意北方外，也注意它的南方防御。至于北方都城内部布置整齐的里坊，是其独特之处，应与北方的特殊情况（原有的军事制）有关，而与南方不同。

南北方墓葬

南北方墓葬的差异，较之城址情况，更为鲜明。但总的趋势都是比东汉简化了。随葬器物也与汉代逐渐有较大的差别。

北方曹魏西晋大中型墓：

曹魏墓发现少，大体还沿袭东汉中型墓的形制。如洛阳涧西16工区前后两室券顶墓（图六九），出有正始八年（247年）的铁帐构（帐架部件），与洛阳烧沟M1008大体近似。西晋（265～316年）、北朝墓发现较多。发现的北朝墓从有可靠纪年的大同司马金龙墓延兴四年（474年）算起，到北朝亡（581年）。两晋之间，有较长的间隔，墓的情况也前后有别，因此可以分为西晋、北朝两期。

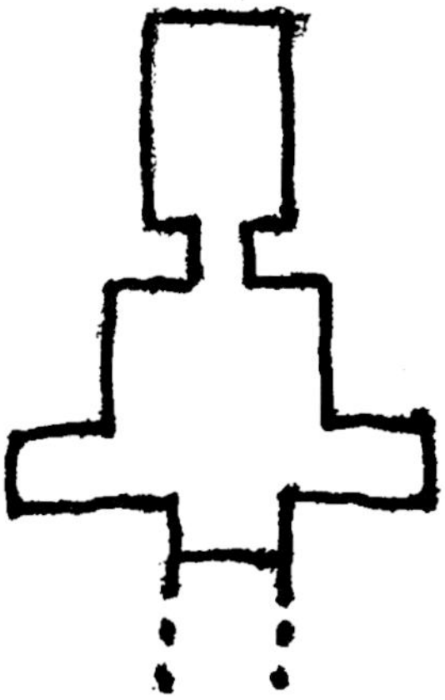

图六九　洛阳涧西16工区砖室墓平面

西晋帝陵的方位，近年已调查清楚。在今河南偃师境内北邙山和干脯山之两侧。其中的司马昭文帝陵和司马炎武帝陵，都作过勘探。知道两个陵区均有排列整齐的陪陵墓。被推测为陵和陪陵墓，都是具有较长、深且宽的斜坡墓道（两侧皆有土台若干层，这应是便于取土）的土洞墓。

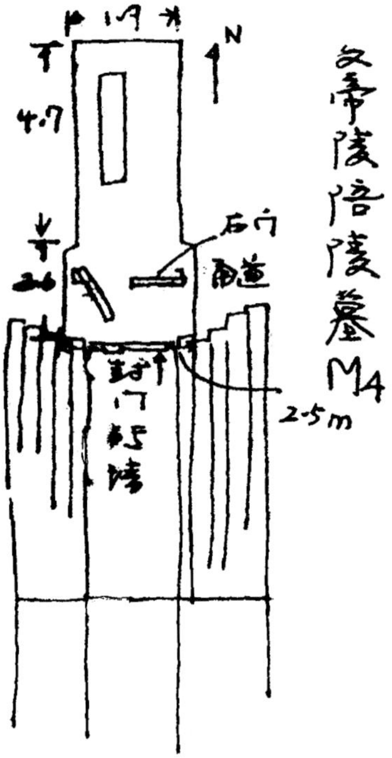

图七〇 河南偃师晋文帝陵陪陵墓 M4 平面

只用砖敷地，前有短甬道，墓室长方形。被推测为陵的墓道，都在长 36 米、宽 10 米以上。陪葬墓墓道最长不超过 23.5 米，最宽不超过 9.3 米。陵和陪陵墓墓室皆为长方形。这是两陵区的一个特点。由于帝陵还没有发掘，详细情况还不清楚。已发掘的两座陪陵墓，其中文帝陪陵，为较晚的西晋墓（图七〇）〔《考古》84/5〕，也是突出墓道工程，但墓室平面多为方形，四壁砌外凸弧线，边长 4～5 米，有的在墓门内一侧立碑。如元康九年（299 年）徐美人墓（图七一）。当时还流行祔葬，是在墓室后面建有祔葬的砖室（与汉代墓中之前后室不同）。如洛阳 M22，永宁二年（302 年）士孙松墓（图七二）。这类晋墓的典型器物有插帐杆用的陶帷帐座，有的作成卧兽形。有空心柱盘（用途不明）、多带盖的樽、唾盂、酱釉小罐、多子槅（榼）等。墓门后有上身穿甲戴盔的武士俑，头上有竖鬃的镇墓兽和牛车（过去的马车不见了），墓室内有一两件男女侍俑和胡俑（高鼻）。以上器物，是汉墓所不见，或少见的（图七三）。器物中也有延袭汉代的，如陶家畜，鸡、狗、井、灶、磨、碓、仓等明器。但是墓葬形制和大部分随葬器物，都已与汉墓大不相同了。

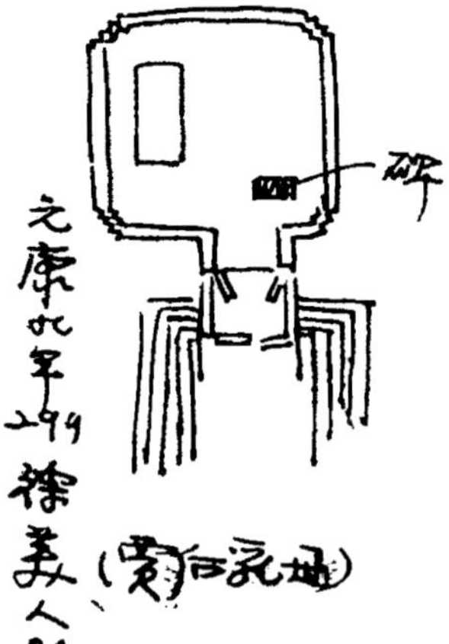

图七一 洛阳元康九年（299 年）徐美人墓平面

北朝大型墓

已发现的北朝大型墓，即皇室、贵族和大官僚的墓。我们主要讲北魏，北魏以后的东、西魏和北齐、北周，大体是延续北魏制度。

北魏帝陵在山西大同右玉和洛阳。经过发掘的只有太和八年（484年）完工的大同方山文明太后永固陵一处（图七四）。此墓是前后室砖室墓，上有高大的坟堆。该墓早年多次被盗，遗物无存。

次于帝陵的是王公墓。除特殊情况外，王的墓都是单室砖墓，现存的大墓如洛阳发现的孝昌二年（526年）江阳

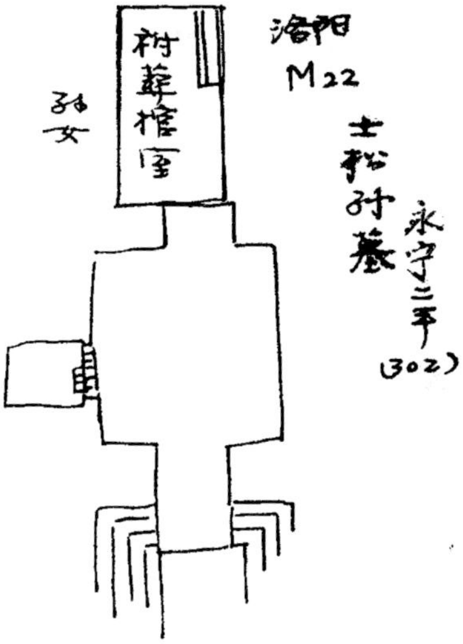

图七二　洛阳M22永宁二年（302年）士孙松墓平面

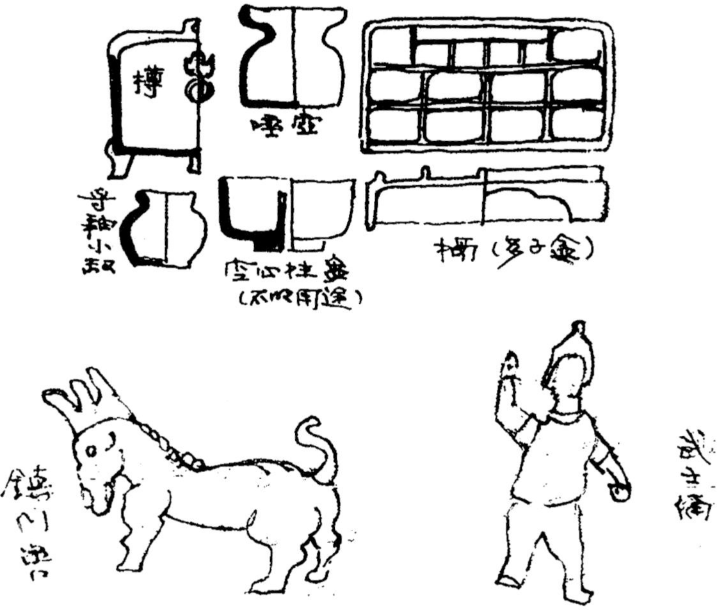

图七三　洛阳大中型晋墓常见的随葬明器

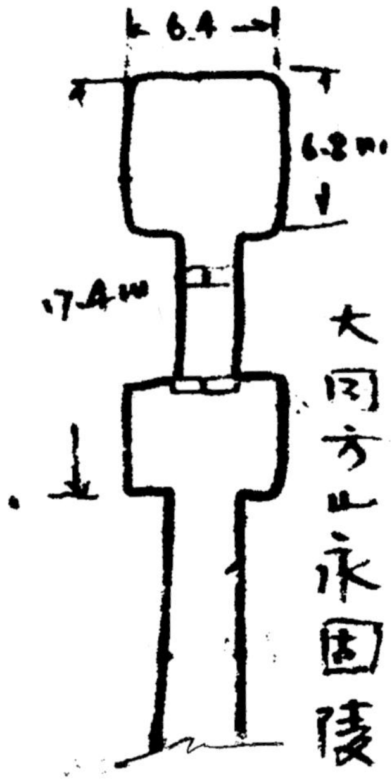

图七四　山西大同方山文明太后永固陵墓室平面

王元乂墓，墓室7米见方，是迄今所知最大的王墓。一般王墓在4.5～6.5米见方的范围内，这类墓的墓壁都画有壁画。北魏墓壁画保存比较差，北魏晚期墓的壁画，有的保存比较好。大体上是墓室顶画日月星座，四壁画四神和墓主人家居图像和出行的马、牛车。墓道两壁也画壁画，有的题材是墓主人出猎和归来。东魏、北齐这类墓壁画水平比较高，内容复杂。西魏、北周水平差，内容也简单。山西太原发现北齐武平元年（570年）东安王娄叡墓（图七五）的壁画水平最高。该墓墓室上方依方位画出了十二时兽形（十二生肖），这是值得注意的。从北魏晚期起，墓道的后部甬道部分加长，在顶部上出现天井。特别是关中地区，因为那里的黄土层厚，黏着力强，最多的有3个天井，如宁夏固原天和四年（569年）河西公李贤墓（图七六）。随葬品这时有了较大的变化，只剩下少量的罐、瓶、井、灶、仓等模型明器。青瓷、釉器（低温瓷）逐渐增多。常见的有长身的鸡首壶、敞口深腹碗，后来又流行高足杯、直口小底深腹碗、盘、瓶、灯、扣盒等

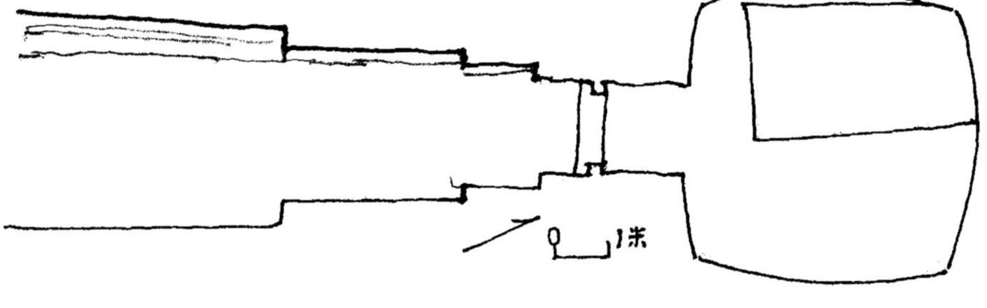

图七五　山西太原武平元年（570年）东安王娄叡墓平面

（图七七）〔《文物》83/10〕（娄叡墓中出土 76 件）。随葬品中变化突出的是俑急剧增多。这时俑比较明确分为两类：家内侍俑，多在墓室内，大型墓一般有 30 个左右；仪仗俑，出土的数量多，这类俑多围绕牛车，有武装骑俑和武装立俑，也有属官从吏性质的所谓“文官俑”，最多的可达 600 件以上，分别布置在墓门附近、甬道和墓道两侧。突出了武装仪仗，应是这些大型墓的主人拥有武装部曲（家兵）的反映。这些俑中杂有胡人俑，有深目高鼻多须的西方人，也有宽面圆目的北方人，还有虬发的南海黑人。墓室的安排，除上述的随葬器物和俑以外，大型墓都是一棺一椁相套，棺与椁之间已无廊屋部分，实际是类乎前阶段的双重棺。有的用石椁，外壁多线雕，题材有孝子故事，还有羽人龙虎（用石椁的棺床嵌石边，其中多线雕驱邪的怪兽），这是护卫墓主人升天的形象。棺内尸体这时流行“敛以朝服”，朝服已不存，但附属于朝服的各部玉佩（珩、璜、珠）等饰物多保存下来（图七八）。当时还流行方形有盝顶盖的墓志。

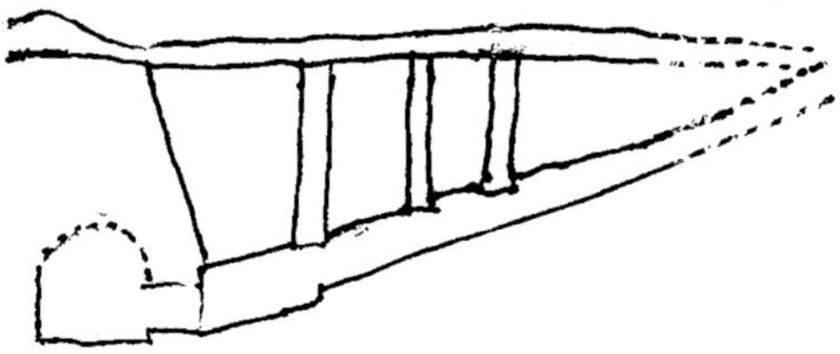

图七六　宁夏固原天和四年（569 年）河西公李贤墓剖面（墓道 3 天井）

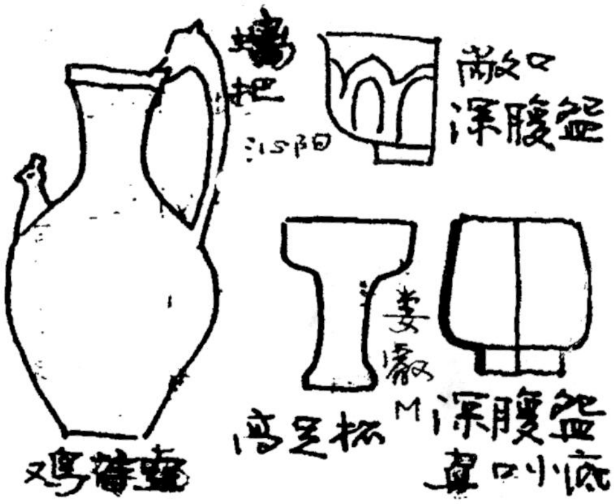

图七七　北朝大中型墓常见的随葬器物

图七八　北朝大型墓常见的随葬玉珮（是“敛以朝服”的遗物）

北朝中型墓：

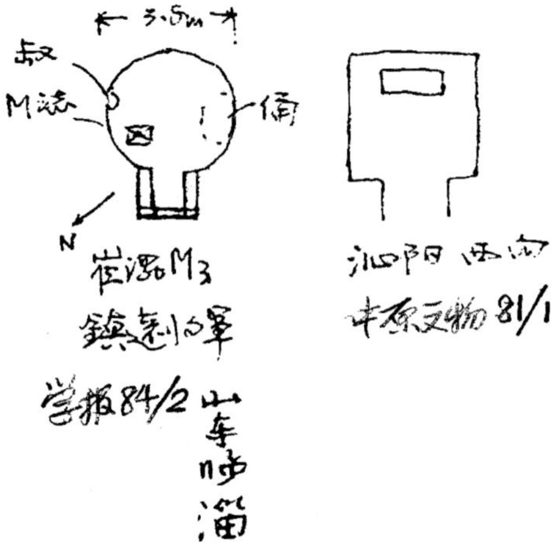

图七九　北朝中型墓墓室平面举例

北朝中型墓是一般刺史到县令级的墓，砖或石砌墓室，有方形，边长 4 米左右。有圆形的，径不超过 6 米（图七九）。随葬品陶器多明器井、灶、家禽畜之类。也有一些朴素的日用瓷器，如盘、杯、深腹碗、鸡首壶等。有俑，俑的数目与官级有关，官大数多，官小数少。最多的数目不超过 40 件。俑主要是侍俑，围绕牛车的也多为侍俑。山东临淄崔氏 M10，出现了嵌在壁上的动物形的十二时俑（北魏末）〔《考古学报》84/2〕，这是现知最早的十二时俑的实例。这类墓的主人，除上述官吏外，还有北朝晚期地方上的一般大族。

北朝小型墓

北朝小型墓的主人，身份当然是低级的。多是土洞墓，数量很少，而且时间都比较晚。随葬品只有一两件陶罐、陶碗之类，常常还有一两枚铜钱。北朝晚期的铜钱随葬，如洛阳涧东和陕西华县的土洞墓，都出有北周铸的五行大布；北周除了铸五行大布，还铸有布泉、永通万国。北齐铸有常平五铢。其前的北魏迁洛以后，铸有宽边的太和五铢，永安五铢。这些钱币，是墓葬断年的好资料（图八〇）。

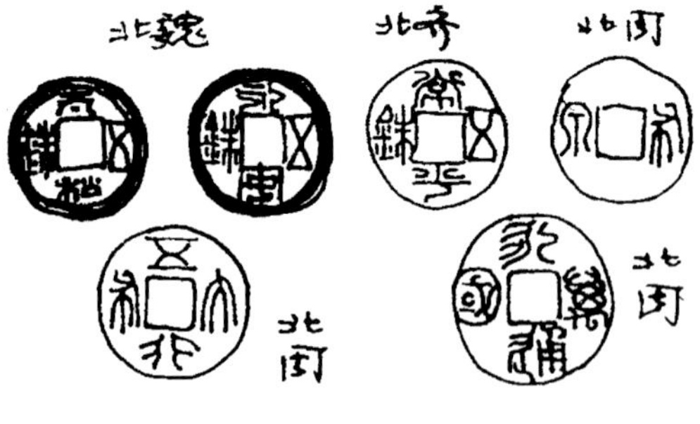

图八〇　北朝铜钱

南方墓葬：

南方墓葬的演变，不像北方那样有西晋与北朝之间能截然划分阶段的情况。如果划分为前后两段，后段的特点在前段的后期也已有较显著的迹象了。这前后段的分界线在东晋初，即4世纪初。大体上前段二百年（3、4世纪），后段二百年（5、6世纪）。南朝陈于公元588年灭亡。

前期即吴、西晋到东晋初。这个阶段还未发现大型墓，中型墓大体还沿袭东汉中型墓的形制，即流行前后室砖室墓。安徽马鞍山市吴赤乌十二年（249年），左大司马右军师当阳侯朱然墓可以为例〔《文物》86/3〕。此墓早年被盗掘，后室置二棺，其一棺已被移至前室。随葬品尚存140余件。陶器在前室东南角，瓷、漆木器、铜器分布在后室和甬道内。随葬品以漆木器最多，占57%，有80余件。漆器多加嵌扣。器物有案、盘、槅、凭几、皮胎耳杯（犀皮耳杯为前所未见之漆器）等。漆器多有精致的漆画。瓷器次之，约30余件，有碗、壶、盘、熏等。此外还有少量陶器，有井、磨等。铜器有鐎斗、炉和铜镜。镜为环列式神兽铜镜和八凤镜。此外还出有两种名片谒和刺（东吴的名刺和谒使用上是有区别的。它是沿袭了汉代的制度，到三国时仍甚流行，且有多次发现，多在南方墓中。谒当于觐见上级时所用。《释名·释书契》："谒，诣也，诣告也。书其姓名于上，以告所至诣者也。""书称刺书，以笔刺纸简之上也……。书姓字于奏上曰书刺，作再拜起居字皆达其体，使书尽边，徐引笔书之如画者也。下官刺曰长刺，长书中央一行而下之也。又曰爵里刺，书其官爵及郡县乡里也"）。还出土了大量铜钱，多达6000枚。其中吴铸的有"大泉当千"，蜀铸钱"直百五铢"。另有铸地不明，传为蜀铸的"太平百钱"和"定平一百"（图八一）。

前期的后段，出现了一种新型的中型墓——单室近于方形的砖墓，如南京象山7号墓（图八二）〔《文物》72/11〕。这是东晋初年，从北方南迁到南方的王氏墓地中的一座。它将西晋北方流行的方形单室、牛车、马、侍俑等北方制度带到南方。此墓未经盗掘，因此我们可以从墓中了解这种单室墓的布局情况：

①牛车、马、侍俑位于墓门前的甬道内；②墓室口的两侧各放置一侍

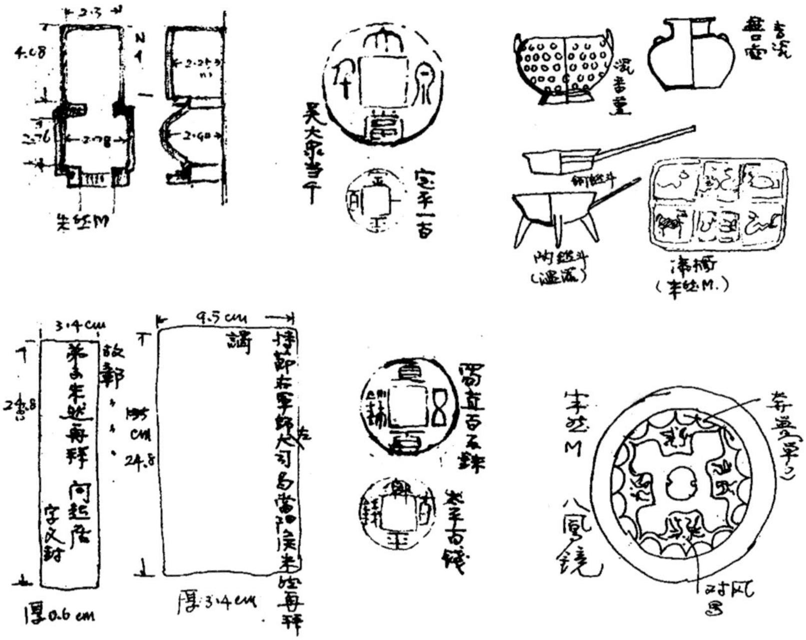

图八一　安徽马鞍山吴赤乌十二年（249 年）当阳侯朱然墓平、剖面及所出部分遗物

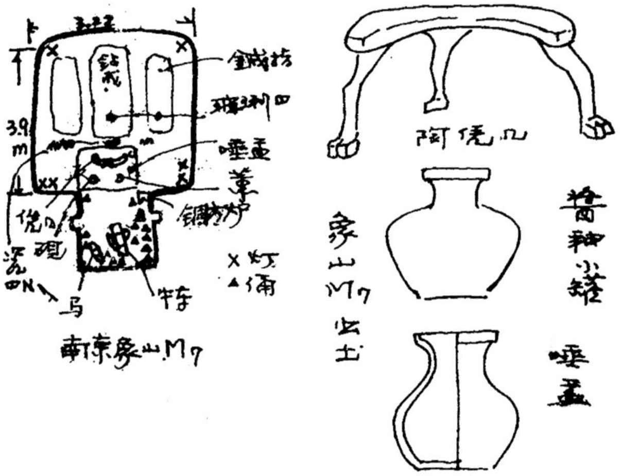

图八二　南京东晋象山 M7 墓室平面及所出部分遗物

俑；③墓室的四角置灯；④墓室前方部位集中放置随葬品，中间是炉、榻，榻上放墓主人的一套日常生活用具，有凭几、瓷唾盂、瓷盘、耳杯和砚。榻两侧放置瓷制生活用具，有洗、盆、盘口壶、盘和耳杯；⑤墓室后部放一列陶仓和盘口壶，是粮和饮料存储之处；⑥墓室中部是三棺，中棺为男性，在榻的后方。中棺出有西亚、南洋生产的钻石戒指和玻璃杯。两侧为女棺，出有褐色釉小罐（似放化妆品）和玻璃杯等。

这样的布局和汉墓已有很大的不同：用与晋墓相同的牛车代替了以前的马车；在形制上，取消了前室（堂）和耳室；将以前放在前室（堂）和耳室的随葬品，放到墓室的前部和后部；铜器和漆器稀少了，而代之以大大发展了的瓷器。

出土的酱釉小罐和唾盂和洛阳西晋墓所出同类器物极为相似。而这类墓的墓主人又是南迁的北方大族，因此他们的葬俗应是渊源于北方的。而北方的西晋墓一般都被盗过了，十六国早期墓也没有发现。因而这座墓不仅表明南方墓的特点，从中也可以多少反映北方西晋墓的情况。

后期中型墓。比较多的是全长5～7米的前砌短甬道的长方形墓（图八三）和由此发展出的吕字形砖室墓，如武昌何家湾M193（图八四）。其前室部分——小长方形墓室，是象山M7墓门前那部分的扩大。这一部分放置的随葬品可以分为两组：左边一组是牛车、马，右边一组应是以前置于榻上的器物，有凭几、唾壶（盂）、砚（木榻已毁朽）。新出现一尊一壶和圆形槅。用碗代替了以前的耳杯。墓室内左

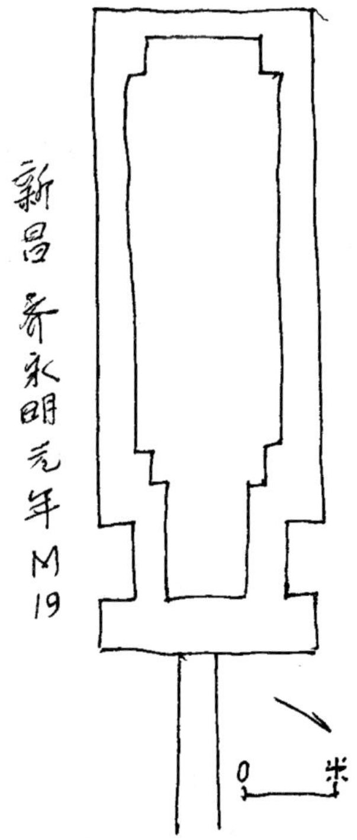

图八三　浙江新昌齐永明元年（483年）大岙底村M19墓室平面

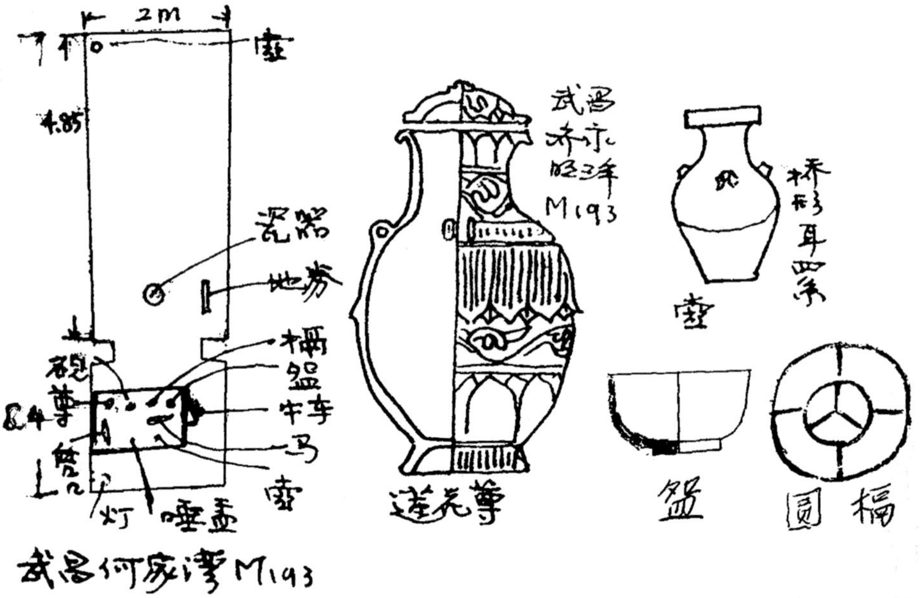

图八四　湖北武昌齐永明三年（485 年）何家湾 M193 墓室平面及所出部分遗物

前方放地券，地券之右放瓷壶、盘、碗，后面是棺床，原置二棺，床后右隅置带系的瓷壶。仓已不见。壶体变长，尊上饰以复杂的花纹——仰覆莲和缠枝忍冬。

南方后期（南朝时期），出现单室大型墓。墓全长在 13～15 米以上，墓室的长度都在 5 米以上，有的长达 9 米以上。这类墓前地面上大都有石兽，较小的是王墓，较大的被推定为帝陵。江苏丹阳东北胡桥鹤仙坳南麓发现的大型墓（图八五），推定是齐景帝萧道生夫妇合葬墓（修安陵），如不误，则修建时间大约在 479～495 年之间。墓室很大，长 9 米多，修建于山岩之间，十分牢固，但也难逃早年（南朝亡、隋时）被彻底破坏的命运。因此墓中随葬品保存得很少，已无法弄清原来的布局情况。据残迹可知甬道后及墓室前部左右两侧室前部残存几件陶俑。二棺，东棺位置出有铁刀和金玉珠饰，大约是墓主人着朝服入葬的。

此墓在结构上有排水设施，在墓室内下部，用砖砌出排水的暗沟，沿墓室四壁和中部铺设，前后有阴井，经甬道正中向前通至墓前的大水坑，长100余米。墓室壁外加筑挡土墙，起加固支撑作用。注意墓的排水问题，是南朝大墓的特殊设施。

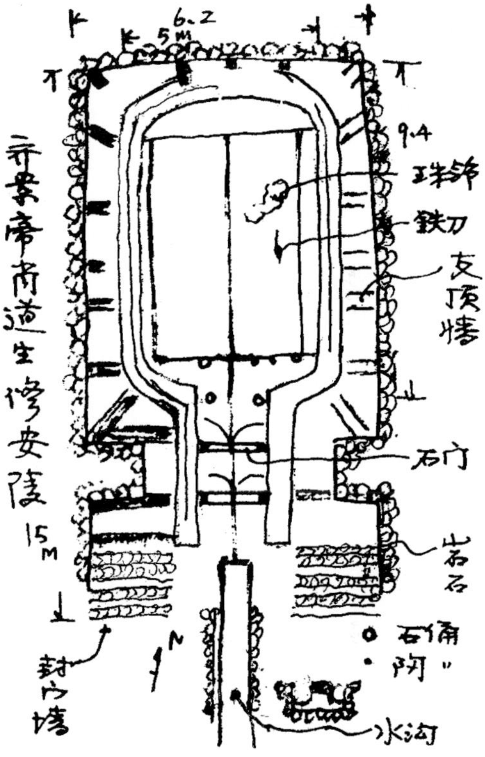

图八五　江苏丹阳胡桥南朝大型单室砖墓墓室平面

此墓最值得注意的是，墓室壁面是用小砖拼砌成的大幅“线雕”画面。画面的布局是：①甬道西壁内容是蹲狮，这是护卫墓室的图像；②东西两壁布局相同，即分为上中下三栏。上栏是羽人、青龙、白虎，后面是飞天，是表现墓主飞升的形象。中栏是竹林七贤和荣启期的形象，这是人物故事题材。南朝绘画这类题材很多，大概是当时上层人物所仰慕的对象，是一些清谈狂放的隐逸人士。下栏是出行的仪仗队，前为武装骑士，次为持兵器的侍卫、鼓吹队伍和执伞盖的近侍。其余壁面，皆砌莲花纹砖。这种大幅拼砌的画像砖，反映了天上和人间的内容。既有汉代流行的升天思想的内容，也有当时佛教流行的因素。如狮子、飞天、莲花，都是与佛教有关的图像。

南方的小型墓，多是2～3米的小型土坑墓。随葬品只有罐、碗之属，前期皆为陶制，后期也改用瓷器。有的也有铜镜和铜钱。南方前期墓多见五铢，后期小墓出有宋铸四铢（宋元帝元嘉七年，430年铸）、陈铸太货六铢（陈宣帝太建十年，574 年铸）（图八六）。有关铜镜的特点，留待以后手工业遗迹部分介绍。

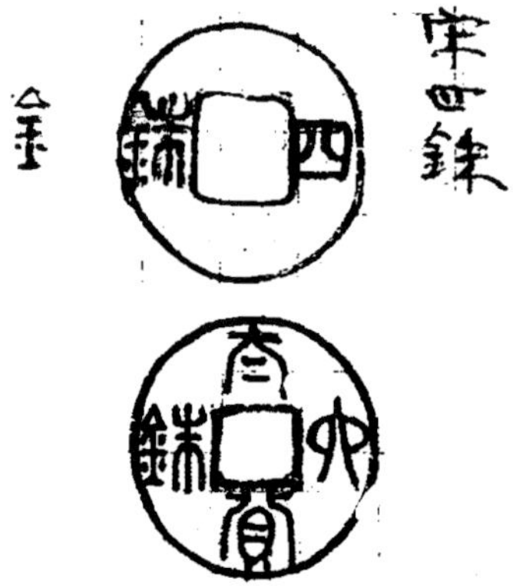

图八六　南朝墓所出铜钱

南北方手工业遗迹

这一时期南北方的手工业遗迹，都是冶铸和制瓷，但主要制造品不完全相同，技艺水平也有差异。此外在南方四川的漆器和北方关东地区的纺织品，也都有遗物保存下来。

1. 冶铸遗迹

东汉以来位于山西运城的河东铜矿，在三国时期仍是北方重要的产铜地点。在东汉的矿坑中，发现了曹魏甘露（256～260 年）纪年铭刻，表明一直到曹魏末年仍在开采。洛阳附近出土的曹魏皇室作坊“尚方”制的铜用具和铜镜，大约就是使用河东生产的原料。梅原末治《汉三国六朝纪年镜图说》（1942 年）图版 27～29 著录有甘露四年（259 年）、甘露五年（260 年）“右尚方师作镜”铭的神兽镜即是一例（朝鲜平壤石岩里 M200 出土东汉规矩镜有铭“名师作之出雒阳”，见《乐浪汉墓》册一〔1974〕图 72）。

辽阳西晋墓曾出过晚期形式的规矩镜，铭文中有“同出徐州”的铭文（图八七），说明当时徐州也出铜。今徐州利国有铜矿、铁矿遗址，这里铜的质量不如运城，可能是一处民间采铜地点。

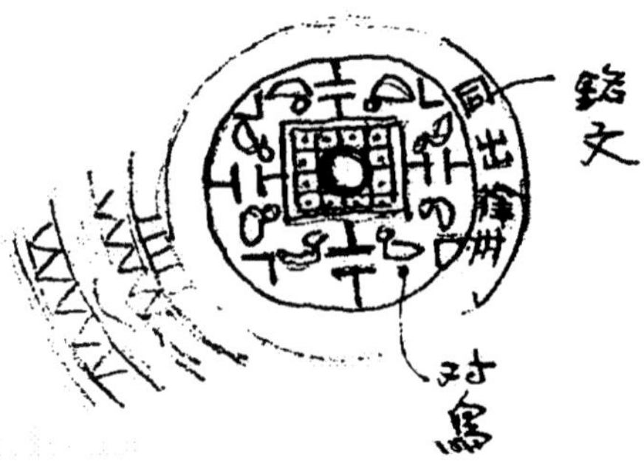

图八七　辽宁辽阳西晋墓发现的铜镜

在洛阳西渑池发现一处东汉至北魏时期的冶铁遗址，该遗址曾发现一处铁器窖藏，发现有铁农具、工具、兵器和它们的铁范。经过化验，知道这是我国早期钢制利器的一次重要发现。这里发现的镰、斧，有由白口铁铸件脱碳而得的钢，刃口还采取了深碳硬化工艺；还有高强度低硅灰口铁铸的铧范；还在一件斧子的銎部，发现了疑似现代球墨铸铁的球墨组织，它可以代替锻钢。这些高水平的冶铸技术，虽然在汉代已经出现，但这个窖藏可以进一步说明，魏晋北魏时期有了新的改进和推广。冶铸技术的提高，为农业生产的恢复和发展提供了重要条件，也使传统的铜兵器的绝大部分，这时被铁制品所代替。铁制身甲的完备与流行，马铠甲的使用等，都出现在此时期，当绝非偶然。这时期进行过不少巨大的石方工程，如魏晋开凿三门峡栈道和一再兴建的褒斜工程，都必须使用大量锐利的铁工具。北魏以来大规模开凿的佛教石窟工程，当时盛行的细密流畅的石雕线画，更是没有锐利的铁工具无法雕刻出来的。

尚方冶铸的遗物，主要是发现了大批的铜镜。当时铜镜的生产，南方比北方精致，数量也多。铸造地点，从铭文可知主要是吴越两地，吴今之苏州，越今之绍兴。这大概是由于吴越自古以来即有铸锻铜剑的传统。两地生产的主要是神兽镜，吴还铸造更为精细的画像镜（图八八）。吴的工匠后来又到了武昌，武昌也开始铸镜，生产的是神兽镜。吴铸铜镜中还有一种龙虎镜（钮绕一龙一虎）。龙虎镜更流行于南朝的宋、齐、梁、陈时期。从东汉八凤镜系统发展出来的佛像镜，大约也是南方生产的，但它的铸造地点还不十分清楚。

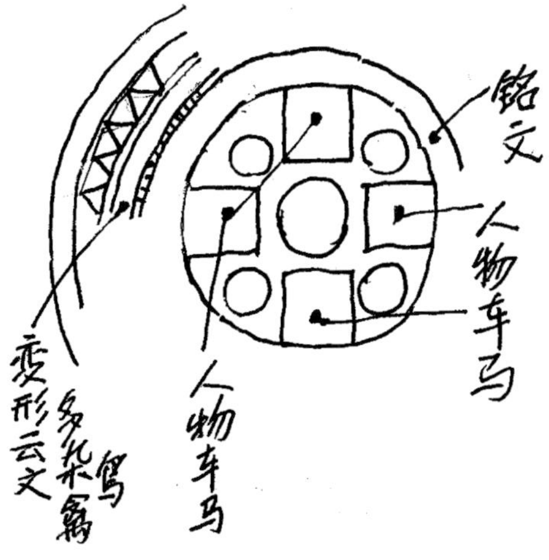

图八八　南方发现的纹饰复杂的吴画像镜

2. 瓷窑遗迹

制瓷手工业，南方比北方发展得快，产量质量也高。南方有烧制印纹硬陶的基础，在东汉时就发展了釉色青碧的瓷器的制造了。因为南方系统的瓷器釉色主要是各种青色，所以一般称之为青瓷。吴、晋、南朝时期，较高质量的青瓷都产自浙江、江苏和靠近浙江的地区。瓷窑多建在山坡上，窑作长方形，即所谓的“龙窑”。上虞鞍山发现的吴窑，全长 13.3 米、宽 2.2～2.4 米，前部有半圆形火膛，中部为有倾斜的券顶窑床，后部有 6 个排烟孔。在丽水吕布坑发现的南朝窑址，向装烧面积加大、窑室券顶跨度缩小的窄长形式发展。南方龙窑结构的窑室，在南朝时期看来已开始走向定型化了。烧造的器形，由一般的罐、壶、碗，逐渐复杂化，出现了代替铜器的洗和代替漆器的耳杯、盘、槅。还有一种谷仓罐（图八九），下边是一个大罐，罐口四周各置一小罐，正中堆塑出房屋形象，并雕出许多飞禽集中在房屋瓦上，在大罐的外侧壁上还贴饰铺首、神兽、佛像等。此器过去称为魂瓶，因在罐内发现粮食，改称为谷仓罐。每墓多为一件，似乎有某种宗教的内涵，待考。此器本身也有变化。东晋时期，许多器物都显著地向高、长发展。南朝晚期烧造的装饰莲花的大尊，有的竟高达 80 厘米。

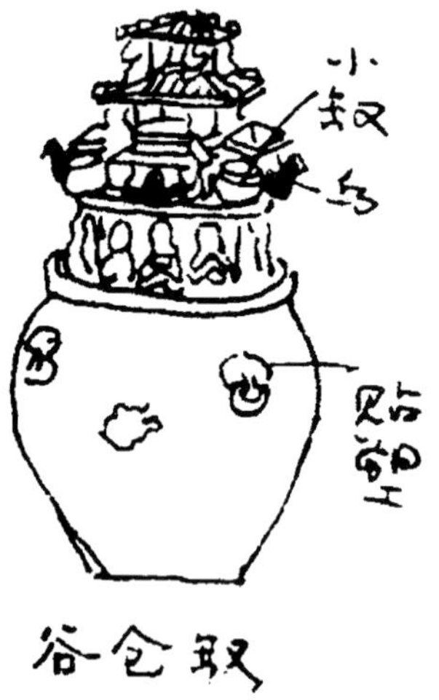

图八九　长江下游吴晋墓中随葬的谷仓罐

北方瓷窑发展较晚，洛阳北魏墓出土的青瓷还是南方的输入品。大约到了 6 世纪中期，北方的邺城附近和今天的山东地区，才开始生产瓷器。北方系统的瓷窑是圆形的，即所谓的馒头窑。由于胎土、釉料也与南方不同，所以烧出的青瓷有的釉色深，有的则色浅。甚至由于掌握烧成温度不好（偏低），因而出现不少温度较低的黄釉瓷。大约在 6 世纪晚期，山西太原附近的瓷窑产品，就多这种黄釉器。北方器类较南方简单，但晚期出现数量较多的仿金银器的作品。这可能和喜欢使用金银器的中亚一带的粟特人（北齐有很显赫的粟特人）移居北方的人数较多有关系。

3. 丝织遗物

丝织工艺北方一般比南方水平高。所以当时许多南朝文人都赞咏“北邺之锦”。新疆吐鲁番6世纪中晚期墓里多出经线上织出复杂纹饰的锦和绮，有的织出与佛教艺术有关的纹样，如化生等。较晚时出现的一种绕以联珠纹的对禽、对兽，以联珠纹作装饰，是中亚、西亚一带流行的纹样。化生等佛教纹样，也是当时中亚佛教艺术中常见的题材。这批锦又都发现在新疆，因此有人认为这是北朝专为中亚外销而生产的织锦。

4. 四川漆器

湖北鄂城郭家姥M16吴墓出土了20多件漆器，安徽马鞍山市赤乌十二年（249年）朱然墓出土60多件漆器。这两批漆器中，都有“蜀郡作牢”的漆铭文，因此可知道是四川的产物。这两批漆器无论在制作上和纹饰上，都与汉代漆器不同。纹饰中多有人物故事画和水荷游鱼。大型漆盘和案，还有宴乐百戏图，这是汉代同类漆器上所不见的。在制作工艺上出现了犀皮漆器（耳杯）〔《文物》86/3〕，在胎上用稠漆堆起高低不平的地子，在地子上刷黑、红、黄不同颜色的漆若干层，然后磨平，露出不同颜色的漆层，使这些不同颜色的漆层形成各种云纹、行云流水、山峦等自然纹样。还出现了漆砂器（砚）。在木胎漆砚的砚池部分，不用石，而以漆调入细砂作成，使之既能磨墨下墨，又减轻了砚的重量。这两种新工艺，也是不见于汉代漆器的。这两种新工艺，前者（犀皮漆器）过去实物仅见于明代，文献也只见于唐代。后者传说宋代已制造，但实物只见于清。这次发现，说明这两种漆工艺三国时期四川已有生产了。

佛教遗迹

年代比较确切的佛教遗迹，出现在魏晋南北朝时期。无论北方、南方所发现的佛像，还和自汉以来对待的神仙像相同，认为它们可以驱邪、护卫。所以它和神仙形象同样地出现在铜镜的带饰和某些带有迷信意义的器物上。大约从晋、十六国起，情况有了变化。首先是作为礼敬和作为宗教崇拜的单件佛像流行了。现存最早的有纪年的实物，是北方后赵建武四年（388 年），南方是宋元嘉十四年（437 年），都是鎏金的铜释迦坐像。南方在 5 世纪前半还出现了图解某些佛经内容的经变石刻，现知最早的遗物是成都出土的经变石刻，有元嘉二年（425 年）铭记。到了 5 世纪中期以后，南北方的分歧加大了。北方除了兴建佛寺外，还开凿了大批石窟寺（如大同、洛阳、天水、敦煌等地）。南方开凿石窟少，现仅知在南京、浙江新昌两地有遗迹，南方主要是建佛寺。在布局和主要佛像方面也出现了差异。北方的石窟和寺院，大体可以分为佛殿型和塔庙型两类。前者是在山崖凿窟或建殿堂，用以布置佛像，后者是在山崖上或殿内，兴建一个多层的高塔或简化成一个中心柱。佛殿或塔庙型，供奉的主要形象是释迦像和弥勒菩萨像。佛像和菩萨像的形象是不同的：佛像头上有肉髻，身上穿袈裟；菩萨头上没有肉髻，头上戴宝冠，上身为袒裸，挂璎珞等饰物。此外还有释迦和多宝佛并坐的形象。到了 6 世纪才出现阿弥陀佛（个别的出现于 5 世纪）。南方寺院遗迹尚未发掘，就现存少量的石窟看，只有殿堂型的石窟，没有塔庙。殿堂中的主要佛像除释迦外，还有阿弥陀佛和弥勒佛。南北方佛教建筑的布局和主要形象的不同，反映了当时南北方佛教的差异。北方重苦修成佛；南方则重诵经、施舍，死后往生极乐世界——阿弥陀净土，或对弥勒成佛后世间安宁的向往。后者较易于为人们，特别是上层人物所接受。所以北朝晚期，北方佛教受到南方佛教的强烈影响，在信奉的佛教上也出现了阿弥陀佛和佛装的弥勒。

※ ※ ※

魏晋南北朝时期，城址、墓葬和其它考古遗迹，有它的一致处：前期的城址都反映了军事的要求；墓葬都趋于简化；手工业都有发展；南北方也都较多地出现佛教遗迹。但南北方的差异也很显著。这个阶段，我们既注意它们的差异，也要注意它们的一致处。因为这些一致趋势的发展，成为以后促进统一局面逐渐形成的某些重要因素之一。

第三节　隋唐遗迹

大兴—长安城和洛阳城

长安和洛阳，是隋唐时期的两座都城（图九○、九一）。这两座都城都与秦汉以来的都城不同。秦汉以来的都城，都是在原有城市的基础上建立的，而这两座城都是按照全新的都城规划建设的。这当然有它的客观原因：①经过长期的战乱，两地的旧城皆已残破了；②旧城长期使用，城区的水质下降，饮水苦涩；③形势不同了，对都城的要求也有了变化。因此当隋将要统一或已统一之后，作为一项重要的王朝规划——开始了新的都城设计。长安隋代名大兴，开皇二年（582）始建，洛阳于大业元年（605年）建筑。大约在设计兴建之初，就决定了这两座都城有区别，以长安为主，洛阳为次。盛唐时虽然并称西京、东京，但唐初人叫长安为京城，叫洛阳为东都。武则天时常在洛阳，改称为神都。武则天以后又改称东都。到肃宗时，与东都相对，称长安为上都。从唐朝人对这两座都城的称谓，可以看出是有区别的。这个区别反映出两座都城有主次之分。从复原的遗迹看，它们的区别就更为清楚了。其显著的不同点是：

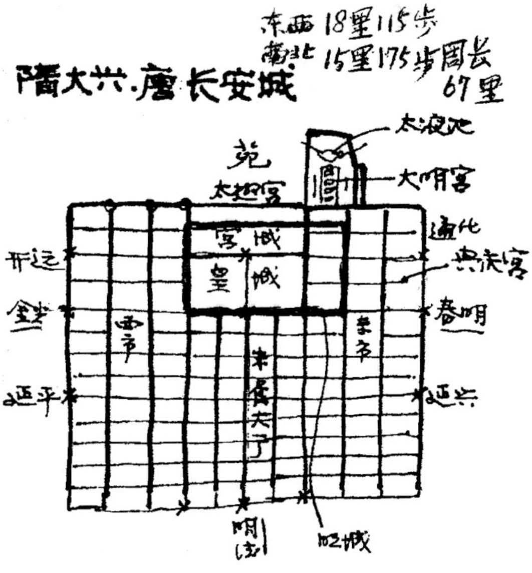

图九○　隋大兴、唐长安城

1、宫城和中央衙署区

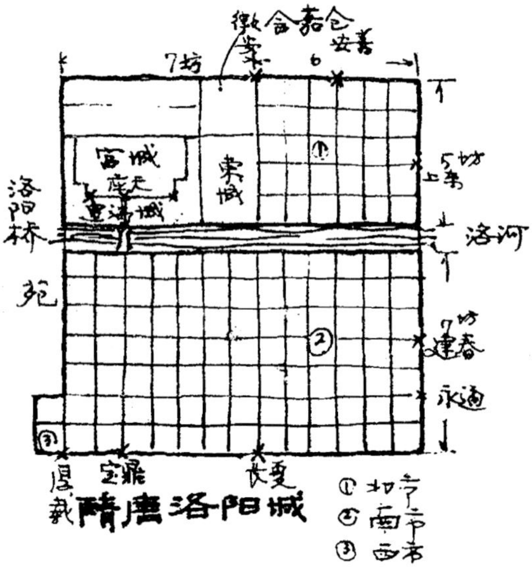

图九一　隋唐洛阳城

（皇城）的位置和布局不同。长安布置在北部正中，洛阳则在西北隅。

2、长安以朱雀大街为界，左右对称布局，洛阳布局不对称。

3、洛阳将洛河布置在城内，而长安城内没有河道。

4、洛阳因袭北魏洛阳制度，划分了一里见方的坊（原设计为103坊），而长安的坊有大有小，原设计108坊。

5、长安的苑置于城北，洛阳的苑置于城西。

两座都城的共同点是：

1、都注意了宫城的卫护，加强了内防。

2、扩大了居民区，反映了隋代初年集中人口的要求。居民区——坊的区划很整齐，坊有四门和十字街（大兴皇城前四排坊例外，只设东西两门和两门间的横街），便于管理和控制。

3、注意了市场的布局。洛阳市的安排更为合理，反映了工商业发展的要求。

以上这些共同点清楚地反映出，它们都是在北魏洛阳城的启示下而设计的，是参考和改进了北魏洛阳城的布局而出现的新设计。

宫殿遗址

长安洛阳的宫殿遗址都进行过考古工作。长安的工作多，发现的重要遗迹也比洛阳多。长安宫殿有三个区域：一是隋建城以来的宫城（太极宫），这里后代破坏较严重。并且现代建筑物密集，故除了钻探以外，只对门址和较小的建筑物进行了清理，主要的宫殿遗址还未发掘。二是兴庆宫，这是唐玄宗即位以前的王邸（潜邸），占 1.5 坊之地。开元二年（714 年）置宫，因主要在兴庆坊，故名兴庆宫。开元十六年（728 年）建成，玄宗在这里临朝听政，解放以后西安市扩大了宫的范围，兴建了兴庆公园，兴庆宫的宫殿也未发掘。三是大明宫（图九二），在长安城禁苑的东部，其地地势高，唐太宗时即建有宫殿，高宗龙朔二年（662 年）正式建宫，高宗、武则天都在这里听政。此后这里实际上成为长安的主要宫殿区——朝会之所。因为它在原宫城之东，所以唐人叫它作东内。大明宫，唐末以后一直荒废，破坏较以上两宫殿为小。所以多年来这里一直考古发掘。现以大明宫的宫殿为例，讲一些当时宫殿布局和个别殿堂情况。

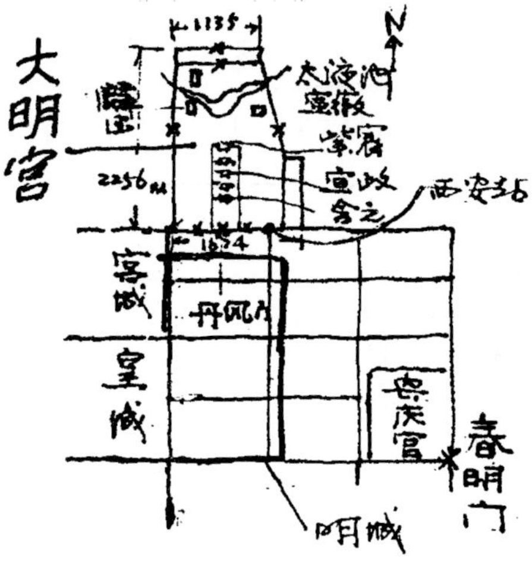

图九二　大明宫的位置

大明宫平面为南宽北窄，主要宫殿区在南部偏西的龙首岗上。南面的正门为丹凤门，内为正衙含元殿，是大朝之所；其后是宣政殿，为常朝之所；再后为紫宸殿，是皇帝的便殿。这是现知比较明确的最早的三殿制度，此制一直沿续到明清。大明宫除了这套主要宫殿之外，还分布有很多的宫殿，较大的有太液池西的麟德殿，这是皇帝设宴的大殿。现以含元殿和麟德殿两例，来了解一下唐代盛世宫殿的规模。

含元殿（图九三）建于高出地面 15.6 米的龙首岗南缘上，从遗址的布局知道这是一座外绕廊子的长方形重檐建筑。在其前方两侧各立一高阁，有飞廊与大殿左右相连。它的正前方与丹凤门之间有宽敞的庭院。含元殿的布局气派是很宏大的，与北京故宫比较一下，就清楚了。明清的正

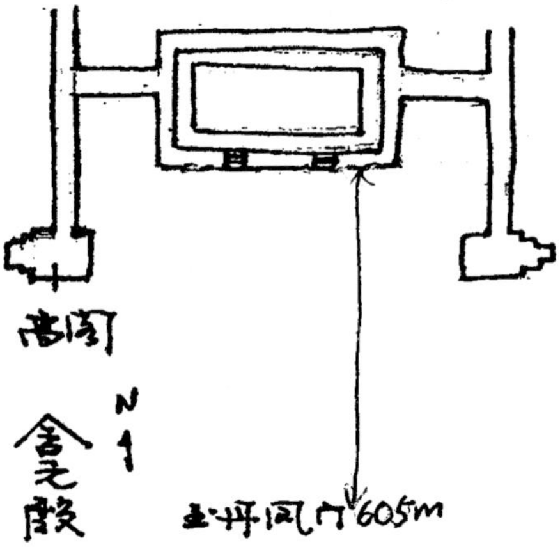

图九三　含元殿平面

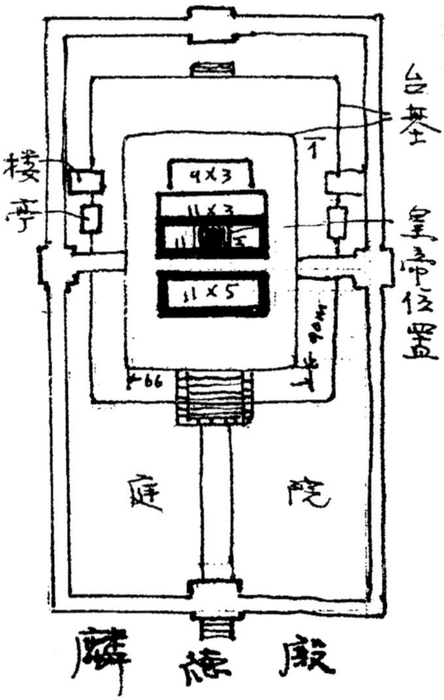

图九四　麟德殿平面

殿——太和殿，台基高出地面不过7米，连廊算在内面阔十一间，进深五间。其前的院落，长不过188米（从太和殿到太和门）。从太和殿到午门也不过330米。而含元殿面阔十三间，进深六间，台基高出地面15.6米，院落长600多米。相比之下，可见含元殿该是何等壮观雄伟了。麟德殿（图九四）是举行宴会用的宫殿，举行宴会使用空间的情况与正式上朝不同，因而它的布局又是另外一种安排。周围环绕长200米和宽120米的回廊的长方形院落，院落中部在两层台基上建起三座殿堂，前殿是单层建筑，11×5间，中、后殿相联，是楼阁建筑。中殿为11×5间，后殿为11×3间。后殿之后还有9×3间的单层建筑。在这三殿的两侧各有一阁一庑的高层建筑，它们的上层与中、后殿的上层有飞廊相通。前殿之前有宽敞的庭院，估计其长至少在50米左右。中殿的中间部位是皇帝的位置，其它房间包括廊屋，即是按身份、等级排列坐席的地方，宽敞的庭院即是音乐歌舞的场所。这是一座宏伟的大会堂，类似的专为宴

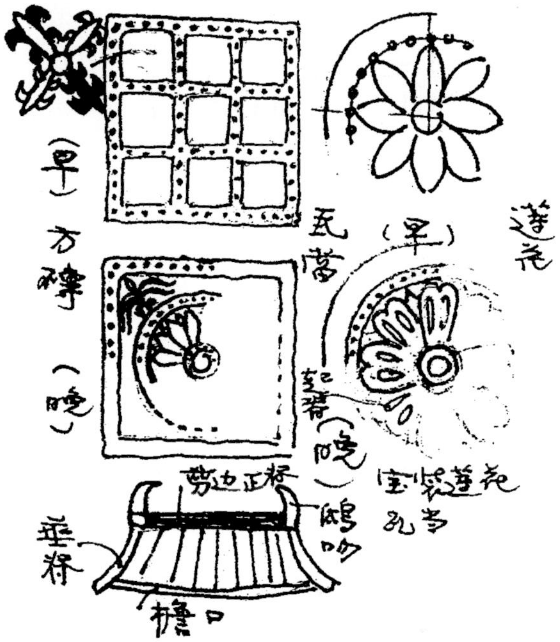

图九五　含元、麟德两殿出土的方砖、瓦当和殿顶琉璃饰件

乐的大会堂，不见于明清的故宫。以上两处宫殿，都是高宗、武则天时期兴建的。可以估计它们是盛唐时期建筑的代表作品。

这两座宫殿遗址，出土了莲花瓦当、方砖等建筑构件。这些建筑构件是盛唐时期的标准作品。值得注意的是，还出土了少数绿琉璃建筑构件，说明当时出现了剪边琉璃屋顶（图九五）。

地方城址

隋唐一统，在都城集中了大批人口和财富。地方城市就难以和都城相比了。根据已知的城址，大体可以看到从隋到盛唐，地方城市的建置似乎都根据一定的制度。这个制度大约是将地方城市分为三个等级，每个等级的城市都是方形或接近方形的平面，内部大体上都区划出若干个一里见方的坊。第一等级是大州府城，第二等级是一般州城，第三等级是县城。这种等级在中原和北方地区，反映得比较明显（图九六）。

大州府城：属于一等，城里有十六个坊。最清楚的例子是潞州。潞州城即今山西长治旧城，潞州设大都督府，子城设在西北隅。元代重建时扩展了子城，其原来布局应不向北突出。玄宗即位前在潞州作官，即位后将

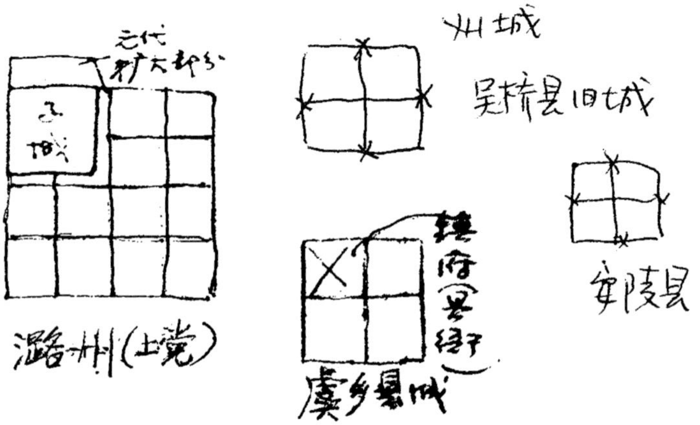

图九六　唐代州县城址平面

其原住地（潜邸）建了飞龙宫，即长治县衙。这种十六个坊的大州府城，周长都接近二十里。

一般州城：属于二等。今山西汾阳县城，是沿用唐宋汾州旧城城址。今山东掖县旧城，是沿用唐莱州城址。这两座州城都是四门，十字街，四坊面积，城的周长接近十里。

县城：属于三等。今河北之吴桥县旧城，是沿用唐安陵县城址。山西虞乡镇旧城是沿用唐虞乡县城址。这两座县城，都是周长约五华里，即为一坊的面积。也是开四门，十字街。明清的虞乡县衙位于西北隅，这也是沿袭唐代县衙旧地。

从隋唐都城到地方城市，似乎建立了一套以十字街为骨干的里坊制度，作为基层单位。从都城到县城逐步缩小，县城的面积实际只等于都城中的一个坊。这样完整的封建城市体系，是以前所没有的。这既体现了严格的封建等级制度，又反映了中央集权的进一步强化。因此，尽管隋唐城制在以后，随着封建社会的发展，在某些方面有了改变，但总的轮廓在中原、北方则一直保存到我国封建社会的后期。同时也因为这个城市制度体系的完整，给整个东方国家以及边远地区以强烈影响。边远地区的许多政权，争先仿效。

墓葬制度

隋唐封建等级制度，表现在墓葬方面也很显著。隋唐的帝陵没有发掘，但地面布局保存较好。陵前所列石刻，从唐太宗昭陵起才逐步复杂，出现所谓蕃酋列像和六骏高浮雕。高宗的乾陵更进而布置了石人、石马，颇有仪仗气氛。此后大体沿袭乾陵制度，有的略有增加。总的趋势种类相近，而数量减少。帝陵以外即便是高等级的大墓，也只有石狮、石柱，再次的只具有石羊（三品以上）。三品以下者，则不列石兽。

就地下墓室的已知情况看，大体可以分为四个等级。

第一等级：是前后室弧方形砖室墓。这是一品官以上的墓制，如陕西乾县章怀太子墓（图九七），后室 5×5 米。

第二等级：是单室弧方形或方形砖室墓。如从一品张士贵墓（图九八），后室 4.3×4 米。无石椁，只设棺床。是一品到三品的大官的墓制。

第三等级：与二等墓形制近似，但有的墓室只砌出砖地面，主室面积也显著缩小到 3.46×3.48 米。如正五品的独孤思贞墓（图九九），棺床用砖砌，天井两侧小龛减少，面积多在 3.5×3.5 米以下。1～5 天井，1～5 过洞（通道）。这是四、五品官的墓制。

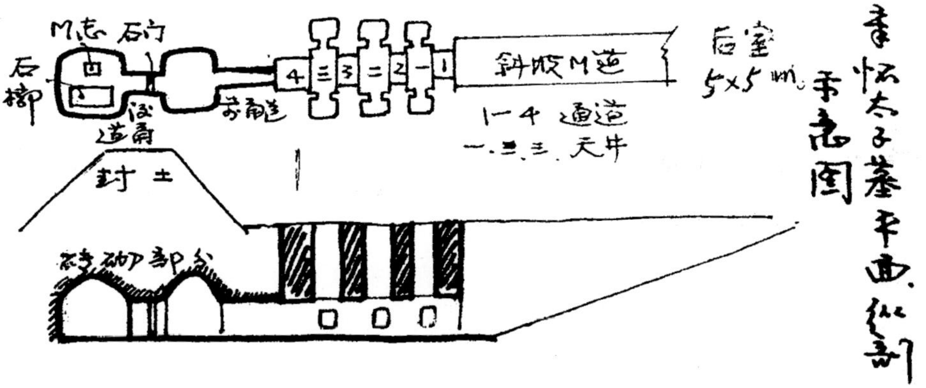

图九七　章怀太子墓平、剖面

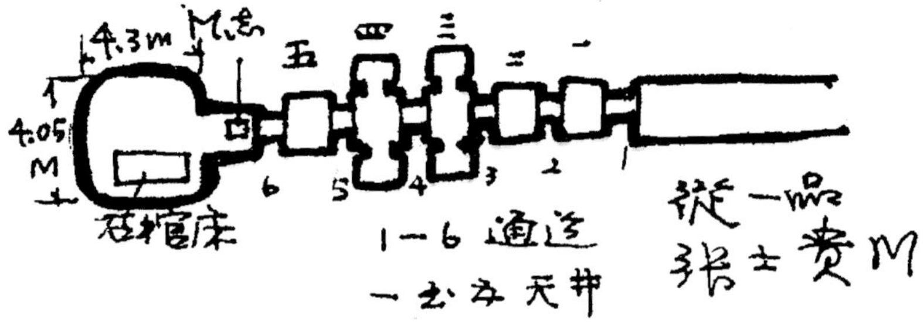

图九八　张士贵（从一品）墓平面

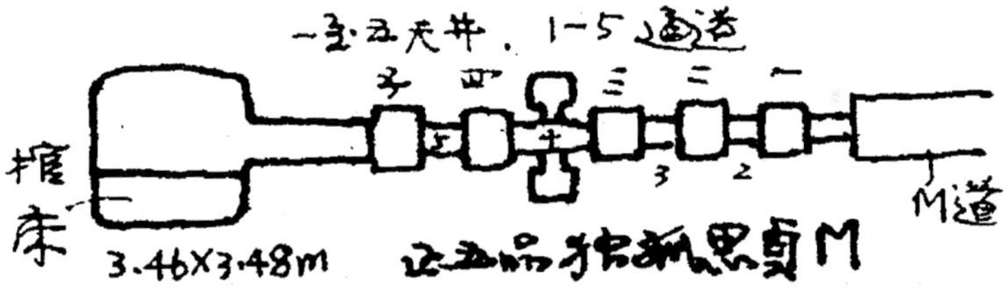

图九九　独孤思贞（正五品）墓平面

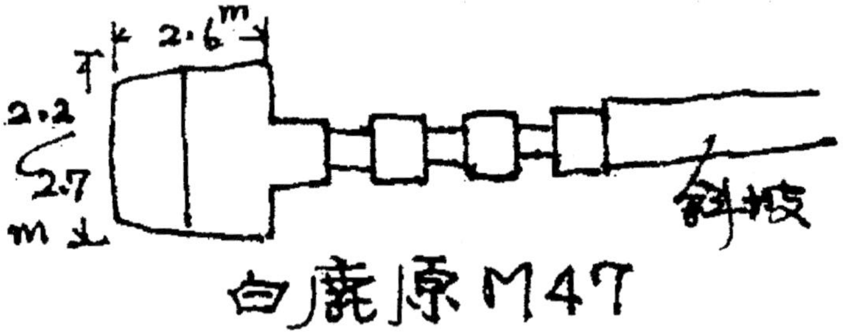

图一〇〇　西安白鹿原 M42 平面

第四等级：是单室方形土洞墓。土洞墓室有的有弧线，有的无弧线。有砖棺床，一般没有小龛，已不用砖铺地，墓室面积大体在 2.5 米见方。过洞与天井两侧没有小龛，是六至九品官吏和庶人的墓制（图一〇〇）。

第五等级：单室长方形土洞墓，墓道为竖穴一侧挖一土洞，内放尸体，墓室长 2.5×1.7 米。墓室内无棺床，无墓志，无墓门。这是一般庶人和穷人的墓（图一〇一）。

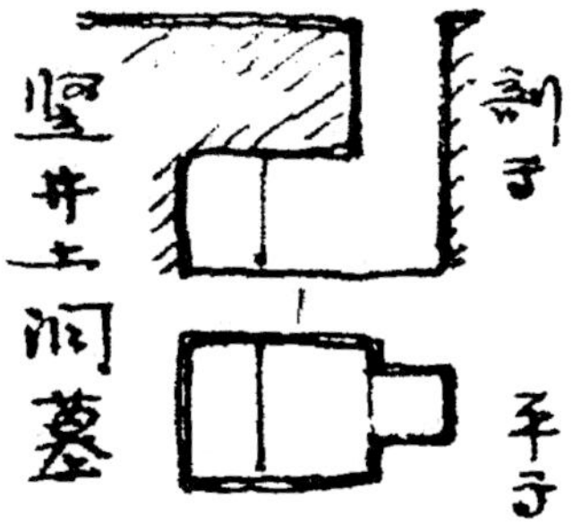

图一〇一　竖井土洞墓平、剖面举例

隋唐制度规定，上品官吏可以使用下品制度，但下品不得僭上。但制度归制度，事实上在盛唐以前已多僭越情况。到盛唐以后，特别是晚唐时期，制度日益紊乱，许多有权势而官品不大的人和一些地方官吏大多已不拘泥于这个制度了。除墓葬形制外，壁画和随葬品，也是反映墓葬等级的重要内容。壁画画于墓道两侧、天井两侧和墓室四壁和顶。随葬品多置于墓室和小龛内。壁画和随葬品的内容，除反映墓主人身份、等级之外，还比较清楚地反映了时代风尚的差异，即可以据以分期。隋唐墓葬一般可以分为前、中、后三期。前期为隋到玄宗以前（6 世纪末 ~8 世纪初）；中期是唐玄宗到德宗初（自玄宗开元元年，713 ~790 年左右）；后期是德宗中期以后至唐亡（即 9 世纪）。每期差不多是一百年左右。三期和各等级墓的壁画情况如下表：

		墓道	甬道、天井	墓室
前期	三品以上	青龙白虎引导， 与墓主人官职相应的仪仗、牛车、鞍马 更高级的还有打球、游猎等内容	属吏、男女侍从、列戟	女侍、乐舞
	三品以下	青龙、白虎 牛车、鞍马	属吏、男女侍	男女侍、乐舞
中期	三品以上	青龙、白虎、云鹤 牛车、鞍马	男女侍、列戟	男女侍、乐舞、人物屏风、墓主人像
	三品以下	青龙、白虎	鞍马、男女侍、花卉	男女侍、乐舞、人物屏风、墓主人像
晚期		无	女侍	翎毛屏风、云鹤屏风

表中所列的属吏、列戟两项，依据属吏本身和墓主人官职不同而差异显著。高宗时规定三品以上服紫，五品以上绯色，七品以上绿，九品以上

青，庶人黄。三品以上，门前官家为之立戟，天子24，东宫18，一品16，二品14，三品10～12。由列戟也可以看出墓主人的品级。

随葬品因为墓大部分被盗，已不齐全。现存最多的是俑。但也难以统计出准确的数字。现参考文献，估计一个大体的数字。各期和等级的情况，如下表：

前期	三品以上	90～600以上
	三品以下	40～70以上
	庶人	10
中期	三品以上	70以上
	三品以下	20～40
	庶人	15
晚期	三品以上	100
	三品以下	50～70
	庶人	25

俑的数量的区别，只是差别的一个方面，更能说明问题的是内容的差别。前期：三品以上，最多的是围绕牛车、马的仪仗俑。高级官吏的仪仗俑中还有较多的武装骑俑。男女侍俑比仪仗俑少，还有乐舞俑。三品以下官吏的墓俑，仪仗俑、侍俑与乐舞俑数目差不多，庶人墓偶有仪仗俑，侍俑是主要内容。中期：总的情况是侍俑增多，乐舞俑之外，出现了游乐性质的俑，如游山俑、骆驼载乐俑，较晚出现了兽首人身的十二时俑。晚期：主要是侍俑与十二时俑，新出现的是铁铸的猪和牛。

前、中、后三期各级墓都有镇墓守卫性质的镇墓兽和武士俑。中期十二时俑和后期铁猪、铁牛，也都属于这个性质。除了镇墓守卫性质的俑外，三期各级墓俑内容的变化，与壁画内容变化的情况相似，它们共同反映了墓主人生前生活的变化。前期，愈是品级高的墓主人，愈重视表现外出的内容。中期，则改变成重视家居的游乐生活。晚期，突出了镇墓守卫内容的俑类，应当是与越来越不安定的社会状况，有紧密的联系了。

唐墓绝大多数被盗掘，贵重的随葬品早已不存。现墓中常见的具有断年意义的器物，主要是墓志。没有墓志的，铜钱就是重要的断年根据了（图一〇二）。前期流行的铜钱是隋文帝所铸的“五铢”和武德四年（621年）开始铸造的“开元通宝”。文字改变了过去的篆书，而改用隶书。更重要的是，“开元通宝”改变了以前铸出重量的作法。但规定每十枚重一两，因而出现了“两”下用“钱”来进位的衡法。这个变化一直影响到以后。“开元通宝”是整个唐代流行的货币。中期到肃宗乾元年间（758～760年）铸造的“乾元重宝”，这是年号钱。晚期武宗会昌年间（841～846年），有背面铸出地名的“开元通宝”，如蓝田县铸的铸一“蓝”字，益州铸的铸“益”字等。在前期的个别墓中，还出有东罗马金币和波斯银币。这两种外国货币，都铸出铸造时在位的国王头像和名字，可以据之考证出铸造的时间。当然这个年代与墓的年代关系不大，它只能说明该墓不能早于铸币年代。但不能断定建墓在铸币后多久。外国铸币，只能帮助考虑墓的年代上限。波斯银币背面铸出火坛和祭司的形象。

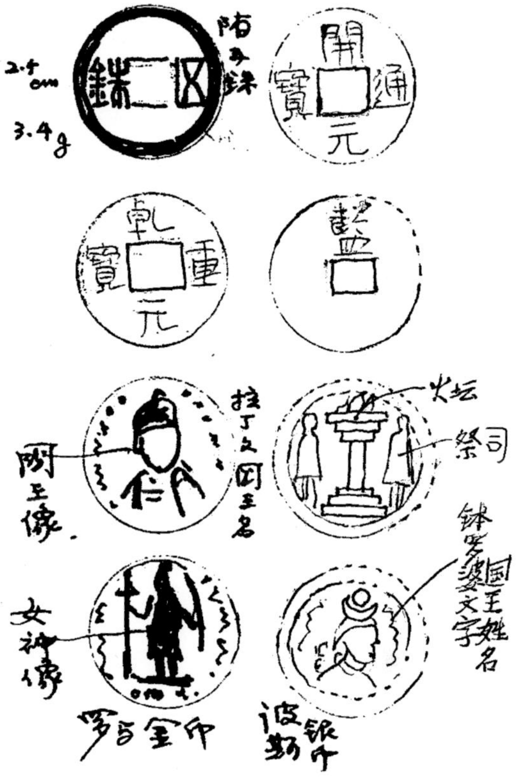

图一〇二　唐墓出土的铜钱

壁画中的农耕图像

有两幅重要反映农耕作业情况的图像。一幅是贞观四年（630年）陕西三原李寿墓壁画。其中有一人扶犁驾二牛耕地的画，图画中的犁不仅使用了犁镜（壁），而且出现了弯曲的辕。曲辕犁比直辕犁不仅减轻了重量，而且也便于耕作活动。另一幅是敦煌莫高窟445窟（武则天时期洞窟）的壁画。壁画中也是一人扶犁驾二牛耕地。犁又有了改进：辕更加弯曲灵活

图一〇三 初唐壁画中的犁

了，箭这个部件完善了，它可以灵便地调整犁入土的深浅，犁壁与犁铧配合得更紧密了（图一〇三）。这些改进，使我国古代重要的农耕工具——犁，达到了接近成熟完善的阶段。所以这种形式的犁，基本上一直被使用到近代。

初唐时期耕种农具的迅速改进和发展，促进了唐代农业生产（经济）的繁荣。另外我们从敦煌唐代壁画中，还可以看到一些有关反映生产关系的场面。如445窟的耕作图，在一片农田中，有耕种、有打场（用了连枷）。还画出升斗，准备入仓的内容，有四个农民在场院一角，围坐欲食的内容。还画出一座房屋，里边坐了一个类似监工的人。这样画面，显然不是一户农家的农事活动，而是描绘了一处庄园。在榆林窟第25窟（属于天宝以后的中唐）壁画中有耕种，有男女扬场，上方画出一个僧人在打坐。有人认为这是一幅反映当时佛寺经济的图画。唐代佛教流行，寺院占有大量土地，这幅壁画内容，即是佛寺派僧人监视在寺院的庄园中从事农业劳作的寺户的图画。以上两幅生产画面，都反映了庄园的形象，可见当时在农业生产中，庄园还占有很大比例。这一点与宋以后日益增多的个体农民经营农业的情况是不相同的。

金属工艺

隋唐的金属工艺，突出的有两种，一是铜镜，一是金银器。这两种金属器物较精致的都制造在晚唐以前，大约都出自官府的作坊，主要是隶属于皇室的少府监中尚署。

铜镜，总的看形制变化大体和墓葬差不多可以分为三大期。自隋起到唐玄宗以前，镜背面铸兽纹，布局是延续传统作法，很少留有空地。较早的兽纹是四神十二时。到高宗、武则天时期，流行奔兽和海兽葡萄纹，后者盛行于武则天时期。玄宗时逐渐出现了新的布局方法，即镜背出现空地，花纹主要是花鸟，也出现了盘龙和人物。这个时期，是隋唐镜最精致的时期，盛行各种装饰技法："金银背"（包金、银片）、"金银平脱"（用漆粘贴金银人物花鸟）、镶嵌（螺钿、宝石等）和"七宝"（镶嵌琉璃，即景泰蓝的前身）等。这类特技制作的铜镜，我们发现的大多保存不好。日本奈良正仓院藏有一批重要的唐代工艺品，其中有高工艺铜镜。正仓院藏品主要是天宝十五载（756 年）日本圣武天皇死后，由光明皇后将天皇生前使用的用品捐献给东大寺供奉卢舍那佛的。这批器物很多都是当时日本遣唐使和留学生从长安、洛阳等地带回去的。

到德宗以后，晚唐铜镜纹饰简单，流行各种花朵，再晚一点，则流行万字纹（卍）镜。

金银器，主要是饮食用的生活器具。这是在中亚、西亚金银器物影响下发展起来的。隋和唐高宗、武则天时期，器形还多为西方流行的样式。有素面的，也有锤鍱出凸起的纹饰，有的花纹布局充满、复杂。纹样中有类似忍冬的纹饰和莲花。到唐玄宗时，西方式样的器形稀少了，器形多盒子、碗、盘等。纹饰向疏朗发展，与同时期的铜镜花纹有相似的风格。这个时期，是金银器丰富多彩的阶段，花纹的主体上多涂金，富丽堂皇，即所谓金花银器。还出现镶嵌工艺，流行七宝镶嵌。到唐德宗以后，西方器形不见了，多为碗、盖碗、大小盘等。花纹上又出现新的繁缛琐碎样式，也出现人物故事内容。金银器总的发展趋势，无论器形和纹饰，都日益东方化了。1986 年陕西扶风法门寺发现的一批晚唐懿宗咸通年间（860～873 年）的金银器，是很重要的实物，其中有"文思院"铭记，这应是长安官府的产品。器体单薄，纹饰繁琐，镂空技法较多见，这批器物可以与五代、宋初的金银器相联系。

漆木工艺

隋唐时期的漆木工器生产，在唐代，特别是盛唐时期（即以玄宗为中心的阶段），器物种类繁多，技艺多彩。突破了以前主要制造中小型用具如杯、盘、案、奁之类的局限，而生产了许多较大型器物和非一般的日常用具，大大扩展了漆木器的种类。精巧的特殊的装饰工艺技术也大大发展了。漆木器不易保存，幸而当时传入日本皇室和寺院的还有一部分保存至今。可以根据这些传世的唐代漆木器，来看唐代漆木工艺。日本所藏其中的精致品，有可能是唐少府监中尚署的出品。其中也有日本当时生产的仿制品。这批漆器种类很多，除小件的碗、皿、盆、盘、胡瓶等器皿外，还有许多家具，比较大的厨子、立柜和屏风。还有较小的各种箱子，各种几、轼（凭几）、胡床（带靠背的大椅子）、放经卷的经盒、下围棋和双陆的局（棋盘）、悬挂镜子的镜架。此外还有乐器，如琴、阮咸、琵琶、笙等。在质地方面，高级的用紫檀木、沉香木，次的用柿木。箱子的质料最多，除木箱之外，还有涂漆的皮箱、葛箱，还有柳箱和蔺箱（葛、蔺皆为多年生草本植物，其茎柔韧，可编织作箱、席）。这批漆木器的装饰十分华丽，有各种绘饰，包括彩绘、金银绘、油绘、漆绘；还有平脱，有木画（用不同颜色的木料拼接成各种图案和形象）；各种镶嵌，有螺钿、瑇瑁、水晶、牙雕和拨镂（把象牙染成红、绿等色，再雕出露出本色的纹饰）。屏风上还有鸟毛贴饰纹样的作法。木画、拨镂是当时的新工艺。隋唐时期居室内的情况还和汉代差不多，人们进入屋内都是席地而坐，或者坐在大床上活动，与今天日本旧式房屋布局的情况相类似。所以大型家具不多，中小型活动性的家具较多（活动性是指不固定在一处，用时摆上，不用撤下）。宋代以后室内流行的家具较多为固定的桌、椅，在唐代还未出现。所以在唐代数量不多的高级的中小型活动性家具，不仅具有实用意义，而且还具有欣赏价值，是制作精巧的工艺品。

织染工艺

日本还保存了不少隋唐时期的织染品，其中大约有不少是唐少府监织染署的产品。近年来新疆、青海相当于隋唐时期的墓葬中也出土了不少当时的织染品。1986 年陕西扶风法门寺也出土不少精致的产品，可能是少府监的制品。这些织染品，在一般的织染技术上和汉、六朝相比，我们还很难说有何重大的发明和创造。但在织造工艺和纹饰上，特别是纹饰上，与此前有了很大的差异和变化。从现存的织花遗物上可以看到，出现了在纬线织花的锦。我国是经线织花，在纬线上起花是中亚或西亚畜牧地区发明的短纤维、毛织品上的作法。大约到唐初时期的锦中出现了这种作法，现在一般叫它纬锦以区别于一般经线起花的锦。这种锦的纹饰，可以在织造一段以后改变花样，而经锦的花纹在确定之后，就不能改变了。日本正仓院中发现的狭幅龙纹的绛丝（它是用通经断纬的方法显出纹饰的），这种工艺既可使花纹凸起，且可使纹饰线条运转自如，因此容易产生出绘画的效果。所以它是纺织工艺中的高级艺术品。大约也在盛唐时期，在锦的配色方面也出现了新的工艺——晕繝，即表示一种颜色，用深浅不同的丝线，由浅色有层次地进入深色，这样就会出现绚丽的色彩效果。锦上添花的作法，也是这个时期流行起来的。在织出花纹的锦上，再绣出凸起的花朵。这就比锦更为华丽了。此外，织金银线，织鸟毛的作法，也是盛唐时期兴起的。盛唐时期丝织品上织花的工艺越来越丰富多彩了，织花工艺在纹样方面也日益新颖，隋、初唐流行联珠圈中饰以禽兽的纹样。大约到了武则天时期，逐渐发展了缠枝花朵，玄宗以来，发展了各种花卉——折枝花，花卉的发展由莲花→宝相花（变形莲花）→团花→带有枝叶的折枝花和花鸟。花朵的多种多样形式，也是出现于盛唐。各种器物上的花纹，有它的共同发展规律。盛唐以来，由于织造工艺发展迅速，所以它所创造的花纹，新式样较多，因而织物花纹的影响就越来越大。同时期和以后，其它器物的花纹，逐渐出现了参考织物花纹的风气。这是我国花纹演变史上的特点之一。

印染，无花纹的织物，可以用印染方法装饰。印染多施于素面无纹的绢、纱上〔《文物》73/10〕。唐代印染值得注意的是镂板印染技术的发展。其花纹已不限于简单的图案纹饰，出现了生动的人物鸟兽，甚至出现了大幅的艺术品。如正仓院所藏的印染花树对鹿屏风。在工艺方面，有人根据有许多细小纹饰，如其直径在 1～3 毫米的圆圈推测，这不是雕镂木板所能奏效的，估计已出现镂空纸板。当然这种纸是用特种纸制成的。文献记载唐代出现了不少纸制品，甚至有以纸制衣者，可见当时制纸工艺有了新发展。在这种情况下，出现特种印染用的纸，是完全可能的。

陶瓷工艺

隋唐之官府陶工属将作监甄官署。官府所用砖瓦和两京地区出土的精致的随葬品，特别是精致的陶俑，应是官府甄官署的产品。自高宗、武则天时期，墓葬中出现盛行于当时的三彩器物，有可能也是兴起于甄官署。三彩是低温施釉器，有很大的吸水性，应属陶器。隋唐是瓷器开始发展的时期，瓷器的发展，应是民间手工业的重要贡献。隋初将北朝以来的关东重镇——邺摧毁了，将邺的居民迁移到它南面的相州，即今安阳。北朝时邺新兴的制瓷工业也就迁到了安阳。因此，安阳发现了隋的瓷窑遗址，安阳隋墓出现了大批瓷器。安阳隋瓷基本上是青瓷系统，釉色青黄，器形多碗、盘和高足盏、子母盏盘和四系罐（如二碗相对）。在唐初安阳北边的邢州发展了白瓷，窑址分布在今河北临城、内丘一带。不久洛阳附近的巩县也烧造了白瓷。巩县还发现了三彩窑，它大约是唐代烧造三彩的最早的地点，时间可能早到武则天时期。

唐代流行饮茶，盛唐晚期陆羽著《茶经》，他从盛茶的角度评论当时瓷茶具说：越州青瓷上，邢州白瓷次之，还列举了其它青瓷窑的瓷器。由此可知盛唐时瓷器已有青、白两个系统。盛唐时南方的青瓷窑发展很快，产地以越州为主（今绍兴、会稽）。大约到了晚唐时，长安附近的耀州窑和河北的定州窑也发展起来了。前者主要烧制青瓷系统瓷器，也烧三彩，后者主要烧制白瓷。到了晚唐时期，越州青瓷质地更佳，当时称为秘色瓷，但很长时期不知秘色器的具体特点。1986年陕西扶风法门寺出土了秘色瓷，是由同出的物账碑上得知的，出土的秘色瓷可以与物帐记录吻合。在长安宫殿遗址的盛唐地层中，出土了邢窑系统的白瓷。河北定州（定县）在晚唐时也烧制瓷器，窑址在曲阳，曲阳属定州，是邢窑系统的白瓷。制瓷工艺，在唐代已发展出青、白釉两个系统，这两个系统的瓷器各有优点，到了五代、宋以后，又各有新的发展。

佛教遗迹

隋唐佛教遗迹有石窟，也有地面寺院建筑。隋唐石窟主要分布在洛阳以西，洛阳龙门石窟和敦煌莫高窟保存的遗迹较多。隋唐石窟以佛殿窟为主，总的趋势是向模拟地面寺院的佛殿形制布局方面发展。主要佛像位于后壁，如洛阳龙门奉先寺（高宗、武则天时期），即将组像凿在后壁上。盛唐以后，在窟中流行立佛的形制。晚唐时在佛坛的后部出现了背屏。主要佛像除释迦之外，流行阿弥陀佛和弥勒佛。这是信奉阿弥陀净土和弥勒净土的缘故，壁画中也多画出这两种净土变相。另一方面是佛教向民间发展，为了配合僧人宣讲，许多佛经都出现了相应的经变图，可能是僧人讲解某一佛经时，即配合看这个经的变相，看图听讲，当然比单纯的枯燥说教生动吸引人，会起到更好的宣传效果。经变画在晚唐时种类增多，也更为流行。

隋唐时的地面寺院，现存两处，皆在山西五台山，一是南禅寺，一是佛光寺。唐代建筑都只存大殿，其寺院布局情况已不完整。但依据敦煌莫高窟唐代洞窟壁画中的寺院图和现存遗迹，可以大体复原主要院落的布局。佛光寺是一座西向的寺院，主殿面阔七间，坐落在高台之上；高台下面现存一方形殿基，此殿基前左侧有金代补建的文殊殿，相对的右侧应有普贤殿，已被焚毁。再向前正中原为山门位置，现为清建韦陀殿（图一〇四）。佛光主殿的主像是释迦，其两侧左为弥勒佛，右为阿弥陀佛，是表示两种净土的主佛；再两侧分别为文殊与普贤菩萨。南禅寺的布

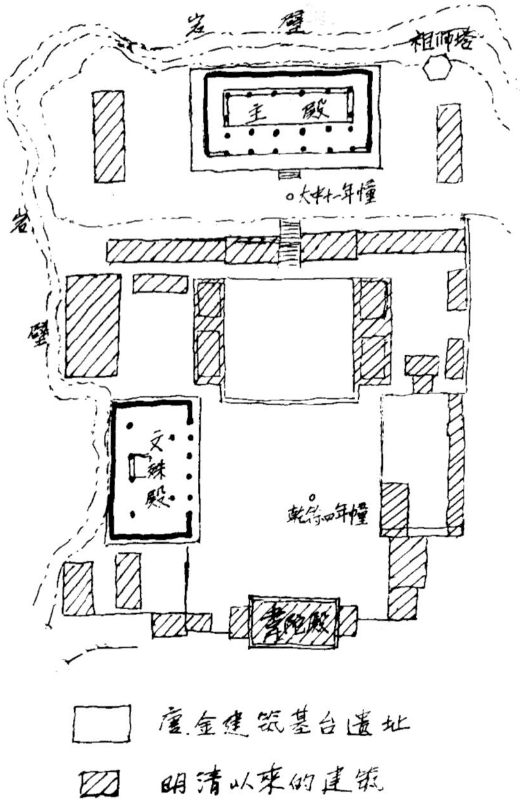

图一〇四　山西五台佛光寺平面

局比较简单，是一座典型的小寺。主殿面阔仅三间，它原来的布局是山门后两侧接以回廊，正面为主殿。主像是释迦，左右有文殊和普贤菩萨。佛像的布局与晚唐石窟中的正壁布局相同。寺院佛像的组合与布局和石窟相同，恰是唐代石窟愈来愈摹仿寺院佛殿的最好例证。

第四节　边远地区的遗迹

这个阶段，边远地区与内地的联系加强了，内地的许多发现，特别是来自西方的器物，如货币、金银器、琉璃器等，是途经边远地区而进入中原的。新疆是个重要地区。由于丝绸之路的畅通，中国的许多器物销往国外，已在国外被发现。居住在边远地区的少数民族，也在急剧地发展，边远地区的考古资料丰富起来，是这个阶段的重要特点。东北的高句丽、渤海，建立了地方政权，在西南藏族和彝族也建立政权——吐蕃和南诏。魏晋南北朝、隋唐时期边远地区的遗迹，主要介绍辽东及现国境外的魏晋墓葬、高句丽遗迹、渤海遗迹、新疆遗迹、青海西藏吐蕃遗迹和云南的南诏遗迹。

辽东及境外的魏晋墓葬

辽东是指辽河以东地区，境外是指今天国境之外。辽东和朝鲜境内，曾发现不少时代明确的魏晋墓葬。这批墓葬大多保存了较早的形制与中原地区的墓葬不同。

辽阳三道壕发现有“（曹）魏令支（河北迁安）令张……”铭记的石板墓，它的形制是两棺室的左侧，有通向后室的通道。棺室前有前室，前室两侧各有一耳室，右耳室较大，存有夫妇宴饮壁画，左耳室较小，存有炊厨壁画。辽阳上王家村一座两晋之际的石板墓，两棺室之前为前室，前室顶抹角叠砌，左右各有耳室，也是左耳室小，右耳室大。右耳室右壁画夫妇宴饮。男主人坐方榻，榻上设帐，帐后有曲屏，主人手执麈尾（麈尾，一种大鹿的尾毛，可作拂尘。两晋士大夫谈玄，多持此物。亦象征权势。晋时说其为“王谢家物”，是有名人物指挥战争，高僧讲经亦用之，已非实用物）。左耳室左壁画步骑出行。这座墓还出土一件江浙地区烧造的青瓷虎子，说明辽东通过海上与南方的联系（图一〇五）。

西晋以后，中原北方形成长期割据局面。辽西辽东最初为前燕慕容氏（鲜卑的一支）割据一方，前燕最初还和长江下游的东晋有联系。这时在朝鲜北部汉置的乐浪郡和汉末公孙氏割据乐浪南部所置的带方郡，还在奉

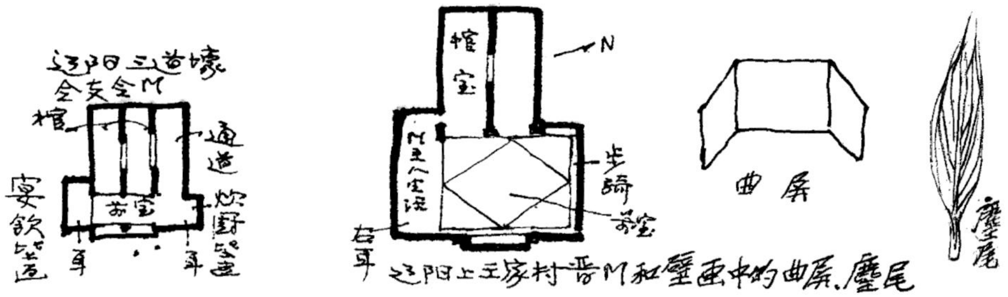

图一〇五 辽阳三道壕魏令支令墓平面、上王家村西晋墓平面和壁画中的曲屏、麈尾

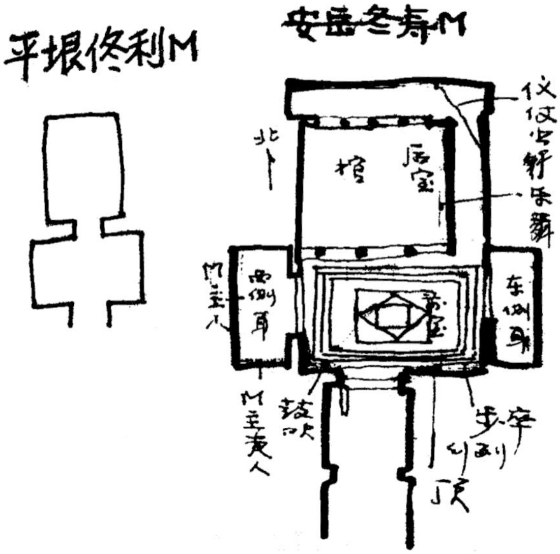

图一〇六　朝鲜平壤、安岳发现有东晋纪年的墓葬平面

东晋正朔的汉人统治之下。乐浪郡治所在今平壤，带方郡治所在开城（板门店），所以这两个地区分布有大量的这一时期的墓葬（图一〇六）。平壤附近现知最迟的晋墓是东晋永和九年（353 年）以砖石砌的方形砖室墓。墓砖有铭文“永和九年三月十日辽东、韩、玄菟太守佟利造”，知墓主人大约是慕容氏任命的地方官佟利。在开城附近曾发现一座前后室的砖室墓，墓砖铭文为“使君带方太守张抚夷砖”，“太岁在戊，渔阳（北京密云）张抚夷砖”。太岁在戊即戊申，应是永和四年（348 年）。这个张抚夷看来也可能是慕容氏任命的。开城附近最迟的纪年砖墓是东晋元兴三年（404 年）。1949 年在平壤与开城之间的安岳，发现有永和十三年（357 年）铭记的冬寿墓。这是一座抹角叠砌顶（三层）的石室壁画墓。后室左侧有通道可通至后室后部。壁面画有 250 人大场面的车骑仪仗，中间是墓主人坐在牛车上。后室左壁画乐舞，前室前壁画鼓吹出行行列。前室左右各有耳室，左耳室画厨房、马厩；右耳室大，画墓主人夫妇。男主人坐于坐榻上，手执麈尾，榻上画出帷帐、曲屏。这座墓从形制上看，明显地是来源于辽东，是前举辽阳石板墓二例的大型化。换言之，它们在形制上是同一系统，规模等级后者要高。在右耳室入口处的南侧，壁面上有墨书铭记：

永和十三年十月戊子朔廿六日

癸丑使持节都督诸军事

平东将军护抚夷校尉乐浪

侯昌黎玄菟带方太守都

□□幽州辽东平郭

□乡敬上里冬寿字

□安年六十九薨官

他的职官比令支令要高得多，也比太守高，可能是慕容氏授予的。冬寿文献记载作佟寿，当时冬姓的冬，可写作佟。冬寿辽东平郭人（今盖县南），原是前燕的司马（军队司令），因前燕王室内讧而于咸康二年（336年）来到朝鲜北部。冬是当时平郭（今锦、抚、海、盖地区）大族，他到这里应是率领了大量的部曲，上述平壤发现的永和九年的佟利墓，大约即是冬寿的族人，随冬寿一起到这里的。从冬寿墓的规模到250人的出行壁画，反映了冬寿在这里势力很大。但是这个时期它东北方的高句丽也强大起来了。高句丽很快与这里的土著联合起来，逐渐排挤外来的汉人。1976年在平壤西南的大安德兴里又发现了一座公元408年汉人大官的墓葬（图一〇七）。墓为前后室砖墓，墓的规模比冬寿墓低一级。这座墓的墨书铭文是：（14行，154字）

信都郡信都乡□甘里

释加文佛弟子□□氏镇仕

位建威将军国小大兄左将军

龙骧将军辽东太守使持

节东夷校尉幽州刺史镇

年七十七薨焉以永乐十八年

太岁在戊申十二月辛酉朔廿五日

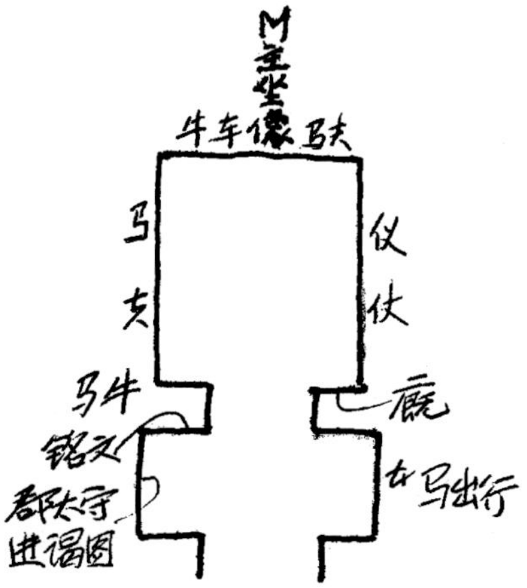

图一〇七　大安德兴里高句丽永乐十八年（408年）墓平面

乙酉成迁移玉柩周公相地

孔子择日武王选时岁使一

良葬送之后富及七世子孙

番昌仕宦日迁位至侯王

造藏万功日煞牛羊酒宍米粲

不可尽扫旦食盐豉食一掠记

之后世寓寄无绝

铭文告诉我们：①墓主人名镇，好像是复姓，但已不可辨。是信都人（今河北东部冀县），也是迁到这里的汉人。②官衔是幽州刺史，刺史管辖若干个郡。所以壁画中有十多个太守进谒的图像（十三郡太守来朝图）。这个官职最初也可能是慕容氏授予的。③官衔中有“小大兄”，是高句丽的官名，纪年也用的是高句丽广开土王的纪年永乐十八年，即东晋义熙四年（408 年）。这两点说明高句丽已占据了乐浪、带方，镇是投降高句丽之后，又担任了高句丽的官职。④铭文中明确记载墓主人信佛教，但壁画看不到明显的佛教艺术因素，这一点对考察下面要介绍的高句丽墓葬的年代是有启示作用的。看来，从 5 世纪初起，汉人在朝鲜北部的势力已开始被高句丽消灭了。此后，在朝鲜北部这个类型的墓葬就被高句丽的上层人物所承袭。

高句丽和朝鲜半岛的有关遗迹

文献记载，高句丽是“扶余别种”。扶余、高句丽、濊，大约是比较接近的民族，是通古斯系统中比较近的一支。高句丽大约是在它的原始社会末期从松花江中游沿松花江向南移到浑江和鸭绿江中游一带的。现在可以明确的高句丽早期遗迹，主要分布在辽宁桓仁和吉林的集安两地。两地的早期墓葬都是用石块堆砌的积石冢。以集安禹山的墓地为例（图一〇八）。从山顶到山下分布不同形制的墓，只用石块堆成的近方形的墓坑的墓，分布在山顶的中部；在方形墓坑的四周砌出阶台的墓，分布在两侧，可知前者应早于后者。在下方分布的圆形封土的洞室墓时间更晚。前一种墓随葬品很少，一般只有几件陶器如罐、壶，也出少量的铁器，它们的时代相当于汉代，下限大约在东汉初。有阶台的墓，出土铁器较多，还有马鞍上的铜饰，出有剪轮五铢，时间到东汉后期。圆形封土的洞室墓，出现时间更晚，多发现于集安、平壤。这类墓应是高句丽建都丸都（即今集安）中后期（建都时期是 209～427 年）和 427 年迁都平壤以后发展起来的。

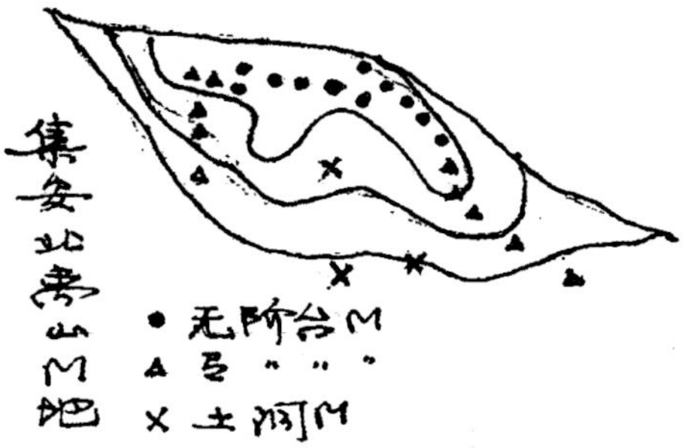

图一〇八　吉林集安北禹山高句丽各类墓的分布方位

壁画洞室墓是高句丽遗迹中最重要的一项，故作重点介绍。大型壁画洞室墓可以分为三期（图一〇九）。

第一期：主室方形，穹隆顶，甬道左右各有一耳室，顶为盝顶。主室后壁画墓主人饮宴，顶画日、月、神仙人物、莲花。左右壁画角抵、舞

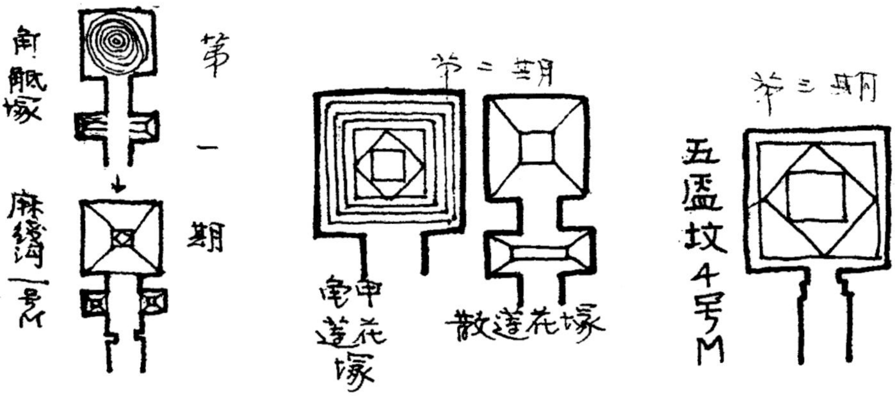

图一〇九　高句丽壁画洞室墓平面举例

蹈、出行、狩猎、战斗。从墓主人饮宴画在后壁和出现佛教艺术流行的莲花看，它的时间可以与前述的□□镇墓相比较，大约自4、5世纪之际到5世纪后期。即东晋和十六国后期到北魏迁洛前，或南朝的宋、齐时期。

第二期：主室方形，甬道上之二耳室连成前室，流行小盝顶和多层叠涩，作抹角叠砌。主室后壁墓主人饮宴的壁画题材减少了。佛教艺术因素加重了，出现了飞天、化生和礼佛的形象。莲花画面增多，有的四壁画满莲花。顶上流行四神内容。这期的时间大约自5世纪后期到6世纪前期，相当于北魏晚期和梁中期。

第三期：主室流行大抹角叠砌顶，单室墓。壁画内容流行狰狞的四神。其时间大约自6世纪中期到7世纪中期。即从南北朝晚期到668年（唐总章元年），高句丽为唐与新罗的联军所灭亡。

高句丽也遗留下不少城址，经过考古调查工作的，可知有都城和边城。都城早期的丸都（今集安）和晚期的平壤，都有平原城和山城两座（图一一〇）。丸都的平原城（国内城）是用修整的石块砌建的，略呈长方形，城内北部有建筑遗址，出有瓦件，可能是王宫遗址。山城（山城子山城）则随山势走向起伏，砌石成不规则的城垣，山城面积大于平原城五六倍。有战事时，王和都城附近的居民进入山城。山城内大的土台，或是王宫遗址。城内出铁兵器残件。边城多分布在通向都城的重要隘口和辽河东侧一线的高地上，石砌形制不规则，和都城的山城相似，但面积较

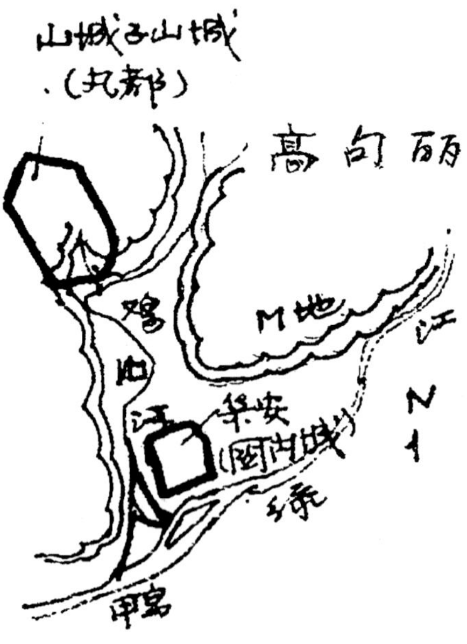

图一一〇　集安高句丽国内城（平原城）和丸都（山城子山城）的位置

小。到668年高句丽灭亡后，这些城址都随之荒废了。高句丽亡后，辽东复归于唐统治。唐在平壤设立安东都护府，由于朝鲜人民的反抗，677年安东都护府被迫撤回至辽东，朝鲜半岛遂为新罗所统一。

渤海遗迹

渤海，隋唐时又叫靺鞨。文献记载说靺鞨即古之肃慎（《隋书》），它也是通古斯系的一支。这个民族分布在黑龙江流域东部，松花江中游和长白山地区。高句丽灭亡后，不少高句丽境内的人民，北上入渤海。公元698年建立震国，713年（开元元年）改称渤海，926年亡于辽，立国共228年。

渤海城址和墓葬发现不少。主要城址较早的有吉林敦化的敖东城，这里据说是渤海的旧国。从城平面看，它和渤海的其它大城的布局不同，面积窄小，内、子城的位置也不一样。渤海有五个都城，现已确定位置并已作了考古工作的有两处。最主要的是黑龙江宁安的东京城，即上京龙泉府遗址（图一一一）。另一处是吉林珲春半拉城，它是东京龙原府址。两城的布局基本清楚，都是模仿唐长安城的形制。王城皆在正中北部，正中一线布置宫殿，有的殿内有火炕的设备，这与北方气温低，冬季寒冷有关。所出瓦当为莲花纹，还出有绿色釉瓦件。皆与长安城所出类似。

旧国敦化的主要墓群，分布在牡丹江东岸的六顶山；宁安东京城的主要墓葬群，分布在牡丹江西岸的大朱屯；和龙主要墓葬群，分布在图们江南岸的龙头山。

渤海墓葬，亦有大、中、小型墓之别。

大型墓，建于地下，墓室作长方形或方形。前者如敦化六顶山发现的IM6，该墓被推测为珍陵。珍陵是渤海第二代王大武艺墓，封土直径22米，墓室长4.55米，宽1.7米。早年被破坏，出土有残花砖，知其为花砖敷地；有壁画残片，知其墓室内原应有壁画；出有残石狮耳部，知近墓口处原置有石狮。后者如六顶山IM2，即780年入葬的贞惠公主墓（大武艺

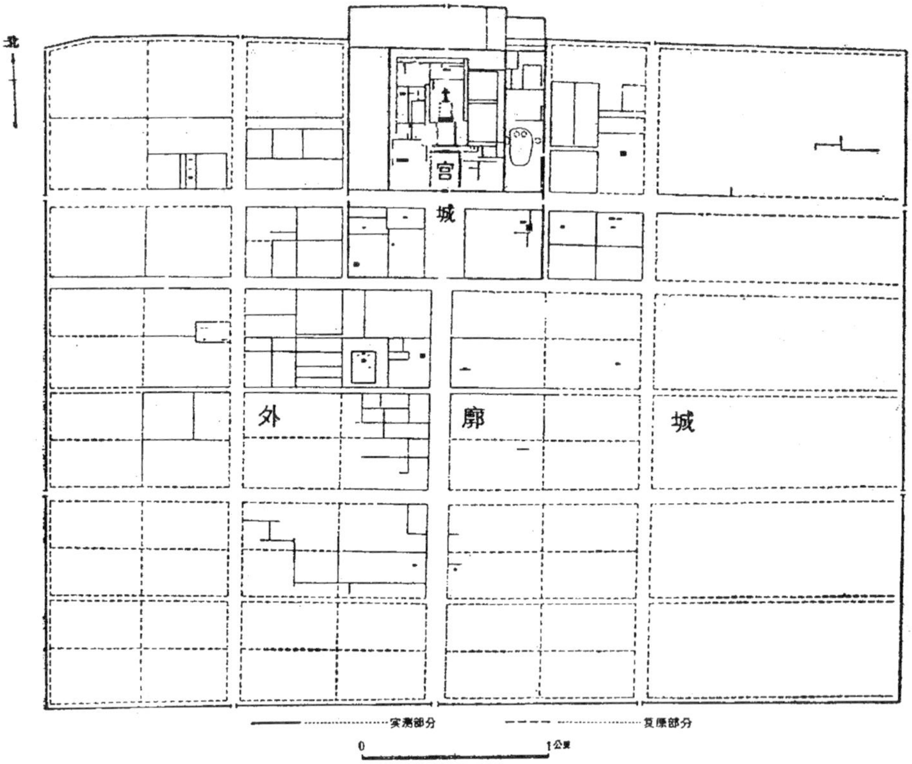

图一一一　黑龙江宁安渤海上京龙泉府遗址

之孙女）、第三代文王大钦茂之第二女，死于宝历四年（唐大历十二年，777 年），宝历七年（唐建中元年）陪葬。此墓方形石室，抹角叠砌顶，青砖敷地。甬道出墓碑和石狮一对，墓室出铁钉，知原有棺〔《考古学报》56/2，《社会科学战线》79/3〕。同类墓有和龙龙头山发掘的 792 年入葬的贞孝公主墓（图一一二）。该墓有阶梯墓道，甬道和墓室皆为砖砌，顶为石条和砖叠砌收顶，主室内有砖砌棺床。墓早年被盗，残存陶俑和鎏金铜饰件，漆棺片。墓室左、右、后壁和甬道两侧壁有壁画，甬道两侧壁画着甲的武装门卫。墓室左、右壁前方各绘持铁鐗、按剑的卫士，其后各立三身持乐器的人物，后壁画二人佩弓、箭囊，也似卫士。甬道后部设石门，

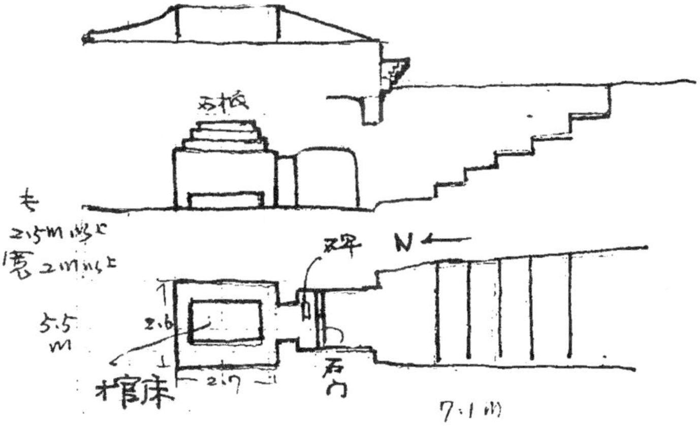

图一一二　吉林和龙渤海孝贞公主墓平、剖面

石门内竖贞孝公主墓碑。墓室的上部建方形基座，座上建方形单层塔。据说此塔1914年才倒塌〔《社会科学战线》82/1〕。这类大型墓，一派唐风。从墓室结构、石门、棺床、墓碑和壁画内容、人物服饰，都是模拟唐墓。墓上建塔也是当时唐代风气。《旧唐书·德宗诸子传》记，德宗子肃王详死，“诏如西域法，议层砖造塔”。后因谏而止，即是一例。

中型墓，墓室较大型墓为小，一般长2米左右，宽在1～2米之间。有的有墓道和墓门，长度为1米以下，为积石墓。墓顶形式不明。地面上原有封土，多塌落。随葬器物很少。有的以木棺为葬具，出有铁钉。葬者为一人或多人合葬。

小型墓，墓室最小，长1～2米，宽不足1米，无墓道，也未发现棺木痕迹。仅用石板或石块垒成墓室。地面上有近于圆形的封土。

大型墓葬明显汉化，着力仿效唐代墓葬形式。而中小型墓，特别是小型墓，应是渤海的一般平民百姓的墓葬，并没有唐化。这种状况和早一点的高句丽，有相似之处。

新疆和西部境外的遗迹

魏晋南北朝、隋唐时期的西域遗迹（图一一三），和东北地区相似，也可分为两类，一类是汉人遗迹，一类是少数民族遗迹，下面分别讲述。

1、汉人遗迹

主要分布在新疆中部以东。自汉以来，中原政权设立西域长史于罗布泊西北的楼兰。设戊己校尉于吐鲁番地区。所以汉人遗迹主要分布在这两处。

罗布泊西北有两座用土和红柳枝筑成的古城址。一座在北，此城方形，边长 310 ~ 330 米。此地过去出过魏至前凉时期的汉文文书，不少内容与军士屯田有关。另一座大约在其南约 50 公里处，城为长方形，南北长 170 米，东西宽 110 米。城内曾发现前凉时期西域长史李柏给焉耆王的书信稿。这两座城市遗址，都和魏晋十六国时期的西域长史关系密切。

吐鲁番地区也有两座重要城址。一是吐鲁番东南的哈拉和卓古城，是

图一一三　新疆、甘肃和西部境外丝绸之路重要遗迹的分布

魏晋戊己校尉治所和十六国以来的高昌郡、高昌国所在。城北发现了不少墓群。最早的是西晋时代，最多的是麹氏高昌时期（500～640 年）的。唐贞观十四年（640 年）唐灭麹氏高昌，在此设西州，所以当地唐墓亦很多。另一座是吐鲁番西北的雅尔湖古城，这是麹氏高昌和唐交河城址。城北也有墓地，是麹氏和唐代的。吐鲁番地区在魏晋十六国时期，和东边的敦煌、酒泉交通频繁。当地不少汉人都是从河西酒泉、敦煌迁来的，所以墓葬形制大体同于以上两地。唐时当地与长安发生联系，所以当地唐墓大体近似于长安。吐鲁番地区还有佛教石窟，在石窟中曾发现许多少数民族文字的佛经和其它文书。

除上述两处外，唐朝为统治天山以北地区，建立了庭州，其遗迹即在今乌鲁木齐东北的吉木萨尔古城。唐代还在西州与庭州之间，设了一个军事屯田重镇——轮台。其遗址在今乌鲁木齐南的乌拉泊古城。唐代经营西域，重点是在塔里木盆地北缘和天山北麓，所以除吐鲁番以外，这两座城址，都是当时的重要城镇。

2、少数民族遗迹

这一阶段新疆少数民族的遗迹情况比较复杂。有天山以北游牧民族的突厥系统遗迹；有塔里木盆地周围经营农业为主或经营商业为主的操印欧语系系统的民族遗迹；还有南部吐蕃系统的遗迹。

先讲操印欧语系的少数民族遗迹，大体可分为四个部分。

①龟兹、焉耆地区，多城址和佛教遗迹。城址一般有子城，有的还有三重城。有的寺院遗迹，前后曾延续几百年，所以有的规模很大。如库车苏巴什的著名的雀离大寺，位于铜厂河东西两岸。两岸都分区布局，有塔院，有佛堂，有僧房，还有墓塔群，南北连续长度皆在 1000 米以上。龟兹、焉耆地区，石窟寺院也很多，如拜城的克孜尔石窟，库车的库木吐拉石窟以及焉耆的七格星石窟，都是著名的石窟群。这些寺院和石窟，都在 11 世纪以后，伊斯兰教传到这一带时而被废弃的。20 世纪初，在上述各地遗址中，清理出大约是 6 世纪以后，用中亚婆罗谜字母（斜体）书写的

龟兹语和焉耆语的佛经和公私文书，这两个语系，据研究关系很近，都属于印欧语系的西方系统。因此知道居住在这里的少数民族，应属于雅利安系统。

②于阗（即今和田）为中心的地区。居住遗址多分布在北部的沙漠中。这里也发现一些大约不早于7世纪的，用另外一种婆罗谜字母（直体）书写的印欧语族东伊朗语支语言的佛经和文书。可知这里当时的民族，是属于说东伊朗语的雅利安人。在和田以北的拉瓦克发掘约是6世纪的寺院，是当地发现的最大寺院。中立大塔，周围塑造佛像。近年在和田还发现相当于唐代的墓群，出有彩绘的木棺。

③自民丰以东迄若羌地区的鄯善遗迹。民丰发现的大片的居住址，保存较好，有较多的完整庭院。出土有各种生活用具、生产工具，所出木雕家具的纹样具有浓厚的西亚风格。几处衙署遗址中，多出大批佉卢文公私文书。佉卢文是公元前后贵霜王朝流行的文字，书写的语言属于犍陀罗语。由于这批文书的发现，初步建立了3～4世纪鄯善王的世系，为鄯善历史提供了第一手资料。和佉卢文书同出的还有同时期的汉文文书。佉卢文字也流行于罗布泊一带，可能是鄯善国通用的文字。鄯善的居民看来也是雅利安系统。鄯善寺院也遍布东西，有塔院，有佛堂。在米兰的一处塔院中，发现的佛教壁画，其中有有翼天人，估计绘于3世纪，这大约是新疆发现的最早的佛教壁画。米兰还发现了规模较大的古代灌溉渠道，分布的范围东西6公里，南北5公里。在附近地段还发现了耕地遗迹和麦粒等，说明在魏晋时期，这里的农业是相当发达的。这大约也和距离不远汉人的屯田活动有关。

④在吐鲁番、海头，都曾发现粟特文文书。这是用两河流域的阿拉米亚（Aram）字母书写的另一种东伊朗语。使用这种语言的是居住在中亚撒马尔罕和布哈拉一带的粟特人。粟特人善于交际，善于经商，汉唐以来一直是丝绸之路上的重要活动者。在敦煌西边的一处烽燧里，发现几件大约是3世纪的粟特文书信，其一是一位居住在敦煌的粟特人（富商），写给

撒马尔罕老家的信，信里提到经战乱，居住在敦煌的粟特人平安无事，但在东方洛阳等地的粟特人都不通消息了。可见当时已有一定数量的粟特人深入内地。粟特人即我们史书中记载的昭武九姓人，他们东来，多以国为姓，以康、安、石、曹、何、史为多。唐初有康艳典在若羌建城，盛唐时敦煌有一个乡住的都是粟特人。文献记录两京地区居住的胡人，大都是粟特人。粟特人还被北方的突厥、回鹘所信任。在魏晋南北朝、隋唐时期，各地发现的西方器物、西方货币等，绝大部分应是他们携带来的。

天山以北游牧民族遗迹。这一阶段天山以北游牧民族的遗迹，主要是柔然、突厥和回鹘。突厥原居于匈奴之北，后来迁徙至天山东部，5 世纪中叶游牧到阿尔泰山，不久向东扩展到后来的蒙古地区。567 年，突厥与波斯联合，灭了中亚的嚈哒后，居住在中亚的粟特人隶属于突厥。583 年，突厥分裂为东、西。两者大约以阿尔泰山为界，其东属东突厥，其西属于西突厥。从苏联的吉尔吉斯、明斯克，经新疆天山以北，一直到内外蒙古，都分布有在地面上围竖石块、有的石块还刻出人的形象的大小墓葬，被推测是突厥系统的墓葬。新疆北部和吉尔吉斯一带竖有石人的墓，有很多可能是西突厥人的墓葬。大约从 8 世纪起，突厥人使用了一种古北欧系统的字母。在蒙古鄂尔浑河流域和苏联米努辛斯克发现的突厥碑，就使用这种文字。鄂尔浑发现的一些突厥可汗纪功碑，有的还刻有汉文。

魏晋南北朝隋唐时期的边远地区的考古资料，反映出这些地区与内地的联系日益加强。在内地发现许多西方的器物，如金银器、玻璃器、货币等，都是经过边远地区，特别是新疆地区传入的。所谓的“丝绸之路”，这个时期正是它的盛期。而我们生产的器物，也较多地在域外发现，也多是经过边远地区向外传播的。所以边远地区的发现，多和中外文化交流、贸易往还相联系。这个阶段也是边远地区迅速发展的时期。东北的通古斯系少数民族，建立了高句丽、渤海地方政权；新疆的许多少数民族，自 9 世纪以来，经过融合，开始形成今天的维吾尔族；今天的藏族和彝族地区，也都建立了地方政权。隋唐时期是中华民族大发展的时期，但是许多少数民族的历史，文献很少，绝大部分要通过考古工作来建立。因此从这个阶段起，边远地区的考古工作和资料，显得愈来愈重要了。

青海西藏等地的吐蕃遗迹（略）

云南的南诏遗迹（略）

青海、西藏吐蕃遗迹和云南的南诏遗迹可参看《中国大百科全书》民族卷《吐蕃》和《中国大百科全书》中国历史卷Ⅱ《南诏》两个长条。

第四章　五代宋辽金元考古

第一节　概　说

年代、分区与时代特征

从五代开始的公元904年至元代灭亡的公元1367年，其间共460多年，包括的朝代有五代十国、宋、辽、金、西夏、大理和元。

这个阶段，从考古学角度来看，存在以下几项极为显著的时代特征：

1、长城以北和长江以南的各种遗迹急剧增多。前者是这个阶段中许多北方少数民族与汉族之间，在各个方面的交往日益频繁的具体反映；后者是这个阶段南方经济文化进一步发展的结果。以上情况清楚表明，当时的中华民族的活动范围大大地扩大了。这些状况为以后明清两代的发展奠定了基础。

2、民间手工业遗迹急剧增加。如果说汉唐手工业遗迹主要出自中央和地方的官府作坊，那么五代宋元的手工业遗迹则主要出自民间。这种变化不仅反映到遗物发现地点的扩大上，甚至反映到产品外销、在海外大量发现上。

3、手工业产品的增多、地点的扩大等都是商业越来越繁荣的具体表现。这也反映到大小城市的发展、交通工具的发展、新的交通路线的出现上。同时对外贸易活动的增加、海上航线的往返也是证明。

4、手工业生产和商业的发展，极大地冲击了传统的封建等级制度。在墓葬形制和随葬品方面，反映比较突出。宋元墓葬已和汉唐墓葬等级森严的情况大不相同了。

5、由于经济的发展，生产关系出现某些松弛。中国封建社会进入后期以后，人们的身份出现某些变化，社会交往愈来愈多，与北方的民族关系日益密切。因而使广大汉族的生活习俗、生活习惯也发生变化，这反映在家居室内布局方面，十分明显。

总之，宋元时期的考古面貌，又和隋唐时期大不相同。假如说隋唐时期与两汉不同，那么宋元的变化则更大，变得愈来愈接近于近代了。

主要参考书

除大纲中指出的考古和历史参考资料，这一时期的传世图像资料很多，也极具参考价值。如故宫博物院收藏的北宋张择端的《清明上河图》，画出了北宋汴梁的市井生活图像。王希孟《千里江山图》，画出了北宋村镇景象。《水碓图》、《盘车图》画出宋代生产、交通工具的图像。顾闳中的《韩熙载夜宴图》，画出五代的官僚生活景象，是了解当时上层人物生活的具体写照。许多南宋小品画，也都从不同侧面画出许多民俗生活画面。胡瓌的《卓歇图》和传为陈居中的《文姬归汉》等画卷，表现了北方少数民族的生活情景。以上这类图像资料，也是我们研究五代宋元考古非常重要的图像参考资料。

第二节　五代两宋遗迹

城市遗迹

关于城市的情况，现举两座城市为例说明。

第一例是汴梁城，即开封（图一一四）。

到五代时长安和洛阳城皆已残破，所以五代的梁、晋、汉、周和北宋都以唐的汴州为都城，即是说汴梁城是在唐汴州城基础上扩建而成的。此城的扩建和现状，根据文献记载（孟元老《东京梦华录》）、图像（如张择端《清明上河图》）以及近年考古钻探、调查工作，可以作一初步的系统说明。

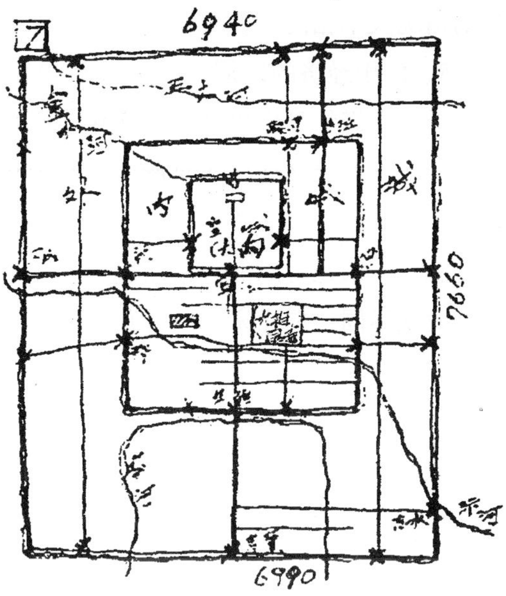

图一一四　北宋汴梁城

1、唐汴州城，城内有子城（是宣武军节度使使署所在地），梁建都时将子城改为宫城。北宋初又扩大成皇城，即大内。这个位置到明代，改为周王府。明亡，这里因地势低凹，成为积水区和居民点了。

2、唐汴州城，五代时沿用，北宋时改称京城。因为当时有了外城，所以又称内城，这座内城就是明清时开封城的位置。

3、汴州外城（罗城），是周显德二年（956 年）修筑的，到北宋熙宁八年至元丰元年（1075～1078 年）进行了一次扩建与加固（图中外城，即此次扩建后的状况）。北宋亡，外城逐渐荒废了。经过明清的几次黄河泛滥之后，大都被埋到地面以下了。经过近年的钻探，现在探明的情况是：

①外城平面略作长方形（7590/7600 米 ×6940/6990 米），城墙夯筑，底宽处达 34.2 米，有十二座城门，门外建有瓮城，瓮城外侧砌砖。城外绕以濠沟。东南处东水门沿汴河，即《清明上河图》中的城门。

②内城位于宋外城内略偏东北，近于方形。周二十里一百九十步。十座城门，四周绕以濠沟。

③皇城位于内城北部，但不靠北墙。周长九里，砌砖。城有四门，四

周也绕以濠沟。

④北宋时于内外城扩建了三条御路：三城的正南门，直线相连，是为汴梁城的中轴线；宣德门与朱雀门之间置州桥。州桥北的东西横街今仍使用；宣德门东侧的南北大街是条丁字街，北宋时异常繁华。以上三条御路，至今依然存在。

⑤北宋扩建时，在汴梁城内，安排了“四水贯都”的水路，故交通方便，利于运输。

⑥汴梁城内，从唐以来的方形的坊，逐渐被长巷胡同所替代，从坊变为巷的痕迹还可以看到。

⑦从文献和图像资料，可以知道当时沿街设店铺的情景。这个变化突出地改变了以前城市的面貌。从图像中可以看到，店铺内是一桌二椅摆设家具，人们在室内活动方式也和以前不同了。

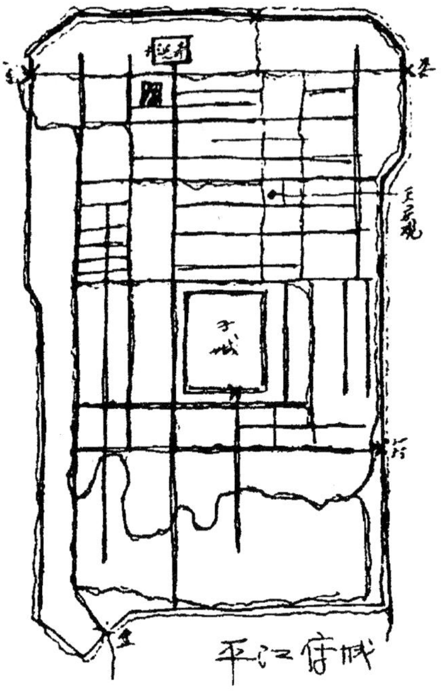

图一一五　南宋平江府城（苏州）

从以上几点，我们归纳出主要特点是：汴梁城出现了重城相套的套城，濠沟相套的套濠，说明防御加强了。丁字街的设计，也应是出于同样的考虑。将较多的水道引入城市，将街道发展成长巷式，都是城市商业发展的要求和必然结果。人们生活方式和习惯的改变，主要原因大概也是如此。

第二例，是南宋的平江府城（图一一五）。

隋唐时的苏州，北宋末年升格为平江府，明初改为苏州府，以后一直叫苏州。今天苏州旧城大体沿袭了南宋平江府城变化不大，这是从保存到现在的一幅南宋绍定二年（1229 年）线刻的平江城图得出的。南宋平江城也是在唐城基础上兴建的。唐苏州城重建于乾符二年（875 年），南宋改建是在嘉定十七年（1224 年），此城遍布河渠，这是我国南方水乡城市的特点。街道与河渠并列，也可以看出从方形坊里向长巷式发展变化的痕迹。城内大体在中间部位建子城。子城是砖建，是府治所在。城垣包砖，外侧有砌砖的马面。城垣之外是城濠。

此城所反映的情况和汴梁相同。如子城在城内中间，是套城形式，加强了防御。注意交通和商业的发展。长巷式的民居布局和套城等时代特点，比汴梁还清楚。图上所表现的是南宋时情况，南宋时南方经济发展很快，此城市图提供了说明具体情况的实证。

五代两宋墓葬

五代的陵墓没有发现，但十国的王陵发现了好几处。较早的有四川成都前蜀国王王建墓，王建死于梁末帝贞明四年（918 年）。晚的有南京南唐李昪、李璟父子的两座陵墓。李璟（后主李煜之父）葬时已经到了北宋初年建隆三年（962 年）。这两处陵墓都是前、中、后三室，前者为砖砌，后者为石砌。两处墓的顶或为券顶，或为穹隆；棺室或在后室，或在中室；随葬品中或葬石像，或葬陶俑，存在差异。但墓室皆为三室的制度，却是一致，可能都沿用了唐代帝陵的制度。

宋陵集中于河南巩县。陵区地面上布置有石人、石兽，这时的石人石兽已明显地发展到仪仗的阶段了。宋帝陵未发掘，但曾发掘一座皇后陵，是真宗咸平三年（1000 年）祔葬太宗陵园的李后墓。另一座是亲王墓，为哲宗元祐九年（1094 年）陪葬英宗陵的魏王赵頵墓。这两座仅次于帝陵的墓葬，都是圆形单室砖墓。墓门和墓壁都砌出仿木结构的柱、枋和斗拱，原有壁画已不存。李后墓直径为 8 米，高在 10 米以上。魏王墓直径 6. 5 米，高 6. 5 米。以上两组尺寸的差别，可能与等级差别有关。

中原北方宋墓，平面多为方形或多角形砖室墓。边长和对角长在 2 米到3米左右。墓门、墓室壁都流行砌出仿木结构。墓室壁上画墓主人夫妇对坐饮宴、观看舞乐的场面，这种场面当时称为“开芳宴”。这种墓好像当时的官吏与无官职的人区别不大。河南禹县白沙一座元符二年（1099年）的赵大翁墓，前后两室满绘壁画，是这类墓中较为豪华的墓例，而赵大翁却是个无官职的人物。壁画除了流行上述内容之外，还有肩驮钱串、手捧金银财宝向墓主人进奉的场面。不少壁画中的地面上，散布有金银铤。在壁画中突出金银财宝内容，是隋唐时期所罕见的，这类墓主人大概不仅是地主，可能还和当时日益繁华的商业活动有关。这类墓的壁画中还画出许多家具，墓主人夫妇一桌二椅的画面极为普遍。此外还有放在地面上的盆架、镜架、灯架、衣架、带足的柜子，挂在墙上的剪刀（交股）、香球、尺子、熨斗等。这些内容也都是宋以前壁画墓中所看不到的，反映了居室内部从唐代以来所发生的变化。从前席地坐床的生活方式，正被桌椅板凳所替代。此外，宋墓中还常见到在后壁安排妇女启门的装饰，这应是女婢从后面进入主室的形象。此外还有孝子故事的图像（有的墓中放石棺，棺外线雕孝子故事）。这类宋墓，一般随葬品很少，只有几件白瓷（好的大约是定窑器），和少量铜钱。有的也有一些侍从性质的男女陶俑。

南方地区，长江下游宋墓，平面多长方形砖室或石室墓。夫妇合葬墓多砌成两室并列、中间加一隔墙的墓室。少数有壁画的，题材也是“开芳宴”。四川的石室墓，多作浮雕，内容也多是“开芳宴”和妇女启门、孝子故事，此外还有四神等。南方墓葬，随葬品一般较多，有漆器、金银器、铜镜、瓷器等。瓷器多为影青（景德镇窑）和青瓷（龙泉窑）。保存较好的墓，还出有丝麻织品，浙江兰溪的南宋墓还出纯棉织成的毯子。长江中上游宋墓，多出压胜驱邪性质的陶俑，如四神、十二时和各种神煞的形象。

宋代墓葬的突出特点是：大型墓少。中小型墓基本上好像没有什么等级差别。壁画中的内容，有比较浓厚的生活气息。随葬品少，可能和纸明器已开始流行有关。这些都与以前的墓葬有了明显的不同。值得注意的是，北宋中期以后，各地出现了成批的贫民墓，其中北宋末年官府设置的漏泽园的小墓群，不少是火化的罐葬墓。河南、河北、山西、陕西、四川等地的当时一些较大的城镇都有发现。这种墓主要是埋葬城市贫民和流散的士兵，这反映出这阶段农业人口流向城市的状况，同时也从侧面反映出城市工商业发展的结果。

农业手工业遗迹

农业生产遗迹。河南、河北、山东、四川、江苏都发现了宋代的犁铧和犁壁。各地所出犁铧的大小、形制不完全相同，甚至同一地方所出铧、壁也具有不同的形制。这些情况一方面说明使用带壁的犁的牛耕更加普遍，另一方面也说明各地为适应不同的土壤和作物的要求，正在对主要耕具进行研究和改进（图一一六）。三角形的锄，近年各地发现很多。中原北方有上插锄钩的锄，还有钉接在犁架上的耘锄。南方发现适用于水田直装木柄的小锄，扬州还发现了四齿小铁耙。这些锄都是主要的中耕农具。中耕农具的发展，说明注意了中耕这道生产工序。注意中耕，应是追求提高单位产量的有效办法。宋代不仅注意改进农具，更重要的是兴建了大量水利工程，特别是南方的围湖造田，立陂灌田的成绩显著。围湖造田的遗迹不易被发现，截流立陂的遗迹在浙江、福建都有遗存。福建莆田的木兰陂，既可以阻截河水用以灌溉，又可以拦挡海潮，防止咸水入侵。这是王安石变法时的著名功绩，它的遗迹至今仍屹立在莆田上屿的木兰溪中〔《文物》78/1〕。

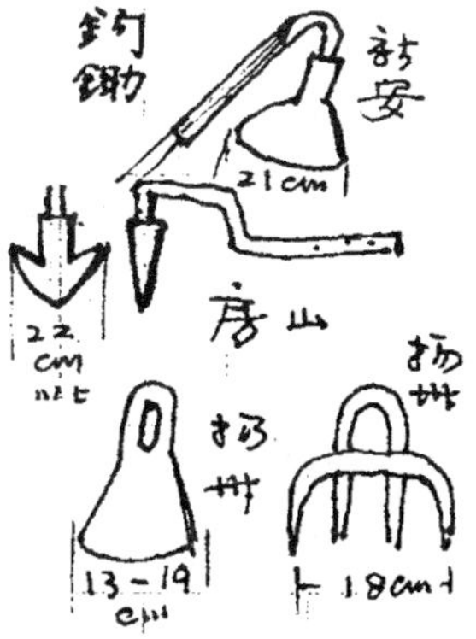

图一一六　宋代中耕农具举例

由于农业工具的改进，兴建水利工程以及其它管理措施的改进，使宋代农业生产有了较大的提高。有人根据文献统计，大约到北宋中晚期，即11世纪至12世纪之际，我国南方水稻亩产量一般可达到两石，有的可达到四石，即接近解放前的水平。北方麦、粟亩产大致为一至二石，也和解放前的亩产数相差不多。农业生产有了提高和发展，才能出现繁荣的民间手工业和商业经济的发展。

手工业遗迹。考古发现的五代、两宋的手工业遗迹，主要是瓷器制造，其次是漆器、铜镜和金银器的制造。

五代瓷窑，北方主要是河北曲阳的定窑，窑室为马蹄形，主要烧制白瓷，从发现的碑文记载这里后周时已设有税务来看，当时民窑已很兴盛。五代时南方制瓷业更胜于北方，在今天浙东地区许多地点都发现了五代吴越的龙窑窑址，产品多灰胎青绿釉，装饰技艺多样，划花刻花都很精致，余姚、上林湖的官窑器质量最高。广州西村也发现了五代龙窑，白胎青釉，有一种青釉描黑花的产品较为别致。

到了宋代，瓷器制造遗迹可以说遍布各地。我国瓷土分布极广，当时凡是多瓷土，多燃料（北方为煤，南方为柴），加上交通方便（多可运输的河流）的地方，就有可能发现烧瓷工业遗址。其中主要窑址，除上述五代兴起的烧窑地点不断扩大外，北方还有磁州、汝州、耀州；南方有龙泉、景德镇、建窑等最负盛名。曲阳定窑，宋时立官窑场，除了烧制精致的印花白瓷外，还烧仿漆器的黑定、紫定；仿铜器的绿定。北宋定窑发展了覆烧的技法，大大提高了产量。大约从今河北南部的漳河、卫河流域，南到黄河沿岸，民间烧瓷工业发展起来，其中磁县的观台窑场最大，产品主要是白釉器，其次是黑釉器。白釉多黑花、褐花，还在刻、绘花的基础上，发展了剔花、刻填等技法。这里还出现了专烧瓷枕的瓷窑，其中以押印“张家造”印记的张家窑烧制的质量最高。观台窑的北宋窑址已经发掘，其中规模大的是两个一组。窑室为马蹄形，后部有两个烟道，火膛内存有积煤，因其以煤为燃料，所以窑室较大。窑的前面是工作间遗址。当地既有丰富的瓷土，又有丰富的煤矿，很有可能这里是北方最早用煤烧瓷的地点。燃料改用煤，不仅方便，火力也加大了。这一点也许是这里民间窑业大发展的重要条件之一。河南宝丰（临汝）和陕西耀州都主要烧青瓷，前者是有名的官窑汝窑的所在地，产品质量高，是现知北方最重要的青瓷产地。南方的越窑逐渐被浙南的龙泉所代替。近年对龙泉的大窑等地，进行了发掘。龙窑长 25 ~ 80 米不等，宽 1.5 ~ 2.8 米不等，坡度在 10° ~ 18°之间。窑中部的产品质量好，釉色黄绿色明亮；放在前后部的产品质量差，釉色暗淡，胎质松，甚至开裂。花纹多为刻划，部分器底心部捺有“河滨遗范”、“金玉满堂”印记。到了南宋，釉色更为鲜艳，出现了仿铜器、玉器的器形，如壶、尊、琮等。还有仿南宋官窑“紫口铁足”的薄胎器。江西景德镇宋时发展较快，以湖田的产品最精致。胎白质细，釉色白中透青，即所谓的影青瓷。这里有覆烧的作法，相传是来源于定窑。建窑在福建建阳水吉镇，以烧制黑釉器著名。此外福建、广东沿海多发现烧制较粗糙的青瓷，这类瓷器多在东南亚发现，知道它的产品主要是为外销。

漆器。王建墓和南唐二陵，出有残漆器，王建墓出的平脱漆器应是四川产品。淮安北宋墓所出漆器有铭记，知是温州、杭州和江宁的产品。武汉墓出有“襄州邢家”和“谢家”制造的漆器。襄州、温州、杭州都是宋代著名的生产漆器的地点〔《文物》79/3〕。江苏武进南宋墓出有“温州新河金念五郎上牢”花卉人物奁、“丁酉温州五马锺念二郎上牢”铃（戗）金长方盒、“庚申温州丁字桥巷廨七叔上牢”铃金漆盒。江苏金坛南宋墓出有剔犀扇柄。剔犀，是雕漆工艺之一，用两种或两种以上色漆逐层积累至相当厚度，以刀剔刻出花纹，刀口断面则有薄厚不同但有规律的色层。这批温州漆器，反映了宋代漆器的工艺水平。铃金和攒剔多层色漆的工艺，是宋代民间工匠的创造。戗金，是在朱色或黑色漆地上，用针尖或刀锋，镂划出花纹，花纹填漆，然后贴以金、银箔，花纹呈金、银色（详见陶宗仪《辍耕录》）。漆器的花纹题材也和唐代图案式纹饰不同，出现了风俗画这类出自民间的复杂的内容。

铜镜。附有制造者铭记的手工业产品还有铜镜。南宋墓中所出铜镜，多铸有“湖州石家炼铜照子”的印记，也有铸出“建康府茆家”印记的。四川金堂南宋初墓发现有“成都龚家清铜照子”铜镜。湖南宋墓出有“河中府张家真炼铜照子”等。看来当时作为商品的铜镜生产，彼此之间是存在竞争的。

金银器。金银器多出自四川窖藏，器上的铭记为×姓宅第打造的。这些器物是使用者专门向工匠定制的。

手工业遗迹中另一项比较重要的，是鹤壁发现的宋代煤矿。此处煤矿遗址范围与今天鹤壁新矿开采范围大致相等，四条地下巷道总长达500多米，每条都是依据煤层的分布开凿的。每条巷道的开采，是先内后外，逐步后撤，并将地下水引注到废矿区。这样的采煤方式，与近代采煤的方法已很相似了。

宗教遗迹

五代两宋的宗教遗迹，比隋唐时期复杂了。以前主要是佛教遗迹。这时除了佛教遗迹之外，不仅有道教，还有一些地方神祇庙宇的遗迹。佛教遗迹本身也日益复杂起来。不少石窟模仿寺院，更加殿堂化。地面上的寺院，可以保存大体完整的真定（今正定）隆兴寺遗址和经过复原的汴州大相国寺平面为例（图一一七）。

两座寺院中皆存有一部分唐寺院的旧制：如以前殿后高阁的安排，将寺院分为前后两部分；隆兴寺周绕回廊的作法；后高阁奉密教之千手眼观音。如汴梁大相国寺平面，大相国寺的钟楼与经藏相对；文殊与普贤阁相对于奉卢舍那佛的资圣大阁之前；山门内之东西塔院和主要建筑两侧皆多列院的制度等。

但亦出现新的变化：如隆兴寺后部的观音阁前列慈氏阁与转轮藏殿；奉释迦的摩尼殿为十字形平面；佛殿之前建奉高僧的殿堂；大相国寺后阁两侧建筑殿、回廊与阁殿相连，这样的回廊，严格说已不是回廊了。佛殿之前建立了与佛寺无关的仁济、宝奎二侧殿。

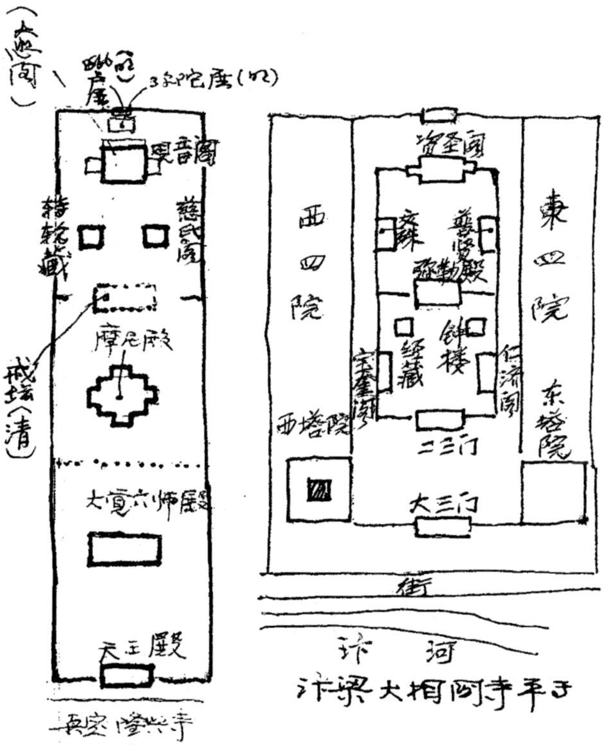

图一一七　北宋佛寺平面举例

综上各点，值得注意的是：都出现了与观世音有关的殿堂和本寺的高僧殿堂；出现了新的当时流行的建筑形式，如进深加深的层层院落和十字形平面的佛殿，也出现了新的佛具——转轮藏；更值得注意的是宋中期以后出现的大城市的寺院逐渐兼有游憩场所的性质愈来愈严重化了。据文献记载，东京大相国寺从北宋中期以后，已成为繁华热闹的商场了。以上三点变化，总的反映是佛寺世俗化愈来愈深，过去森严的宗教气氛已经愈来愈少了。这种状况与当时城市工商业的发展，市民阶层的兴起有极为密切的关系。

除了佛寺之外，宋代道观建筑也愈来愈多，平江府图上所表现的天庆观，可以为例（图一一八）。天庆观，即玄妙观，宋代的大殿还存在。它的四周环绕回廊，院落没有佛寺多。但它的世俗化的发展趋势，并不下于佛寺。南宋时，那里是苏州异常热闹的商贩集中地。

地方神祇庙宇的遗迹，可以太原晋祠为例。晋祠在宋代主要是祭祀这里的圣母的，北宋兴建的圣母殿还保存完好。晋祠距太原城比较远，它的世俗化，不是发展成商业点，而是逐渐成为太原郊区的一处游憩场所。

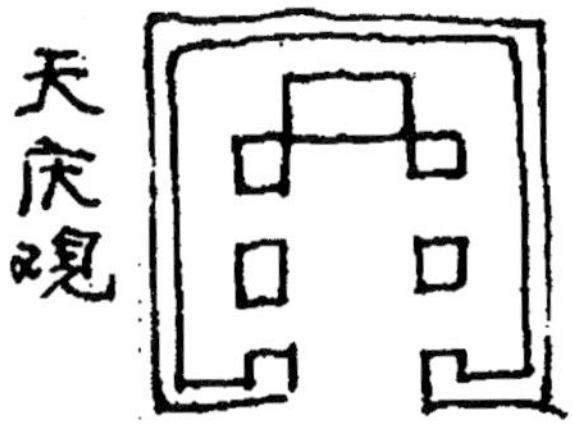

图一一八 南宋平江府图上的天庆观（苏州玄妙观）

※ ※ ※

五代和两宋的遗迹，不论城址、墓葬、农业手工业遗迹以及宗教遗迹，都和以前不同了。它比较鲜明地反映出封建社会后期的特点。庄园性质的农业经济遗迹，已不甚清晰了。较为普遍地出现了中耕细作的农具；小商品生产的个体手工业行业兴起并发展起来；商业竞争的观念愈来愈清晰、明显；出现了规模较大的煤矿遗迹，煤作为燃料，为某些手工业的进一步发展提供了新的条件。城市发展很快，过去强调政治措施的城市布局，出现了新的变化，封闭式的坊制被破坏了，沿街开设店铺的现象越来越普遍。城市的设计和改建，越来越注意交通运输。出现了初期的市民阶层，城市中不仅开设许多饮食店铺，文献记载还出现了游乐场所——瓦子（有职业艺人在献艺）。过去严肃的宗教寺院日趋世俗化，大的寺院成为游乐场所和商业点。这一系列的变化，也反映到人们的社会关系方面。从考古遗迹看，最突出地表现在墓葬的等级制度上。除了最高一级的皇室贵族的墓较为特殊之外，一般官吏与庶民墓葬的差别看不出来了，甚至出现较大而华丽的非官吏的庶民墓葬。许多较大的城镇附近出现了贫民墓葬，这种墓群和以前的小墓不同，它是伴随城市的发展而出现的。

第三节　辽代遗迹

自辽太祖耶律阿保机称帝的公元907年至1125年（天祚帝保大五年）辽亡。建立大辽国的契丹族是游牧民族，所以它原本是既无城郭又无墓葬的。现知的辽代城址和墓葬，多是五代后晋937年割让燕云十六州前后，即是与汉人接触较多之后的遗存。辽的领域内汉人多于契丹人，辽占了燕云十六州以后，在十六州领域内，又多因袭唐五代的建置，所以辽代遗迹，一般有两种情况：一是受到汉文化影响的遗迹，一是沿袭唐五代的遗迹。无论城址墓葬，还是宗教遗迹皆如此。

辽代城址

契丹以游牧为主，居无定所，住毡帐，故无固定居处，无需建城。有者，可以说是在汉文化影响下出现的。现知的辽城址，有都城和地方州县城之分。文献记载，辽有都城五所，现在较为清楚的有上京、中京、西京和南京四处。

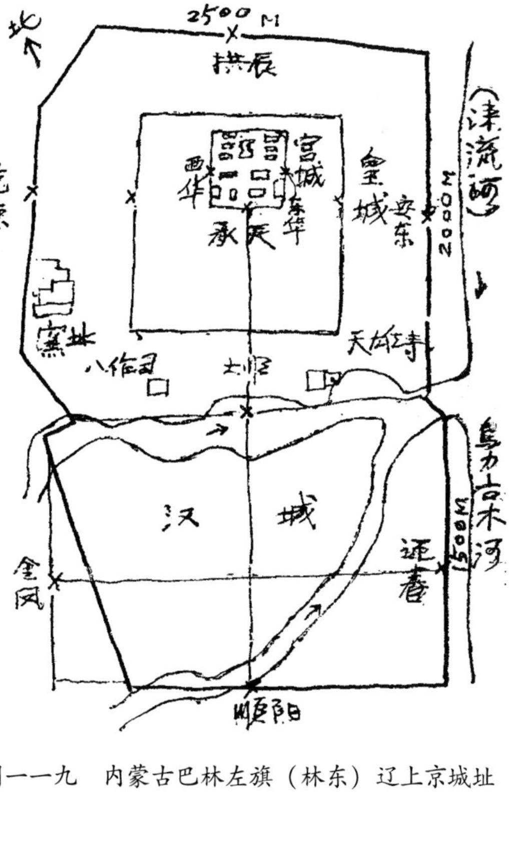

图一一九　内蒙古巴林左旗（林东）辽上京城址

上京遗址(图一一九)，在今内蒙古昭乌达盟北部的巴林左旗（即林东）之南，乌力吉木伦河两岸。城分南北二城，北城建于太祖神册三年（918 年），初名皇都，太宗天显元年（926 年）扩建郭城。天显十三年（938 年）改称上京。

北城四面各开一门，城内正中偏北为宫城，南、西、东各一门。南门外街东有佛寺，街西为八作司遗址，即皇室的手工业区。

南城，即郭城，是汉人等其它民族住地，故又称汉城。北墙即皇城南墙。门址有四。汉城偏南有一横街。十字交叉处，文献记载是商业区，但已被河水冲刷，无迹可寻。

此城是辽建国初期所建，契丹与汉人分区情况十分清楚。到辽圣宗统和二十五年（1007 年）建中京时，文献记载为了“实以汉户”，因而在城市布局上就和上京不同。

中京遗址（图一二〇），遗址在今内蒙古老哈河北岸的宁城县。中京城始建于辽统和二十一年（1003 年），到统和二十五年（1007 年）建成。此城有宫城、内城和外城三重。外城平面呈长方形，东西宽 4200 米，南北长 3500 米。外城中南部，中轴大街两侧各有五条横街和三条竖街的遗迹，文献记载这里街两侧各有三个坊，但又没有坊墙遗迹。因此可以推测辽中京的坊，不是唐制的方形，而应和汴梁长巷式布局相仿佛。这里即是“实以汉户”的所在。我们再扩大一点看，宫城、内城和外城中南部，可与汴梁里城、内城相当。外城其它部分和外城的郊区散存有寺院遗址，居住址很少，可以估计这些部位都是契丹树立毡帐的地方。这样就将宫殿和汉人居住的坊保卫起来了。既防御了宫城，也威慑了汉人并可防止汉人的逃亡。

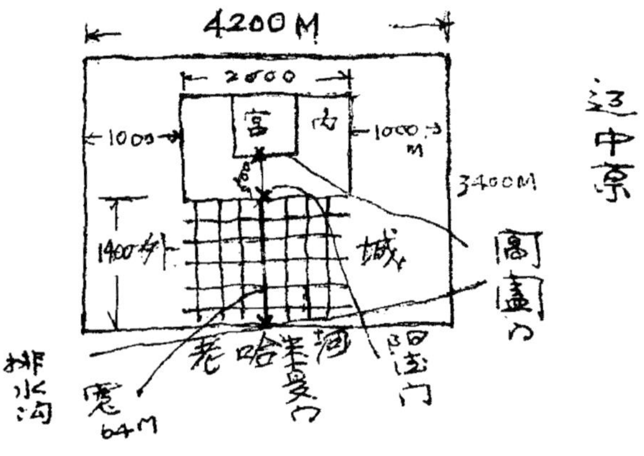

图一二〇　内蒙古宁城县辽中京城址

西京和南京是因袭唐云州、幽州的旧制度未变。一般的地方城市也有两种情况：位于内蒙古昭乌达盟林西之南，西喇木伦河北岸的辽饶州城址（图一二一），平面长方形，分为东西两城。此城大约是俘来的汉人所建。另一种地方城，是方形十字街。如河北滦州城。这是延续唐城旧制。此外辽在东北也建有这种城，如黑龙江的泰州城等。

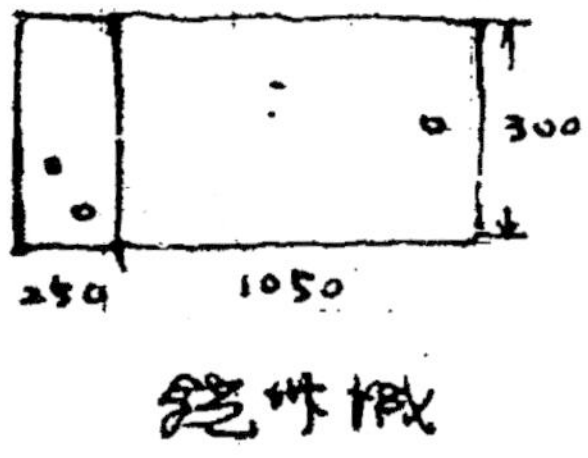

图一二一　内蒙古林西辽饶州城址

辽代墓葬

辽代墓葬也有两种情况，一是受汉文化影响下的契丹人墓葬，二是在契丹统治下的汉人。前者可分前后两期，其分界在辽圣宗时期，即1031年之前和其后。

前期墓室形制多用砖或石砌成方形或圆形，在制度上等级比较清楚。内蒙古巴林右旗西北的圣宗陵有前、中、后三室及四个耳室。前室平面长方形，余者皆为圆形，长21.2米，最宽处15.5米，最高6.5米（图一二二）。又如内蒙古赤峰红山盔甲山的辽驸马赠卫国王夫妇合葬墓（图一二三），形制为前后二室，另加左、右、后三个小室，平面方形或长方形，此墓的年代是应历九年（959年）。又如辽宁朝阳开泰九年（1020年）太尉耿延毅墓，有前后两室，皆为方形平面。以上皆为三室或双室墓，平面方形或圆形。这类辽墓大都砌出仿木结构，也大多画有壁画，内容以侍卫为主。墓室中的主室内建以木椁，

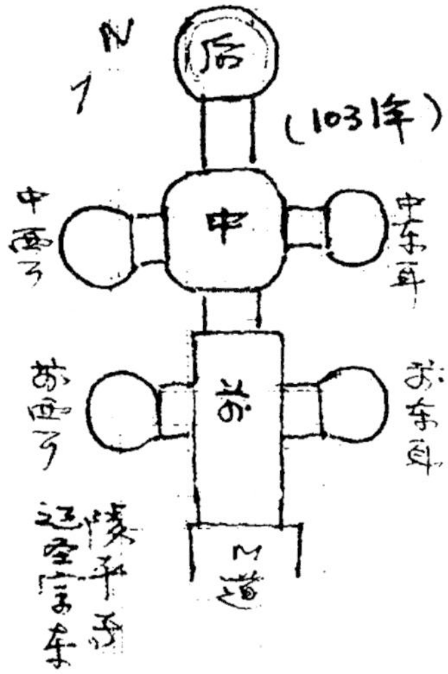

图一二二　内蒙古巴林右旗辽圣宗陵平面

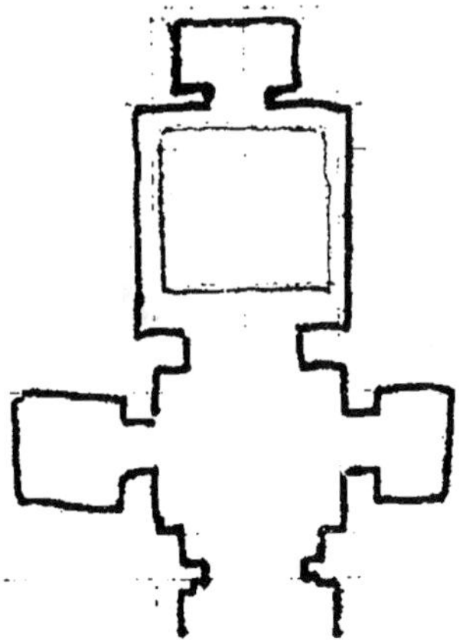

图一二三　内蒙古赤峰辽庆历九年（959 年）驸马赠卫国王墓平面

内放石棺，石棺多雕刻四神。圣宗庆陵壁画中有表现春夏秋冬四季风光的画面，是表现辽皇室四时捺钵之所的景色。随葬品有陶瓷器，瓷器有白瓷，多刻划有“官”、“新官”字样。还有耀州的青瓷、景德镇的影青瓷。还常随葬一种辽墓多见的器物——鸡冠壶（早期者为平底单孔）（图一二四）。此外还多出铁兵器和马具，还常用马、牛、羊牲畜随葬。

圣宗以后，墓葬形制除方形和圆形墓室外，还出现了多角形平面，如兴宗陵，平面就是八角形。墓室内仿木结构的做法依然流行，还出现砌出的桌子、椅子和棂窗。壁画中多画墓主人像。尸体多陈放棺床上，流行戴铜面具和铜丝编织的衣套。随葬品中的瓷器，影青瓷数量增多，出现了黄釉蓝彩的三彩器。武器已少见，马具也仅剩下马镫和马铃随葬。鸡冠壶器形发生变化，且逐渐少见。

图一二四　辽墓随葬器物鸡冠壶的演变

汉人墓葬，一般除无木椁外，在墓室形制上差别不大。但壁画内容上，“开芳宴”较多。晚期和北宋墓一样，也出现了孝子故事。流行火葬，小石棺，有的棺上刻陀罗尼经咒。随葬品多陶器，有罐、盘、三足锅等。

辽墓中多出有墓志，契丹人墓有契丹文（有大字与小字）和汉文同志的，而汉人墓志则只用汉文。辽陵中所出帝王的哀册形制与墓志一样，这与唐宋系统玉简形式的哀册是不同的。

佛教遗迹

辽自圣宗以后，佛教盛行。现存辽代佛教遗迹颇多，也可分为两类。一种是以塔为中心的密教寺院遗迹，如辽统和年间兴建于庆州城西北隅的佛寺和山西应县的佛宫寺。两座寺院的主要建筑——塔，都还保存着（前者是辽代多见的砖塔，后者是仅存的一处辽木构建筑）。这类寺院都是契丹皇室和贵族兴建的（北京天宁寺即属此类佛寺）。另一种是以佛殿为中心的佛寺，如河北涞水的阁院寺。主殿奉文殊菩萨，这还是因袭唐五台山信仰的佛寺，大约是汉人官吏兴建的。

总观辽代遗迹，两种类型的情况十分显著，这说明终辽一代，契丹民族虽然逐步汉化，但并没有完全放弃他们自己的特点，始终和它统治下的一般汉人有所区别，这一状况和下面要讲到的金代情况是不同的。

第四节　金代遗迹

女真是以渔猎为主，又辅以农耕的民族。它和游牧的契丹不同，契丹是没有固定居所的，而女真则不是如此。它的后裔满清也是如此。所以辽（契丹）和金（女真），虽然都是北方少数民族，但他们的生活方式和经济基础是不同的，因而在考古上的遗存也有显著的不同。

金代城址

在金兴起之前，女真人就建有城寨。黑龙江阿城镇的金上京的北城（图一二五），是金兴起后不久太宗天会二年（1124 年）修建的都城。该城西依山，东临阿什河。城为夯土建，北、南、西各有一门，门外建瓮城，城垣有马面。西北部地势高，估计主要建筑物应修在这里。但无子城

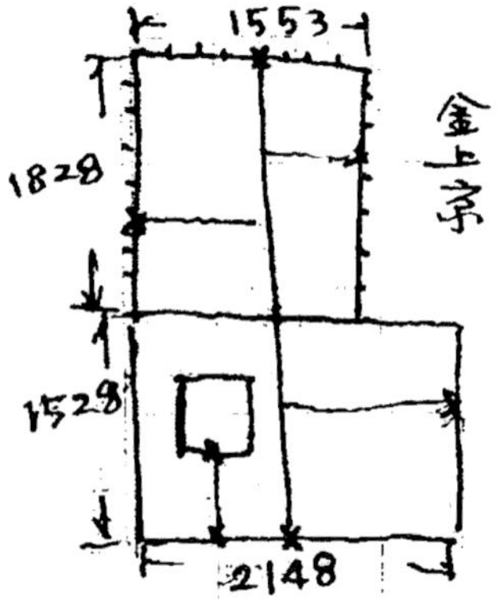

图一二五　黑龙江阿城金上都遗址

遗迹。这座城，文献记载一般人皆可穿城而过。

金初，在其原有基层组织基础上，建立了既管生产又管军事的猛安谋克制度。谋克司百户，十谋克为一猛安，司千户。谋克是基层组织，大约即建一个城寨。黑龙江东部、吉林南部的一些山顶或平地上，往往有依据某地自然形状，围起了一个周长约1000多米，土石合砌的小城，设瓮城和马面。城内往往有一两个高起的台地，附近出有瓦片和残铁兵器。这类小城有的出有谋克铜印。如珲春小六道沟周长1500米的山城，出有“莱栏河谋克印”。

海陵王天德四年（1152年），金大举南迁，都城迁到燕京，即金中都（图一二六）。中都是在唐幽州和辽南京的基础上扩建的。此城在中部建宫城，该处多出黄绿琉璃瓦件。宫城、皇城与外郭城之正南门在一条轴线上。钻探情况表明，街道有井字形者，有长巷式者。前者在辽代南京城范围内，为唐里坊式。后者为扩建时所修，是仿汴梁。中都的街道形式，城内的布置，城门的位置等，都可见其仿照汴梁的痕迹。大定元年（1161年）金世宗又南迁汴梁，但为了加强北部的防守，于大定十一至十三年（1171～1173年）修建界壕，同时又恢复上京。恢复其实是重建，即在旧上京城之南另建一城，即南城。在南城西部

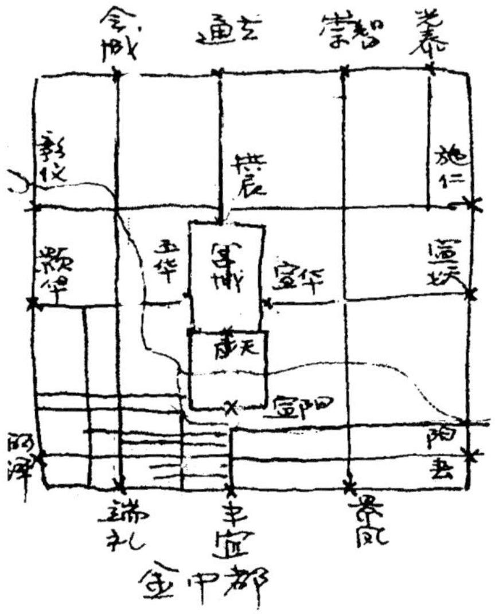

图一二六　金中都遗址

高地上建宫城。宫城内外的布局，也仿效内地的都城，如套城形式（内外城相套），在中轴线上建了多重宫殿（有四重台基）。当公元1152年海陵王大举内迁时，也将大部分猛安谋克迁到关内，散置于州县之间，自成体系，遗憾的是，有关它们的居住遗迹尚未发现。在猛安谋克大批内迁的同时，又把大批内地汉人迁到东北建立州县。新建在东北的州县遗址发现不少，它们的形制大多按照当时北方沿用唐代制度，如今黑龙江肇东县的八里城，即肇州城〔《考古》60/2〕。该城方形，周长八里，四门十字街，门有瓮城，城外有马面，绕城有护城河。这类城城内多出铁制农具，农具式样与宋北方常见农具相同，这反映了金代东北方的农业急剧发展了。强制移民当然是痛苦的事，但这批内地移民却对东北的开发作出了贡献。东北不仅农业当时得到了发展，手工业、商业也急剧发展起来。上京附近出土的银镯子上刻出“上京翟家记”和“邢家记”字样，上京城内出土大批铜镜，其中有“梁家青铜记”、“梁家记”等铭记，看来当时也将内地的工匠迁到这里。当时不仅制造金属器物，并在上京附近的小岭地区还留下了规模较大的开采铁矿和冶铸铁器的遗迹〔《考古》65/3〕。此外上京和东北许多墓葬中出有定窑器，还多出当时磁州、钧州烧造的新纹饰的瓷器。辽宁抚顺还发现了金的瓷窑遗址。这些都可以说明，辽金以来特别是金代，东北经济的各个方面，都出现了前所没有的新情况。

金代墓葬

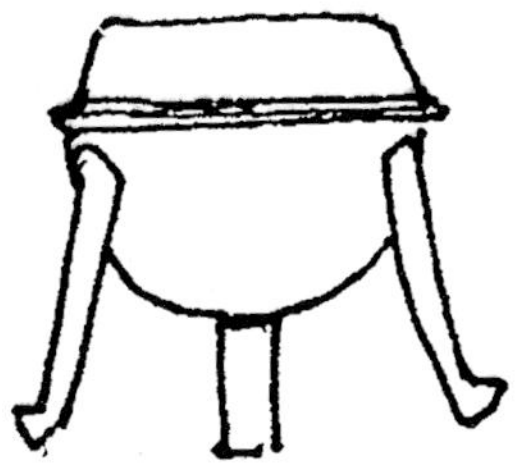
图一二七　东北金墓出土的三足铁锅

金代墓葬，东北和内地的情况不同。东北黑龙江、吉林分布有土坑墓。有的有木棺，有的没有，有的埋入坑内火葬，还有积石墓。后两种情况与渤海一般葬俗有联系。随葬品有桦木桶，三足铁锅是具有特点的器物（图一二七）。有的墓中出有铁镞、鱼叉、刀，说明墓主人的经济生活中，渔猎还占有一定比重。也有出内地窑烧制的瓷器如定州、耀州、磁州窑瓷器和北宋、金的铜钱。

内地的墓葬主要沿袭北宋晚期的仿木结构砖室墓，雕砖装饰发展迅速，并在墓室的雕饰中发展出小戏台和正在作场的杂剧俑。山西侯马发现的大安二年（1210）董氏墓可为代表。铭记中记墓主人姓名作董玘坚傣，不像汉人名字。而女真改汉姓的规定中，女真姓木虎的改为董，故可推知此墓是内迁的女真上层人物的墓葬。内迁的猛安谋克散居多地，此墓主人可能就是这类人物。女真人内迁后的汉化迅速，城址和墓葬都具体地反映出这个问题。

金代长城遗迹

从金初开始（12 世纪前期），北方的蒙古民族就时常向南侵掠，到 12 世纪后期（大定十一年至承安三年，1171～1198 年），金大规模修筑了长城。金代的长城与此前长城不同，因为建在平地上，不仅构筑了高墙堡垒，还在墙外开濠沟，所以叫“界壕边堡”（图一二八）。界壕边堡有南北两条，皆为夯土修筑。北边的一条，修建时间可能早些，在内蒙古东北部呼伦贝尔盟，西南进入蒙古共和国，长约 700 公里；南边一条从嫩江西岸，向西一直修到河套北边的胜州（今托克托）之西北。此条比前者长得多，而且在险要地段修筑了多处复线或是双重城壕，全长有人估计在 4000

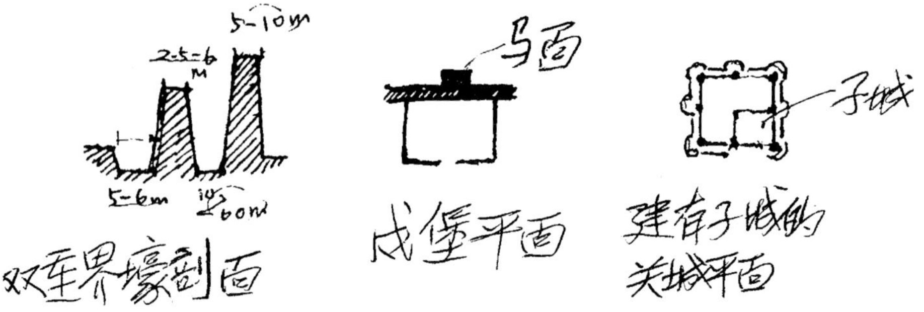

图一二八　内蒙古金界壕边堡遗迹

公里以上。城大多保存较好。城的外侧建烽台，间距500～2500米。内侧建关城或戍堡。前者距城较远，有马面、护壕，有的还有子城。后者靠近长城或直接与长城连接。这两条长城都保存较好。金代长城的设备比秦汉长城完备得多，明代长城就吸收了它的优点。金长城是金代防御工程的重要遗迹，它主要防御蒙古人。早期主要是为了上京——根据地的防御，后来就全面防御金的北部边界了。公元1210年，成吉思汗南侵，驻守在长城西段的汪古部（阿剌兀思剔吉忽黑）叛金投降，蒙古军队进入长城，又过十几年，公元1234年金被蒙古灭亡。

瓷窑遗址

金代的手工业遗迹中，最突出的是制瓷业，这与当时宋代瓷业的大发展是相联系的。著名的河南禹县烧制的玫瑰釉的钧窑器，就是金代发展起来的。陕西的耀州窑，河北的观台窑（磁州）在金代也有突出发展。磁州窑的白地黑花瓷很流行。耀州的印花青瓷也发展很快。铜川发现的金代耀州窑场遗址（图一二九），三窑相连、前面建有工作间的布局，与北宋磁州窑相同。它也使用煤作为燃料。

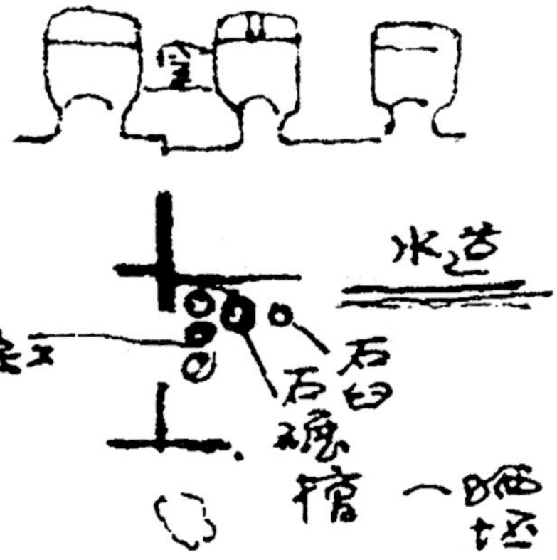

图一二九　陕西铜川金耀州窑窑场遗址

第五节　西夏与大理遗迹

西夏遗迹

8世纪初，原游牧于青海一带的党项人，受到吐蕃的侵扰，迁移到今宁夏、陕北一带。黄巢大起义时，党项曾出兵助唐，为此唐王朝封其首领拓跋思恭为夏国公，并赐李姓。与汉族杂居以后，他们也发展了农业。北宋时逐渐强大，向西侵占了甘肃和青海东部。公元 1038 年建夏国，建都兴州，即今宁夏银川。此后成北宋的大患，也成为辽的西部劲敌。辽、北宋亡后，西夏依附于金。蒙古兴起，西夏虽然抗击他们的几次入侵，但终于在公元 1227 年被蒙古灭亡。这个政权的建立，对宁夏和内蒙河套以南、陕北地区的经济发展，起了一定的作用。

西夏的主要遗迹有银川市西分布在贺兰山麓的王陵和瓷窑遗址，还有安西、敦煌的佛教石窟。

西夏王陵各有陵园。从已调查、发掘的第八号陵（图一三〇）看，南立双阙，阙中为神道。神道两侧各一碑亭，其北为外神墙、月城和内城。月城内沿神道立石人。内城平面长方形，四面正中开门，四角原建角楼。内城的西北隅建八角塔式灵台，这是西夏陵的特殊之处。土洞墓室建在灵台前方，呈偏长方形，砖敷地面，两侧各开一耳室。墓早年被破坏，遗物仅存一些金银饰片、铜器和和陶器碎片。墓室出有鎏金铜甲片、鞍饰等马具。墓道以自然石块、砂土填封，高出地表呈起脊状，这也是特殊之处。王陵多陪葬墓〔《文物》78/8。已发掘的 108 号陪葬墓，自建围墙，墙内后方有坟堆。墓室置于坟堆之下，围墙前方建有碑亭。墓室呈方形，边长 4 米，前为阶梯墓道。〕随葬品有石犬、石马，还出有大量家畜、禽骨骼。其中有完整的幼犬、幼羊。这大约是党项人的葬俗。在陵区东南发现了一大片建筑遗址，估计是祭祀全陵的殿堂遗址〔《考古》86/1〕。

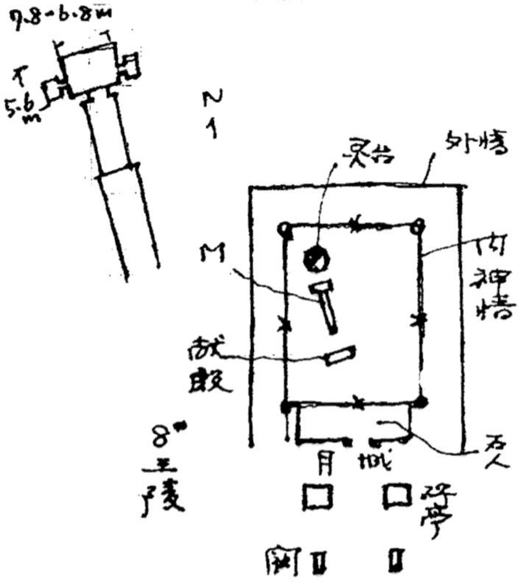

图一三〇　宁夏银川西夏八号王陵和该陵土洞墓室平面

遗址中出了不少高质量的施白釉瓷砖和绿釉瓦件，可以反映出西夏高水平的烧窑技艺。在陵区东的缸瓷井发现了烧砖瓦件的砖窑。烧造褐色瓷砖的窑也在灵武县东面的磁窑堡发现，那里不仅烧瓷砖，还烧制各色釉瓷器。瓷窑的形制和窑具都与陕西铜川金元时代的耀州窑相似，估计在技术方面它可能直接受到耀州窑的影响。

敦煌、安西的西夏石窟遗迹，是佛教遗迹中的重要遗存，保存了大量西夏佛教艺术。特别是壁画，在经变画中还描绘了不少西夏的生产活动场面，如农耕、冶铸、锻造等，是十分难得的形象的历史资料。

大理遗迹

在唐南诏地区，宋时由段姓建立了大理国。13 世纪前期大理统治阶级内部矛盾激化，分崩离析。1252 年，蒙哥汗命忽必烈南侵，以围抄南宋的后路，1254 年攻陷大理城，大理亡。从此今云南地区和西藏地区一样，就开始直接划入中原王朝的版图。

在云南大理、楚雄一带发现大理时期的火葬墓。这批火葬墓，用陶罐盛火化的骨骸，墓上有立幢的作法。幢呈扁方柱形，上部刻有莲花，中刻密宗佛像（四臂的尊胜佛母），下有莲花座。现存大理崇圣寺三塔中，两侧的较小的塔是大理时兴建的。中间大塔是南诏时建的，到大理时曾维修过。近年在塔中曾发现不少大理时期的遗物。其中有南宋的湖州镜和成都的刘家镜。塔的平面是八角形。剑川石窟中的石窟与摩崖造像，也是大理开凿的。大理的佛教遗物中还有一件传世的公元 1180 年张胜温画卷，其中绘了十多种的观世音变相，也是密宗的形象。近年还发现不少大理时的写本佛经，其中也多为密宗佛典。以上佛教文物说明，这里的佛教与中原关系较少，而和西藏的密教关系密切。看来大理与以前的南诏一样，在宗教信仰上是深受其西邻的吐蕃的影响的。这大约可以说明当时大理的社会发展阶段与吐蕃相似，还是封建社会前期的农奴制时代。

第六节 元代遗迹

公元 1234 年灭金时尚称蒙古，公元 1271 年建国号称元。至公元 1369 年元室北奔，其间经历近一百年。元代其势力所及的范围，比以前任何朝代都扩大了。所以中外文化交流的遗迹显得特别突出。

元代城址

现在比较明确的元建城址有都城和王室贵族所建的城址。都城有上都和大都两处。公元 1256 年忽必烈即位以前所建开平府城，公元 1260 年忽必烈在此即位，后来改称上都。遗址在今内蒙古锡林郭勒盟正蓝旗闪电河（滦河上游）北岸（图一三一）。该城为夯土建造，门砌砖。上都范围小，还不具都城的规模。它比较规整，有其自己的特点：外城外部保留了原来的丘陵地形，未设街道，这部分很可能是安排帐幕的；皇城内多池沼，除中轴线外，左右两侧的院落，不是整齐的左右对称布局；内城西北、东北隅各置一佛寺（西北为乾元寺，东北为龙光华严寺）等。上都设计人为刘秉忠。内城总的街道和南部的坊巷布置井字干线，多丁字街，民居为长巷等，都是受到金中都的影响（间接受到汴梁的影响）。

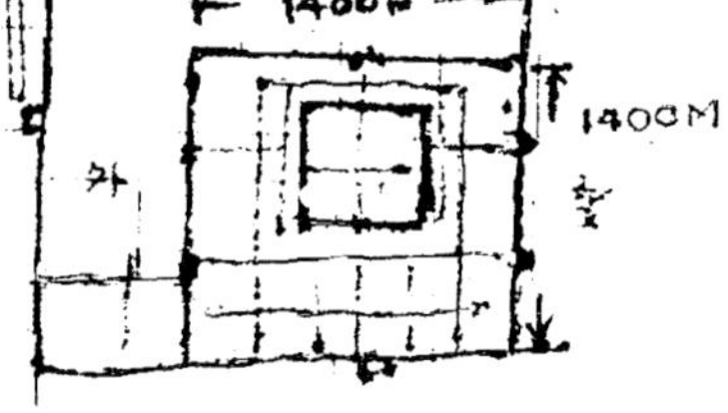

图一三一 内蒙古锡林郭勒盟正蓝旗元上都遗址

至元三年（1266 年）兴建大都（图一三二），大都城址即明的北京城及其北郊。元大都规模大，南北长约 4600 米，东西长约 6700 米。城墙为夯筑，门砌砖。皇城偏南，外城主干的布局多丁字街、长巷式居民区和金水河的安排等，这些都继承了金中都——宋汴梁的制度。值得注意的是，它根据《周礼·考工记》，对都城作了一些复古的安排：前朝后市，左祖右社。此外，它也有自己的特点，如保留了北部空旷的上都布局作法。布置了北中书省。又如宫城以太液池分界，西边布置了太后宫（兴圣宫）和太子宫等。在城内商业区中心，布置了钟鼓楼的作法，据现有资料看，也是从元大都开始明确起来的。这种较大范围的商业区的设计，是既限制商业区在全城各处发展，但又不把工商业区范围在一个小圈子内——像过去专设的市——而出现的新的办法。这种在商业区设钟鼓楼的作法，对元以来的北方城市有较大影响。明清北京城（今北京城区）是沿用了元大都的中部以南部分，基本布局未变，街巷和一些重要机构的位置未变，所以今天的北京城是研究沿用旧城址规律的一个好实例。

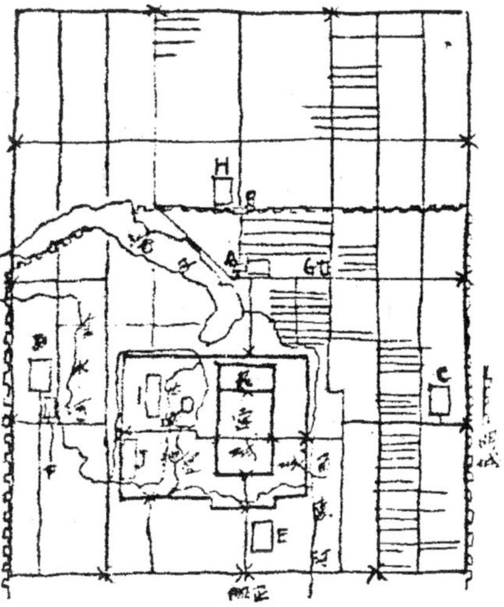

图一三二　北京元大都城遗址

王室贵族所建城址，其例有至元七年（1271 年）元世祖女鲁国公主囊加真所建的应昌府城址。不久，又是应昌路总管的驻所。该城在上都北克什克腾旗境内。该城夯土筑，南、东、西三面有门，皆有瓮城。横街之南为民居，东门内有一儒学遗址，横街北正中一围墙内多有建筑址，可能是公主衙，其东一小院，可能是“路”的治所。以上三组建筑物，门内或外各有石狮一对。镇宅狮子的习俗，元代颇流行，大都附近亦多有。贵族所建的城，还有西安城东北的安西王府遗址。建于至元十年（1273 年），世祖所封三子安西王忙哥剌所建。夯土筑，略呈长方形，四角有清楚的圆形角楼基，南、东、西各一门，城内略偏北有建筑基址。此外似别无遗迹，当时城内可能多立毡帐。基址中出有阿拉伯数字的幻方和圆形角楼基都是中亚、西亚一带流行的方式（东方作法角楼基是方形）。幻方的出现和角楼基的形制，都反映了西方的影响。两座元贵族所建的城址都不开北门，这是值得注意的现象。

元代墓葬

比较确切的蒙古人墓葬现在不甚清楚。已知的元墓，主要都是汉族或汉化已深的少数民族墓葬。在中原北方，墓大致沿袭金墓制度，砖室墓，仿木构作法，壁画多“开芳宴”和孝子故事。元代重视道士，出现不少道士墓。其墓壁画有的绘出焚香论道和山水云鹤等与道士身份相应的内容。元代中原北方墓中，随葬品中的瓷器，多磁州窑和元代发展起来的钧窑器。

南方元墓多沿南宋墓制，多为券顶砖筑、双室并列形制，多出土漆器和金银器。江西元晚期墓中发现了影青、青花和釉里红瓷器。南方墓多注意尸体的保护措施，棺椁之间有的用石灰加米汁灌注，还有的墓底铺一层松香。

南北各地还发现不少色目人的墓。色目人在元代地位仅次于蒙古人，他们都是来自中亚、西亚乃至欧洲，他们文化水平比蒙古人高，又善于交际经商，有的还带有传布伊斯兰教和也里可温教（基督教）的任务。他们来到中国没有造反作乱的基础，蒙古人对他们很放心，所以朝廷对他们优待，并派他们作官。这些人的墓在南方、北方、西北都有发现。福州、泉州（灵山）、杭州（清波门）和扬州（解放桥）等地都发现了信奉伊斯兰教的色目人的墓，墓的形制都是在地上用石材建成多层台座，上砌一石棺样式，长石条收顶。台座下面砌方形攒尖顶墓室。这类墓有的有墓碑，泉州发现了不少，其中有用阿拉伯文字书写的铭记。信奉伊斯兰教教徒的墓，地面上还应有其它建筑，只是上述各地都不存在了，但新疆有的则保存完好。霍城元末至正二十三年（1363 年）信伊斯兰教的蒙古贵族（成吉思汗七世孙）吐虎鲁克铁木耳墓，是建在一座砖砌的圆顶墓祠内，祠壁皆用紫、白、蓝色瓷砖镶嵌出各种花纹和阿拉伯文字。这种做法与中亚伊斯兰教墓很相似。在扬州还发现了基督教徒意大利商人的墓碑（至正二年，1342 年和至正四年，1344 年），碑文是用拉丁文书写的。另外泉州还发现了皇庆二年（1313 年）任景教（基督教的一派）教长的汪古部人失里门的墓碑，碑文是用叙利亚文拼写的突厥语。汪古部从宋代起就居住在内蒙古河套北，为金代防护界壕，蒙古南侵，他们首先降了成吉思汗，所以这个部就被编入蒙古了。汪古部与中亚地区的突厥族关系密切，他们一直是景教的信仰者。在内蒙古百灵庙附近，首先发现了该部的统治者——高唐王阔里吉思的遗址和墓地，墓地出土了不少叙利亚文的铭刻，还有十字架的标记（图一三三）。类似的墓地在新疆伊犁和北京南城也都发现过。

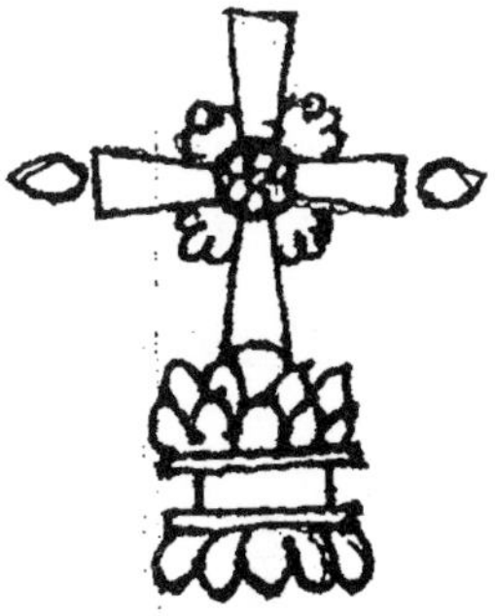

图一三三　内蒙古百灵庙元代高唐王墓碑上的十字架标记

宗教遗迹

元代多民族的情况，较隋唐更为复杂。众多的民族在信仰方面也随之复杂化。元政府在这方面又没有什么大的限制，所以遗留下来的宗教遗迹种类也比较多。

上面说到色目人信仰伊斯兰教和也里可温教（基督教），这两种元代的宗教遗迹都有遗留。伊斯兰教东来，有陆海两路，目前时代明确的遗存，恰好南北各有一例，即河北定县清真寺和杭州凤凰寺（真教寺）。这两座伊斯兰教寺院，后部的大殿都还是元代遗物，它们都是方形圆顶砖结构（图一三四）。定县的清真寺大殿砖缝不用石灰浆，用黄土灰浆。凤凰寺大殿四隅用叠涩承托圆顶的作法，从形制到细部都还保存西亚、中亚的风格。也里可温教寺院的完整建筑已不存在，但还保存了一两处遗址。一处是上述汪古部所在地百灵庙发现的，另一处是在房山陀里。两遗址都出

图一三四　浙江杭州元代凤凰寺大殿殿顶仰视

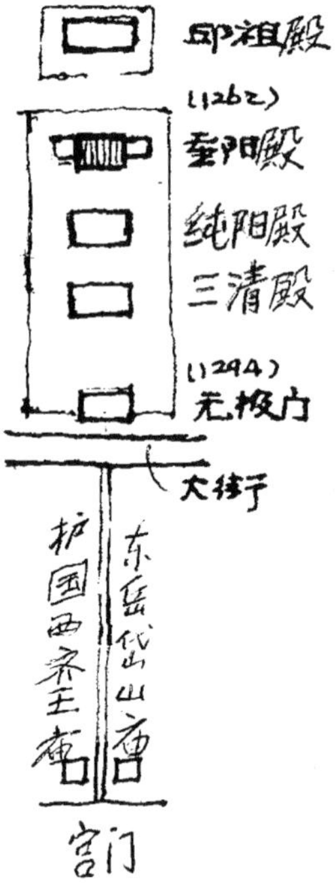

图一三五　山西永济元代永乐宫平面

有雕出十字架的刻石，因为这种寺院最特殊之处是尊奉十字架，所以当时又叫“十字寺”。

元代宗教遗迹最多的还是佛寺。佛寺有两种，一种是上承宋代的汉地佛寺样式，一种是元代兴起的喇嘛教寺院。喇嘛教寺院在内地的遗迹保存下来的主要是白色的喇嘛塔，如北京万安寺塔，即阜城门内的那座白塔。完整的寺院多分布在西藏地区。日喀则东南夏鲁地区的夏鲁寺最为典型，它的主要特点是，许多殿堂组成一座近似方形的大殿之内，其外围还建有一匝礼拜道，卫护森严。这种布局是和当时政教合一的政治形势相结合的，当时那里的各地政权都与寺院关系密切。一座大的寺院，就是那里的政权所在。

道教在元代也得到朝廷的支持。道教分许多派，其中的全真派发展迅速。北京的白云观就是这派道教的主寺之一。但白云观经后代重修，元代遗迹已难看到。当时另一个主寺是山西永济的永乐宫（元称大纯阳万寿宫）。永乐宫中轴建筑基本保存下来了（图一三五）。它的平面布局是：中轴建筑物层次增多，是唐以后衙署、寺观的通例，但永乐宫发展到四层院落，并设计很长的驰道，也是罕见之例。

元代民间信仰的遗迹也保存不少。从山西汾阳神头的至元二年（1265 年）创建、至正七年（1347 年）重建的龙王庙的布局（图一三六）〔《中国营造学社汇刊》5/3〕，可以看到这类宗

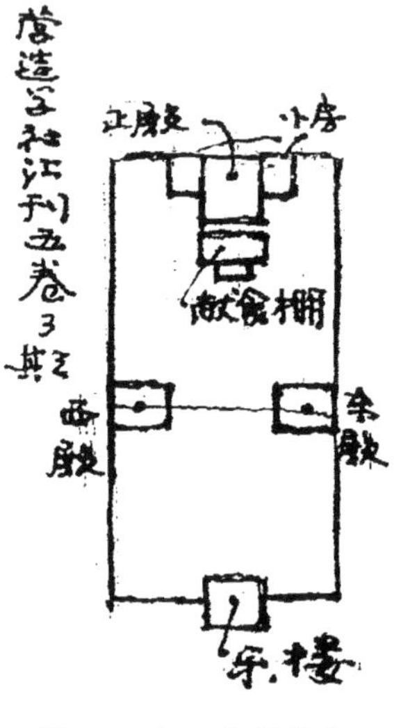

图一三六　山西汾阳元代龙王庙布局

教遗迹的一般规律。即突出了对神的献奉，把神更为人间化了。“宴饮”、“作戏”这类人间享受要求，引进到庙宇。神的世俗化，这是自宋以来各种宗教发展的一般规律。

手工业、商业和海外交通遗迹

考古发现的元代手工业品，在种类上较为特殊的有毡制品，大同元墓和青海诺木洪都有发现。种类有毡帽、靴和毯子。在丝织品中流行以前罕见的“纳石失”，即花纹用金线织出，它的实物在北京庆寿寺塔和青海诺木洪等地都有出土，后者是作为羊皮袍的面子。此外宋代标志着小商品生产和有雇用工匠制造的器物，在元代墓葬中继续被发现。安徽合肥的一处窖藏出有金银器一百多件，有的线雕精致，金银器中有的铭文“庐州丁铺”、“章仲英造”〔《文物》57/2〕。江苏苏州吕师孟墓发现金银器四十多件，有的铭文作“闻宣造”、“□京六铺”〔《文物》59/11〕。许多元代瓷窑遗址所出瓷器，刻划出烧瓷人姓氏的情况比宋代更多。元代烧造瓷器比宋代更普遍了。在北方陕西耀州窑、河北磁州窑和南方浙江龙泉窑虽然都继续烧造，但产量质量显著下降。可是江西景德镇窑数量和质量都大大发展了，它不仅烧过去的影青，而且还烧出了釉下彩的青花和釉里红，发展了大型器。

元代由于和中亚西亚的钦察汗、伊利汗关系密切，和高丽、日本、南洋一带往还频繁，文化交流商业往来都超过了过去任何时代。当时中国输出商品种类很多，但容易保存下来的主要是瓷器，上述一些瓷窑产品在国外都有发现。当时朝鲜、日本喜欢龙泉瓷，日本即保存了不少大型龙泉瓷。西方除喜欢龙泉瓷，更喜欢景德镇的青花，因此青花大型器在今天的土耳其、伊朗保存很多。中国输出器物的主要口岸之一——福建泉州，发现了一艘尖底型的大海船，这种船与一般内河的平底船不同，它是专为航海用的。此船现残长24.2米，宽9.15米，头尖尾方，平面近于椭圆形，船体用十二道隔板，隔成十三个互不渗水的船舱，舱的深度1.5～2米，

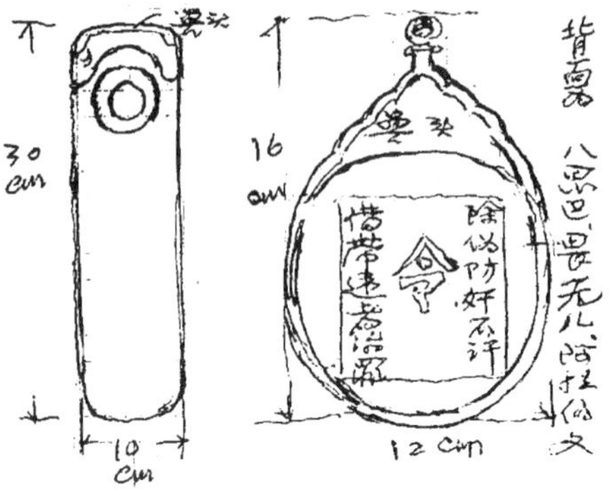

图一三七 元代符牌两种

专家估计，该船的排水量为370吨。这样规模的大海船，大约在当时世界上也是最大的海船了。海运靠船，除了海上运输，当时陆路也很繁荣。元代为发展陆路交通，在各交通线都按马行一日程，设置了“站赤”，由官家发给符牌。每站赤凭牌照接待来往人员。这种符牌在中亚、蒙古、西伯利亚、新疆、西藏等地多有发现，是金或银铸造的，有长形牌和圆形牌两种形式（图一三七）。上面铸出了一个兽头，所以元代人叫它虎头牌。牌中部铸出文字，长牌铸八思巴、畏吾儿文字。圆形牌还有汉字、阿拉伯文。几条重要的陆路交通路线近年都有元代遗物发现，经青海去西藏的中间站诺木洪不仅有元代墓葬，附近还发现了元代的屯田遗迹。还出有元代发行的纸币——宝钞。经伊力河流域去中亚的中间站阿里麻里发现的元代窖藏，出有青花瓷器和铜器。再向西南去伊利汗的中间站，现在伊朗东北部的尼沙不尔古城和德黑兰古城来依都出有元龙泉和元青花。当时伊利汗的都城在大不里士，这里当时宫殿使用的瓷砖上面捺印出中国皇室使用的龙和凤的纹样。伊利汗是中亚—西亚地区文化最高的地区，它是元代最密切的藩国，在元朝无论海、陆往还都很频繁。我们南方沿海的伊斯兰遗迹，即是主要从这里来的人留下的遗迹。它和元朝的皇廷互派工匠，元代大都出土不少白、蓝琉璃砖瓦，大约就是从伊利汗传来的新技术工艺。新疆若羌西南瓦石峡曾发现烧玻璃器的窑址，从分析它的产品成分，知道是中亚撒马尔罕玻璃系统，撒马尔罕的琉璃手工业又是从伊利汗传过来的。元代版图大，影响面广，所以在考古发现里可以反映文化交流的遗迹、遗物很多。这里只是画了个轮廓，目的是为了说明元代考古学具有和以前不同的这个特殊点而已。

第五章　总　结

中国考古学下（汉唐宋元考古），到此就讲完了。

从公元前221年秦统一，到1369年元灭亡，约1600年。这十六个世纪，是中国封建社会从初期经过发展繁荣，进入后期的开始阶段。在考古学领域，我们分了三大阶段，即秦汉、魏晋南北朝隋唐和宋元。这三个大阶段的时代特征比较显著，现粗线条地整理小结一下。

中国考古学（下）——汉唐宋元考古三个阶段的时代特征

秦汉时代是我国历史进入最初的大统一时代，北到长城以北，南到广东，这样辽阔的大地上，考古遗迹第一次出现了遗物的相似情况，空前显著。这个时期的东方文化，可以拿秦汉文化来概括。从考古遗迹方面看，它主要包括以下三个方面：①以最高统治集团宫室为主要内容的政治性极强的都城遗址；②木椁制度和从木椁向砖石椁转变的墓葬制度，这种墓葬布局特别是木椁形制，实际上是统治阶级地上居室的反映；③铁矿和冶铸遗址的逐渐普遍和铁工具的广泛使用；④卫护巩固统一，必然要加强边防建设，因此有关边防建设的各种遗迹颇为突出，也是这个时期的特点。汉承秦制，两汉继承了秦开创的大一统局面，并不断加以巩固，在考古学上尤其是必然的反映。

魏晋南北朝隋唐时期，魏晋南北朝是汉唐间的过渡，也可以说是隋唐的前奏。过渡或前奏的时间很长，在这个长时期里，完成了我国历史上一个民族大融合的阶段。经过南北各族的融合，在经济政治文化各方面都注入了新的血液，因而才可能出现隋唐的新面貌。隋唐文化大大不同于秦汉文化了。这反映在：①规整的城市出现了，从都城到地方有了一套布局的制度，它们意味着子城的防卫加强了，城市可以容纳较多的居民，但对它们的管理也是严格的；②墓葬形成了一套自己的等级制度；③主要耕地农具——犁逐渐完善，锻铁工具进一步完备；④出现了许多巨大工程和精致的工艺品，漆器、瓷器成为主要的器物；⑤佛教广泛传布，佛教遗迹逐渐增多；⑥在西方金银器的影响下，金银工艺发展，中西文化交流频繁；⑦南北朝时期特别是隋唐时期文明给予边远地区的影响日益扩大，特别对东北地区的影响显著。这个时期，前段具有过渡性，后段是唐代文明形成时期。

宋元时期，如果说我们以前强调的主要是统治阶级上层资料，那么这个阶段一般人民主要是市民阶层的资料，逐渐丰富起来了；城市商业发展了，《清明上河图》是以市井经商为题材的；出现了大批没有官职的庶民的墓葬和城市游民的墓葬；与生活生产紧密联系的手工业发展了，中耕铁农具的增多，瓷器制造繁荣，一般使用的铜镜大量生产，出现了煤矿遗址；海路交通盛况空前，除陆上交通的丝路外，又出现了海上陶瓷之路，大批中亚、西亚乃至欧洲人经由陆海两条线流向东方，不少西方流行的宗教也在东方留下了遗迹。这个阶段又是一个民族大融合的时期，融合的规模和范围超过了上个阶段，通过这个阶段的融合，过去和中原不太密切的地区密切起来了，广大的东北地区、漠北地区、青藏地区和云南地区，都在这个阶段内逐步和中原联成一体。这样大范围在政治上的统一，随之而来的是在东方再一次的繁荣。元代只开了头，能够比较充分表现时期，应当是接着元代的明朝，那就到了接近出现资本主义萌芽的时期了。

这个阶段的宋辽金都是南北分裂时期，其中中原北方的宋，从考古上看是当时的主体。经过近三百年的发展，出现了一个与唐文化有别的另一个新的时代。从这个时代的考古学的反映看，与宋大体同时的辽、金，虽然与宋有不少相似之处，但却又有其自己的特点。到了元代，虽然时间不长，但其自己的特点很显著，可以说开辟了东方历史上的又一个新时代。同时也对西方历史以很大影响。关于东方情况，到明清时又继续有发展，在考古学上也另有一个新的面貌。因为时间关系，我们不能多讲了，希望同学们翻阅一下《图说中国历史》7、8 两册，可以得到一点感性认识。

复习，前后贯通起来，主要围绕城址、墓葬、农业、手工业、商业五大项，掌握三大段的特点和差异，注意其发展、变化。先注意大的方面，再注意一些重要的具体问题。

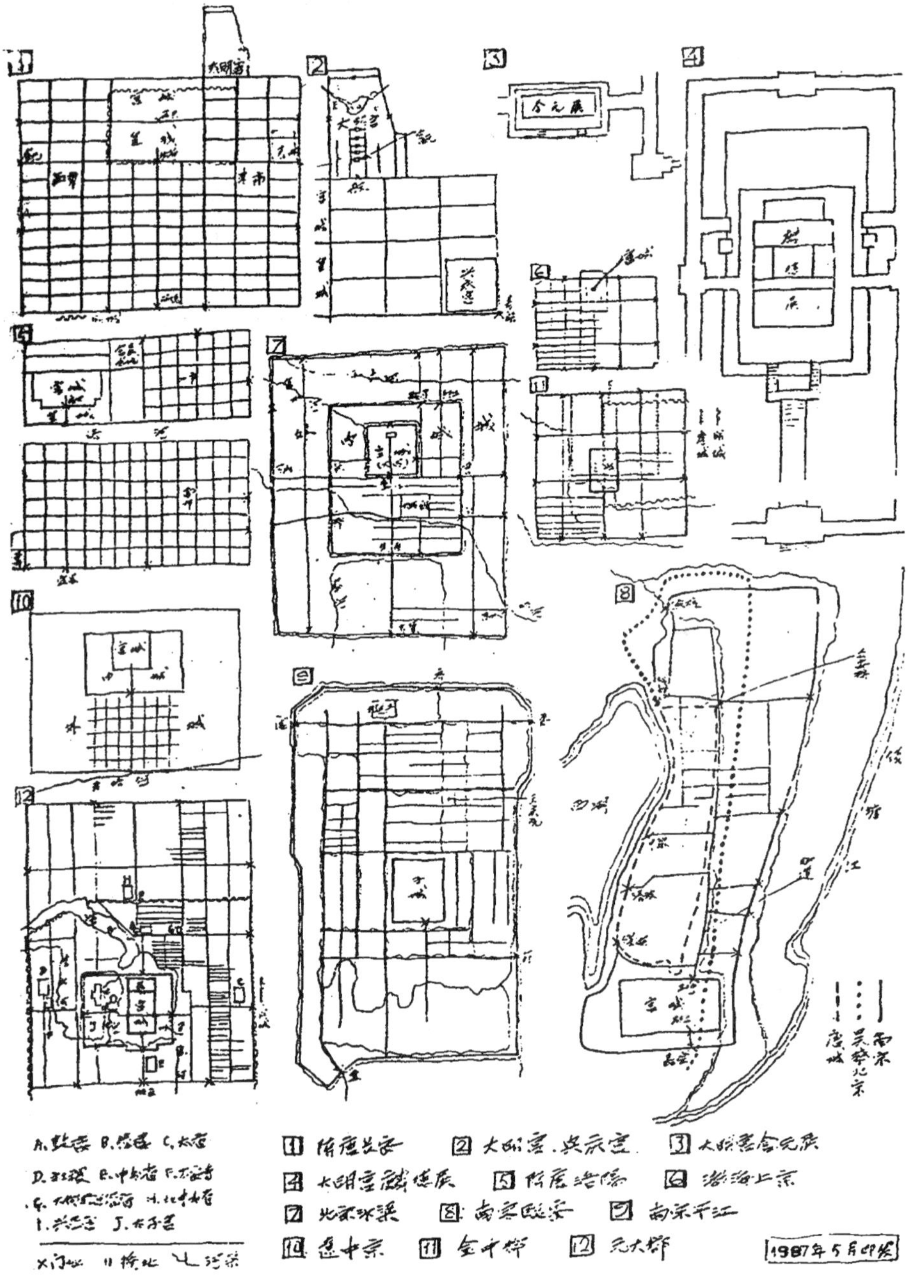

附图　隋唐长安迄元大都等城市布局的比较